JOGOS TEATRAIS
NA SALA DE AULA

Supervisão editorial: J. Guinsburg
Capa e diagramação: Sergio Kon
Produção: Ricardo W. Neves
Sergio Kon
Lia N. Marques
Impressão e acabamento: Meta Brasil

JOGOS TEATRAIS
NA SALA DE AULA

★

UM MANUAL PARA O PROFESSOR

VIOLA SPOLIN

editado por
ARTHUR MOREY
MARY ANN BRANDT

traduzido por
INGRID DORMIEN KOUDELA

PERSPECTIVA

© 1986 by Viola Spolin. First published 1986 by Northwestern University Press. All rights reserved.

Título do original inglês
Theater Games for Classroom – A Teacher's Handbook

Dados Internacionais de Catalogação na Publicação
(CIP)
(Câmara Brasileira do Livro, SP, Brasil)

Spolin, Viola, 1906-1994.
    Jogos teatrais para a sala de aula: um manual para o professor / Viola Spolin; [tradução Ingrid Dormien Koudela] – 1 reimpr. da 3. ed. – São Paulo: Perspectiva, 2017.

    Título original: Theater games for the classroom: a teacher's handbook
    Bibliografia.
    ISBN 978-85-273-0770-3

    1. Teatro 2. Teatro – Estudo e ensino I. Título.

06-6893   CDD-792.07

Índices para catálogo sistemático:

1. Teatro : Artes da representação : Estudo e ensino
792.07

3ª edição - 1ª reimpressão
[PPD]

Direitos reservados
em língua portuguesa à

EDITORA PERSPECTIVA LTDA.

Av. Brigadeiro Luís Antônio, 3025
01401-000 São Paulo SP Brasil
Telefax: (11) 3885-8388
www.editoraperspectiva.com.br

2019

SUMÁRIO

INTRODUÇÃO: A ESCOLA ALEGRE – *Ingrid Dormien Koudela*   21

PREFÁCIO – *Arthur Morey*   27

1. POR QUE TRAZER OS JOGOS TEATRAIS PARA A SALA DE AULA?   29

JOGOS   30
BRINCAR   30
LIBERDADE   31
INTUIÇÃO   31
TRANSFORMAÇÃO   31
TRÊS ESSÊNCIAS DO JOGO TEATRAL   32
    Foco, Instrução, Avaliação
APROVAÇÃO/DESAPROVAÇÃO   36
O FORMATO DO JOGO   37
A OFICINA DE JOGOS TEATRAIS   39
A ATMOSFERA DA OFICINA   39
    Controle, Energia
ORDEM DO DIA   41
    Quadro de Habilidades
EXEMPLO DE OFICINA   42
ÁREA DE JOGO   44
GRUPOS   44
CONTAGEM   44

MEDO DE PARTICIPAÇÃO	*45*
ACORDO DE GRUPO	*45*
INSTRUÇÕES DO ALUNO	*46*
PROJETANDO OFICINAS PARA ENCONTRAR	
NECESSIDADES ESPECÍFICAS	*47*

Participação, Solução de Problemas, Ação Catalisadora

A UTILIZAÇÃO DE MATERIAL SUPLEMENTAR	*48*
LISTA PARA CHECAGEM DAS OFICINAS (UMA REVISÃO)	*49*

*Preparação do Coordenador, Contagem, Jogos Introdutórios,
Apresentação dos Jogos, Lições, Exemplos e Comparações,
Resistência, Competição, Jogadores na Plateia, Pedindo "Cortina",
Jogo Simultâneo, Repetindo Jogos, Expectativas, Envolvimento*

2. AQUECIMENTOS *53*

JOGOS TRADICIONAIS COMO AQUECIMENTO	*53*
JOGOS DE PLAYGROUND	*55*
Revezamento Com Objeto ★	*55*
Pegador Com Golpe ★	*55*
Pegador Com Explosão ★	*56*
Números Rápidos ★	*57*
Ruas e Vielas ★	*58*
Ruas e Vielas: Variações ★	*59*
Batatinha Frita ★	*60*
Nó ★	*61*

3. JOGOS DE MOVIMENTO RÍTMICO 63

Onda do Oceano ★ 64
Passa Passa Três Vezes ★ 64
Câmera Lenta/ Pegar e Congelar ★ 66
Movimento Rítmico 67
Não-Movimento 68

4. CAMINHADAS NO ESPAÇO 69

Tocar e Ser Tocado/ Ver e Ser Visto 70
Sentindo o Eu com o Eu ★ 71
Caminhada no Espaço n.1 72
Caminhada no Espaço n.2 73
Caminhada no Espaço n.3: Esqueleto 74
Caminhada no Espaço: Cego 75

5. JOGOS DE TRANSFORMAÇÃO 77

TORNANDO VISÍVEL O INVISÍVEL 77
Substância do Espaço 79
Moldando o Espaço (Individual) 81
Moldando o Espaço em Grupo 82
Cabo-de-Guerra 83
Pular Corda 84
Jogo de Bola 85
Playground 87
Queimada 88
Envolvimento em Duplas 89

Envolvimento em Três ou Mais	*90*
Encontrar Objetos no Ambiente Imediato	*91*
É Mais Pesado Quando Está Cheio	*92*
Transformação de Objetos	*93*
Dificuldade Com Objetos Pequenos	*94*
Objeto Move os Jogadores	*95*
Acrescentar uma Parte	*96*

6. JOGOS SENSORIAIS — *97*

Fila Única ★	*99*
Caça-Gavião ★	*100*
Eu Vou para a Lua ★	*101*
Magia Negra ★	*102*
Escrita Egípcia ★	*103*
Três Mudanças ★	*104*
Jogo de Observação ★	*104*
Quem Iniciou o Movimento? ★	*105*
Extensão da Visão	*106*
Vendo Através de Objetos	*107*
Vendo um Esporte: Lembrança	*107*
Ouvindo o Ambiente	*108*
Extensão da Audição	*109*

7. JOGOS COM PARTE DE UM TODO — *111*

LIGANDO OS JOGADORES	*111*
Parte de um Todo, Objeto	*113*
Parte de um Todo, Atividade	*114*

Parte de um Todo, Profissão	*115*
Parte de um Todo, Relacionamento	*116*

8. JOGOS DE ESPELHO

117

REFLETINDO E COMPARTILHANDO O QUE ESTÁ SENDO OBSERVADO

117

A Carrocinha Pegou ★	*119*
Espelho	*120*
Quem É o Espelho?	*121*
Siga o Seguidor	*122*

9. ONDE, QUEM, O QUE

123

CRIANDO AMBIENTES, PERSONAGENS E AÇÃO ATRAVÉS DO JOGO

	123
JOGOS DO ONDE (CENÁRIO/AMBIENTE)	*123*
JOGOS DO QUEM (PERSONAGEM/RELACIONAMENTO)	*125*
JOGOS DO O QUE (AÇÃO)	*125*
JOGOS DO ONDE, DEMONSTRAÇÃO	*127*
Cachorro e Osso ★	*129*
Aeroporto ★	*130*
Jogo do Onde com Diagramas	*131*
Onde Com Adereços de Cena	*133*
Trocando os Ondes	*134*
Revezamento do Onde: Construindo um Cenário	*135*
Que Horas São?	*136*
Exploração de um Ambiente Amplo	*137*
Onde Sem as Mãos	*137*

Mostrando o Onde Sem Objetos	138
Onde Com Ajuda	139
Onde Com Obstáculos	140
Onde Com Ajuda/Obstáculo	141
Onde Especializado	141
Jogo do Onde (Cena)	142
Envolvimento com o Ambiente Imediato	143

JOGOS COM QUEM — 144

Três Mocinhos de Europa ★	144
Que Idade Tenho?	146
O Que Faço para Viver?	147
Quem Sou Eu?	148
Jogo do Quem	149
Batendo ★	150
Quem Está Batendo?	151
Mostrando o Quem Através de um Objeto	152
Modificando a Emoção	153

JOGOS COM O QUE — 154

O Que Estou Comendo? Saboreando? Cheirando? Ouvindo? ★	154
Senhora Dona Sancha ★	155
Identificando Objetos	157
Envolvimento Com Objetos Grandes	158
Envolvimento Sem as Mãos	159
O Que Está Além: Atividade	160

10. COMUNICAR ATRAVÉS DE PALAVRAS — 161

Caligrafia Grande	163
Caligrafia Pequena	163

Caligrafia Cega	164
Enigma ★	164
Jogo dos Seis Nomes ★	165
Sílabas Cantadas ★	166
Maria no Canto ★	167
Fulano Entra na Roda ★	168
Pai Francisco ★	171
Dar e Tomar (Aquecimento) ★	172
Dar e Tomar	172
Dar e Tomar: Leitura	174
Ver a Palavra	174
Fala Espelhada	175
Verbalizando o Onde, Parte 1	176
Verbalizando o Onde, Parte 2	177

11. COMUNICANDO COM SONS — 179

BLABLAÇÃO	179
Blablação: Introdução	182
Blablação: Ensinar	183
Blablação: Vender	184
Blablação/Português	185
Eco	186
Espelho Com Som	187
Blablação: Língua Estrangeira	188
Blablação: Intérprete	189
Som Estendido	190

12. JOGOS DE ESTÍMULO MÚLTIPLO 191

Quanto Você Lembra? 192
Conversação em Três Vias 192
Escrever em Três Vias 194
Jogo do Desenho de Objetos 195

13. MARIONETES 197

JOGANDO COM PARTES DO CORPO 197
UMA RÁPIDA CORTINA NA SALA DE AULA 198
Pés e Pernas n.1 199
Pés e Pernas n.2 200
Apenas Mãos 201
Exercícios Para as Costas 202
Envolvimento Com o Corpo Todo 203
Marionetes 204
Partes do Corpo — Cena Completa 204

14. JOGANDO COM RÁDIO, TELEVISÃO E FILME 205

Rádio 207
Coro Grego 208
Efeitos Sonoros Vocais 208
Veneno ★ 209
Tela de Televisão 210
Tela de Sombra (Montagem) 211
Mesa de Som 212
Leitura Coral 213
Dublagem 215

15. DESENVOLVENDO MATERIAL 217

IMPROVISAÇÃO 217
Baú Cheio de Chapéus 218
Sátiras e Canções ★ 220
No Mesmo Lugar 221
Charadas 222
INTERPRETAÇÃO 222
CONSTRUINDO UMA HISTÓRIA 224
Soletrando ★ 225
Vogais e Consoantes ★ 225
Construindo uma História 227
Construindo uma História: Congelar a Palavra no Meio 229
Construindo uma História: Leitura 229
Relatando um Incidente Acrescentando Colorido 230

16. CONTAÇÃO DE HISTÓRIAS E TEATRO DE HISTÓRIAS 231

CONSTRUINDO CENAS MAIORES ATRAVÉS DOS JOGOS
TEATRAIS 231
CONTAÇÃO DE HISTÓRIAS 231
Contação de Histórias 233
TEATRO DE HISTÓRIAS 234
Os Três Porquinhos (Esqueleto) 237
O Tambor do Rei (Esqueleto) 238

17. ATUANDO COM ENVOLVIMENTO DA PLATEIA *241*

BRINCANDO DE CASINHA   *241*
COMPREENDENDO A PLATEIA   *243*
   Contato Através do Olhar   *247*
   Pregão   *248*
   Plateia Surda   *248*
   Saídas e Entradas   *249*

18. APRESENTAÇÃO PÚBLICA   *251*

DESENVOLVENDO A PEÇA ESCRITA   *253*
ESCOLHENDO A PEÇA   *253*
O HORÁRIO PARA ENSAIO   *254*
O PRIMEIRO PERÍODO DE ENSAIO   *254*
   Leituras de Mesa, Ensaios Corridos, Marcação de Cena, Onde (O Cenário)
O SEGUNDO PERÍODO DE ENSAIOS   *256*
   O Ensaio Relaxado, Improvisações Gerais em torno da Peça,
   Ensaios Corridos, Biografias
O TERCEIRO PERÍODO DE ENSAIOS   *258*
   O Ensaio Corrido Especial, A Apresentação

19. APRIMORANDO A CRIANÇA ATUANTE   *261*

AÇÃO INTERIOR   *261*
TRABALHO DE CENA   *263*
   Quadro de Cena   *263*
   Sussurro de Cena (Aquecimento) ★   *264*

Sussurro de Cena	*264*
Sacudindo o Barco/Compartilhando o Quadro de Cena	*265*
CONTATO	*266*
Contato	*267*
CONFLITO	*268*
DESEMPENHO DE PAPÉIS	*268*

20. ELIMINANDO QUALIDADES DE AMADOR — *269*

O ATOR AMADOR — *269*
PREPARANDO O JOGADOR PARA O PALCO — *270*

APÊNDICE 1: SEQUÊNCIAS DE OFICINAS — *273*

APÊNDICE 2: EXTENSÃO E SEQUÊNCIA DE HABILIDADES — *288*

APÊNDICE 3: BIBLIOGRAFIA — *293*

A. MATERIAL SUPLEMENTAR E FONTES PARA O PROFESSOR — *293*
B. UMA LISTA BREVE DE BONS LIVROS SOBRE BONECOS — *300*
C. HISTÓRIAS, LENDAS, FÁBULAS E JOGOS — *300*
D. POESIA, ESCRITA E CONTAÇÃO HISTÓRIAS — *305*

APÊNDICE 4: ÍNDICE DE JOGOS — *307*

ÍNDICE ALFABÉTICO — *307*
JOGOS INTEGRADOS COM ÁREAS DO CURRÍCULO — *312*

APÊNDICE 5: GLOSSÁRIO   *315*

BIBLIOGRAFIA BRASILEIRA SOBRE
JOGOS TEATRAIS   *319*

CRÉDITOS DAS FOTOS

As fotos das páginas 30, 35, 52, 59, 60, 64, 65, 69, 117, 120, 168, 169 e 171 são de alunos de 1ª a 4ª série do ensino fundamental da professora Matilde Santos, da Escola Estadual Gumercindo Gonçalves. Autor: José Neto (Uniso – Universidade de Sorocaba, SP).

As demais fotos são de autoria de Joan Huber (Groton, Mass.), Ian Butchofsky (West Holliwood, Calif.) e Sandra Koga (Los Angeles, Calif.)

Em memória a Neva L. Boyd que amava as crianças.

Introdução:
A Escola Alegre

O jogo instiga e faz emergir uma energia do coletivo quase esquecida, pouco utilizada e compreendida, muitas vezes depreciada.

Teóricos enfatizam a importância do jogo no processo de aprendizagem na infância, desde Rousseau e Dewey a Piaget e Vygotsky. Mais do que mera atividade lúdica, o jogo constitui-se como o cerne da manifestação da inteligência no ser humano. A escola, até hoje, nega o jogo como poderoso instrumento de ensino/aprendizagem.

De acordo com Piaget, o agrupamento entre crianças oscila entre dois tipos de moral: a da heteronomia e a da autonomia. As tentativas de colaboração (pacto democrático) resultam do crescente sentido de cooperação e não atingem nunca um equilíbrio ideal ou estático. A consciência de si implica uma confrontação contínua do eu com o outro. Somente por meio do contato com os julgamentos e avaliações do outro é que a autonomia intelectual e afetiva cede lugar à pressão das regras coletivas, lógicas e morais. Por oposição ao símbolo discursivo, o símbolo lúdico culmina na ficção e não na crença.

Jogos Teatrais na Sala de Aula destina-se especificamente ao educador que trabalha com teatro e aos professores em geral que desejam introduzir atividades de teatro em sua sala de aula.

Por meio das oficinas de jogos teatrais, será possível desenvolver liberdade dentro de regras estabelecidas. Os jogos

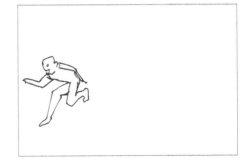

são baseados em problemas a serem solucionados. O problema é o objeto do jogo que proporciona o foco. As regras do jogo teatral incluem a estrutura dramática (Onde/Quem/O Que) e o foco, mais o acordo de grupo. Para ajudar os jogadores a alcançar uma solução focalizada para o problema, Spolin sugere o princípio da instrução, por meio do qual o jogador é encorajado a manter a atenção no foco. Dessa forma, o jogo é estruturado através de uma intervenção pedagógica na qual o coordenador/professor e o aluno/atuante se tornam parceiros de um projeto artístico.

No depoimento de um entusiasta, encontramos que "Os jogos teatrais são para o teatro o que o cálculo é para a matemática". As múltiplas dimensões dos jogos teatrais e a abordagem de Viola Spolin para o ensino/aprendizagem fizeram com que essa delicada teia de aprendizagem do artesanato e da criatividade no jogo teatral fosse considerada objeto de pesquisa de várias publicações brasileiras que se ocupam com esta antididática, principalmente por meio de pesquisas realizadas em nível de pós-graduação na ECA/USP (vide Bibliografia Brasileira de Jogos Teatrais, em anexo).

Na minha pesquisa, publicada com o título de *Jogos Teatrais* (Koudela, 1984) ressalto a passagem do jogo dramático ou brincadeira de faz-de-conta para o jogo teatral que representa a transformação do egocentrismo em jogo socializado. O desenvolvimento progressivo da atitude de colaboração leva à autonomia da consciência, realizando a *revolução coperniciana* (Piaget) que se processa no indivíduo, ao passar da relação de dependência para a autonomia.

A diferença estabelecida por Spolin entre *dramatic play* (jogo dramático) e *theater game* (um termo cunhado por Spolin que traduzimos por jogo teatral) propõe a inserção da regra no conceito de jogo. Consequentemente, o jogo teatral não pode ser confundido com o jogo dramático, na medida em que o jogo teatral pressupõe um conjunto de princípios pedagógicos que constituem um sistema educacional específico.

Os jogos teatrais são frequentemente usados tanto no contexto da educação como no treinamento de atores. Há, portanto, uma utilização múltipla, dependendo do contexto de seu emprego e da abordagem crítica aplicada durante as avaliações.

A mesma revolução que ocorre com a criança em desenvolvimento pode ser acompanhada no crescimento do atuante em cena. Traduzimos a transformação da subjetividade em objetividade no trabalho do atuante quando ele compreende a diferença entre história e ação dramática. Ao fisicalizar (mostrar) o objeto (emoção ou personagem), ele abandona quadros de referência estáticos e se relaciona com os acontecimentos, em função da percepção objetiva do ambiente e das relações no jogo. O ajustamento da realidade a suposições pessoais é superado a partir do momento em que o jogador abandona a sua história de vida (psicodrama) e interioriza a função do foco, deixando de fazer imposições artificiais a si mesmo e permitindo que as ações surjam da relação com o parceiro.

A diferença entre *showing* (mostrar) e *telling* (contar) aponta para a diferença entre o *fazer de conta* que é simulação e o *tornar real* que significa a criação da realidade cênica. O imaginário passa a existir, assume a concretude do sensível. A diferença visa fazer com que o jogador mantenha contato com a realidade física da cena.

As instruções dadas pelo coordenador, enquanto o jogo está em processo, pretendem atingir o organismo do atuante como um todo. Elas surgem espontaneamente, a partir daquilo que emerge na cena. O coordenador é o olho e o ouvido da plateia e, ao mesmo tempo, é um parceiro que participa do jogo teatral através da instrução. As instruções são enunciados diretos: "Compartilhe o quadro de cena! Veja os botões no casaco de João! Compartilhe a voz com a plateia! Veja com o dedão do pé!".

No processo de ensino, a abordagem intelectual ou psicológica é substituída pelo plano da corporeidade. O material do teatro, gestos e atitudes, é experimentado concretamente no jogo, sendo que a conquista gradativa de expressão física nasce da relação que deve ser estabelecida com a sensorialidade. Dessa forma, no decorrer do processo educacional, é atingida uma objetividade que almeja eliminar o mau hábito de utilizar o teatro como um instrumento de acrobacia sentimental. Através da fisicalização, a realidade cênica adquire textura e substância.

Longe de estar submisso a teorias, sistemas, técnicas ou leis, o atuante no jogo teatral passa a ser o artesão de sua própria educação, produzindo-se a si mesmo. Ao mesmo tempo em que Spolin estabelece um sistema que pretende regularizar a atividade teatral, a antididática do jogo propõe a superação de atitudes mecanizadas, por meio da experiência viva do teatro, na qual o encontro com a plateia é redescoberto a cada partida.

A partir daí pode haver a substituição do tão mitificado conceito de técnica ou receituário de procedimentos. O jogo se dá por meio de partidas e, a cada encontro, os jogadores experimentam novos desenlaces. Como no futebol ou no xadrez, cada jogador desenvolve as habilidades necessárias para jogar e o seu desenlace será determinado pelas relações de parceria.

O Ovo de Colombo, que é o jogo de regras, promove a atitude colaborativa. Como indivíduos, somos cada vez mais isolados, fragmentados, solitários. O tempo presente do jogo, seja durante o ato de acertar um cesto ou marcar o gol, é o estado do processo. O atuante se transforma, assim, em jogador que exercita o aqui/agora.

Em *Jogos Teatrais na Sala de Aula*, há uma grande ênfase na função educacional do jogo tradicional – um patrimônio cultural que pertence à memória coletiva. A adequação à realidade cultural brasileira foi incorporada na tradução através da substituição de jogos tradicionais americanos por jogos tradicionais brasileiros. Apesar de as regras e os versos diferirem de uma cultura para outra, existem elementos estruturais subjacentes que são comuns. Não será excessivo acentuar a importância do jogo tradicional e o resgate desta cultura oral, a ser expandida ao máximo em nossas salas de aula. O modelo do jogo tradicional é a base mais ampla sobre a qual se fundamenta o jogo teatral.

A intervenção educacional do coordenador de jogo é fundamental, ao desafiar o processo de aprendizagem de reconstrução de significados. A *zona de desenvolvimento proximal* (Vygotsky) muda radicalmente o conceito de avaliação. As propostas de avaliação do coordenador de jogo deixam de ser retrospectivas (o que o aluno é capaz de realizar por si só) para se transformarem em prospectivas (o que o aluno poderá vir a ser). A avaliação passa a ser propulsora do processo de aprendizagem.

O conceito de *zona de desenvolvimento proximal*, como princípio de avaliação, promove, com particular felicidade, a construção das formas artísticas. No jogo teatral, por meio do processo de construção da forma estética, a criança estabelece com seus pares uma relação de trabalho em que a fonte da imaginação criadora – *o jogo simbólico* – é combinado com a prática e a consciência da regra de jogo, a qual interfere no exercício artístico coletivo. O jogo teatral passa necessariamente pelo estabelecimento do acordo de grupo, por meio de regras livremente consentidas entre os parceiros. O jogo teatral é um *jogo de construção* com a linguagem artística. Na prática, com o jogo teatral, o *jogo de regras* é princípio organizador do grupo de jogadores para a atividade teatral. O trabalho com a linguagem do teatro desempenha a função de construção de conteúdos, através da forma estética.

Neste livro há também uma ênfase na narração de histórias que podem ser encenadas por crianças e jovens. Esta abordagem de trabalho com textos tem uma longa tradição na história do teatro e foi desenvolvida por Paul Sills, filho de Spolin, constituindo uma contribuição importante ao reeditar procedimentos originais que, muitas vezes, ficaram engessados em uma didática canhestra entre nós. Os jogos teatrais podem trazer ainda uma grande contribuição para o processo de encenação de teatro, sendo que encontramos neste livro indicações para sua utilização por meio de etapas gradativas de ensaios.

Na escola, quase sempre o ensino do texto, entendido ainda como leitura e escrita apenas, é mal engendrado. Os traumas causados por um processo de alfabetização mal conduzido ressoam dolorosamente nas aulas de teatro. Textos são recitados de forma mecânica por alunos se não houver uma reorientação metodológica que nasce pelo e no teatro. A criança brinca, dramatiza com situações e diálogos. Nas brincadeiras de roda, o texto é introduzido com leveza. Uma alfabetização "assassina" pode truncar essa relação espontânea com a fala. Considerando a fala como o primeiro texto, é nos jogos simbólicos da primeira infância que nasce o texto. Esse fio condutor pode ser retomado nas aulas de teatro através dos jogos teatrais, nos quais o exercício espontâneo com a fala do corpo e da voz promovem processos colaborativos que nascem no plano sensório-corporal.

Na escola não se aprende normalmente através da experiência, mas por meio da didática (técnicas de organização do aprendizado). O aprendizado estético é o momento integrador da experiência. A transposição simbólica da experiência assume, no objeto estético, a qualidade de uma nova experiência. As formas simbólicas tornam concretas e manifestas as experiências, desenvolvendo novas percepções a partir da construção da forma artística. O aprendizado artístico é transformado em processo de produção de conhecimento.

Entre as múltiplas funções dos jogos teatrais está a sua contribuição para diferentes métodos de trabalho teatral. Neste sentido, eles se constituem como habilidades de processo. Na abordagem que venho desenvolvendo, através do jogo teatral com a peça didática de Bertolt Brecht (Koudela, 1991, 1999, 2001), a tematização do texto se inicia no plano sensório-corporal, por meio do exercício de jogos de regras e da experimentação de gestos e atitudes. A relação entre jogo teatral (parte móvel, improvisação) e o texto (parte fixa) promove o processo semiótico da construção de significados por intermédio da linguagem gestual.

A *escola alegre* de Paulo Freire seria o espaço ideal para a relação dialógica entre professor e aluno, propiciada pela *lustige Arbeit*, o *trabalho alegre* do teatro, como Brecht gostava de denominar a prática da encenação.

A proposta para uma prática de ensino dessa natureza é promissora e necessária dentro da instituição escolar brasileira!

INGRID DORMIEN KOUDELA
Depto. de Artes Cênicas da ECA-USP

Prefácio

Os jogos teatrais apresentados neste livro são exercícios dirigidos a professores de diversas origens. Embora sejam acessíveis para alunos e professores, têm uma intenção muito séria. Ajudam os alunos a desenvolver habilidades de performance e levam-nos a uma compreensão de ser artista. A autora pretende não apenas fornecer a experiência teatral aos alunos como também ajudá-los a se tornarem responsáveis por seus parceiros e a criar um bom ambiente de trabalho, transformando objetos comuns em algo extraordinário. Os jogos tornarão os alunos mais conhecedores de si mesmos. Jogando, os alunos não irão adquirir apenas habilidades de performance, mas aprenderão também as regras básicas para contar histórias, apreciação da literatura e construção de personagens. Por meio do jogo, eles irão desenvolver imaginação e intuição, e descobrir como se projetar em situações não familiares. Ao serem expostos às suas possibilidades criativas e artísticas irão aprender a concentrar suas energias, a compartilhar aquilo que conhecem. Os jogos teatrais vão além do aprendizado teatral de habilidades e atitudes, sendo úteis em todos os aspectos da aprendizagem e da vida.

Arthur Morey
Coeditor da edição americana

CAPÍTULO 1:

Por Que Trazer os Jogos Teatrais Para a Sala de Aula?

Destinado a professores que tenham pouco ou nenhum treinamento em teatro, este livro é um guia passo a passo para a organização da oficina de jogos teatrais na sala de aula. A oficina de teatro pode tornar-se um lugar onde professor e alunos encontram-se como parceiros de jogo, envolvidos um com o outro, prontos a entrar em contato, comunicar, experimentar, responder e descobrir.

Os jogos teatrais podem trazer frescor e vitalidade para a sala de aula. As oficinas de jogos teatrais não são designadas como passatempos do currículo, mas sim como complementos para a aprendizagem escolar, ampliando a consciência de problemas e ideias fundamental para o desenvolvimento intelectual dos alunos. Muitos dos jogos contêm notas relacionando-os com uma variedade de áreas de estudo (ver Apêndice 2 e Índice B no Apêndice 4).

As oficinas de jogos teatrais são úteis ao desenvolver a habilidade dos alunos em comunicar-se por meio do discurso e da escrita, e de formas não verbais. São fontes de energia que ajudam os alunos a aprimorar habilidades de concentração, resolução de problemas e interação em grupo.

Um jogo é um conjunto de regras que o jogador aceita compartilhar. As regras não restringem o jogador, elas fazem com que o jogador permaneça no jogo.

Atuar é fazer.

"Muitas crianças, jovens e adultos podem se divertir com a experiência da arte dramática no ambiente da oficina sem a necessidade de estender esta experiência para apresentações públicas." [Margaret Faulkes]

JOGOS

Há anos atrás, quando desafiada a treinar alunos (de cinco anos a adolescentes) em técnicas teatrais, essa autora voltou-se para uma abordagem de solução de problemas baseada na estrutura de jogos e exercícios que permitiram aos alunos absorver habilidades de teatro sem esforço consciente. Durante anos, mais de duzentos jogos e exercícios foram desenvolvidos para estimular ação, relação, espontaneidade e criatividade em grupo. Os alunos aprenderam mais por experiência do que por preleções e fórmulas feitas. A oficina orientada por meio do jogo teatral tornou-se a base para uma nova abordagem do teatro, florescendo em centenas de grupos de teatro improvisacional em todo o país.

BRINCAR

Através do brincar, as habilidades e estratégias necessárias para o jogo são desenvolvidas. Engenhosidade e inventividade enfrentam todas as crises que o jogo apresenta, pois todos os participantes estão livres para atingir o objetivo do jogo à sua maneira. Desde que respeitem as regras do jogo, os jogadores podem ficar de ponta cabeça ou voar pelo espaço. De fato, toda forma extraordinária e inusitada de solucionar o problema do jogo é aplaudida pelos parceiros.

A maioria dos jogos é altamente social e propõe um problema que deve ser solucionado – um ponto objetivo com o qual cada indivíduo se envolve e interage na busca de atingi-lo. Muitas habilidades aprendidas por meio do jogo são sociais.

Poucas são as oportunidades oferecidas às crianças para interferir na realidade, de forma que possam encontrar a si mesmas. Seu mundo, controlado pelos adultos que lhes dizem o que fazer e quando fazer, oferece poucas oportunidades para agir ou aceitar responsabilidades comunitárias. A oficina de jogos teatrais oferece aos alunos a oportunidade de exercer sua liberdade, respeito pelo outro e responsabilidade dentro da comunidade da sala de aula.

O jogo é democrático! Todos podem aprender jogando! O jogo estimula vitalidade, despertando a pessoa como um todo – mente e corpo, inteligência e criatividade, espontaneidade e intuição – quando todos, professor e alunos unidos estão atentos para o momento presente.

LIBERDADE

Uma criança só poderá trazer uma contribuição honesta e excitante para a sala de aula, por meio da oficina de teatro, quando lhe damos liberdade pessoal. O jogador precisa estar livre para interagir e experimentar seu ambiente social e físico. Jovens atuantes podem aceitar responsabilidades para comunicar-se, ficar envolvidos, desenvolver relacionamentos e cenas teatralmente válidas apenas quando lhes é dada a liberdade para fazê-los.

Quando o aluno-ator responde com prazer, sem esforço, o professor-diretor saberá que o teatro está de fato presente.

INTUIÇÃO

A experiência nasce do contato direto com o ambiente, por meio de envolvimento orgânico com ele. Isto significa envolvimento em todos os níveis: intelectual, físico e intuitivo. A intuição, vital para a aprendizagem, é muitas vezes negligenciada. A intuição é considerada como sendo uma dotação ou uma força mística possuída pelos privilegiados somente, embora todos conheçamos momentos quando a resposta certa "surgiu do nada" ou "fizemos a coisa certa sem pensar". Às vezes, em momentos como este, precipitados por uma crise, perigo ou choque, a pessoa transcende os limites daquilo que é familiar, corajosamente entra na área do desconhecido e libera por alguns momentos o gênio que tem dentro de si. O intuitivo só pode ser sentido no momento da espontaneidade, no momento em que somos libertos para nos relacionarmos e agirmos, envolvendo-nos com o mundo em constante movimento e transformação à nossa volta.

A intuição vai além do intelecto, da mente, da memória, do conhecido. A utilização da intuição não pode ser ensinada. É necessário ser surpreendido por ela.

Há, claramente, uma grande semelhança entre a improvisação no teatro e o jazz. Art Farmer, o grande jazzista diz: "Você nunca pode forçar o que está fazendo. Quanto mais forçar, menos acontece. Nos melhores momentos, é como se estivesse tomado por um certo poder. Este poder toca você e você se torna o instrumento".

TRANSFORMAÇÃO

Os efeitos do ato de jogar não são apenas sociais ou cognitivos. Quando os jogadores estão focados no jogo, são capazes de transformar objetos ou criá-los. Ambientes intei-

O coração da improvisação é a transformação.

Criatividade não é rearranjo; é transformação.

"Os (jogos teatrais de Spolin) são artifícios contra a artificialidade; estruturas criadas para despertar a espontaneidade – ou talvez uma estrutura cuidadosamente construída para isolar subjetividade. Importante no jogo é a bola – o foco, um problema a ser solucionado, às vezes, um duplo problema que mantém a mente (um mecanismo de censura) tão ocupada, friccionando seu estômago e o topo de sua cabeça em direções opostas, por assim dizer, que o gênio (espontaneidade) acontece sem querer." [Tung, in Film Quarterly]

Esteja atento para atividade excessiva nas primeiras sessões de oficina; desencoraje toda superatuação e esperteza. Mantenha todos atentos ao foco durante todo o tempo. Esta disciplina vai permitir que os mais tímidos adquiram maior consciência e canalizará a energia dos que são mais livres.

ros surgem espontaneamente a partir do nada. Impossíveis de serem captadas em palavras, as transformações parecem surgir a partir do movimento físico intensificado e da troca desta energia em movimento entre os parceiros. A transformação ocorre não apenas uma, mas muitas e muitas vezes.

Transformações são mágica teatral e uma parte intrínseca da maioria dos jogos teatrais.

TRÊS ESSÊNCIAS DO JOGO TEATRAL

Atenção especial é dada aqui para o foco, instrução e avaliação – três pontos essenciais de todo jogo teatral.

Foco

Cada foco determinado da atividade é um problema essencial para o jogo que pode ser solucionado pelos participantes. Nas oficinas, o professor apresentará o foco como parte do jogo, mantendo-se atento a ele ao dar as instruções quando necessário. O foco coloca o jogo em movimento. Todos se tornam parceiros ao convergir para o mesmo problema a partir de diferentes pontos de vista. Através do foco entre todos, dignidade e privacidade são mantidos e a verdadeira parceria pode nascer. Acredite no foco. Deixe que ele trabalhe por você.

O foco *não* é o objetivo do jogo. Permanecer com o foco gera a energia (o poder) necessária para jogar que é então canalizada e escoa através de uma dada estrutura (forma) do jogo para configurar o evento teatral. O esforço em permanecer com o foco e a incerteza sobre o resultado diminui preconceitos, cria apoio mútuo e gera envolvimento orgânico no jogo. Todos, professor (instrutor) e alunos (jogadores), são surpreendidos pelo momento presente, alertas para solucionar o problema. Como disse um aluno de oito anos certa vez: "É necessário usar toda sua força para permanecer com o foco".

Acredite no foco do jogo e observe a superação da rotina. Permita que todos joguem e descubra a criatividade oculta naqueles alunos cujo desempenho escolar é normalmente insatisfatório. Seja paciente. Logo descobrirá que mesmo a criança menos responsável ficará orgulhosa daquilo que está fazendo.

Instrução

A instrução é o enunciado daquela palavra ou frase que mantém o jogador com o foco. Frases para instrução nascem espontaneamente a partir daquilo que está surgindo na área de jogo e são dadas no momento em que os jogadores estão em movimento. A instrução deve guiar os jogadores em direção ao foco, gerando interação, movimento e transformação (as frases de instrução estão impressas em itálico do lado direito, na coluna mais estreita: "Mostre! Não conte!").

Aprenda fazendo. Os conceitos que estão por detrás dos jogos teatrais ficarão mais claros quando você começar a jogar.

A instrução faz com que os jogadores retornem ao foco quando dele se distanciaram ("Permaneça com o olho na bola!"). Isto faz com que cada jogador permaneça em atividade e próximo a um momento de nova experiência. Além disso, dá ao professor-diretor o seu lugar dentro do jogo como parceiro.

Todos, menos alguns poucos jogos, incluem sugestões para instrução. No início, utilize as frases sugeridas, enunciando-as durante o jogo em momentos apropriados. Mais tarde você descobrirá a instrução apropriada sem seguir o texto. Grupos e indivíduos diferem em termos de resposta pessoal. A instrução pode ser evocativa, plena de potencialidades; pode ser um catalisador estimulante, provocante. Adições às instruções impressas irão surgir espontaneamente e instantaneamente quando você estiver trabalhando com o foco.

A instrução altera a relação tradicional entre o professor e o aluno, criando uma relação em movimento. Permite ao professor/diretor entrar na excitação do jogo (aprender) no mesmo espaço, com o mesmo foco que os jogadores.

Procure evitar uma barragem de orientações insípidas. Espere pelo jogo que está emergindo. Lembre-se que você também é um parceiro de jogo. Para dar a instrução com eficiência, utilize um enunciado simples e direto: "Compartilhe o quadro de cena! Permaneça no espaço – tire da

Lembre-se que um jogo só pode obter sucesso quando ele ou ela acreditar no jogo, no grupo, na instrução. Estes não são princípios para vencer uma competição; na realidade, não há vencedores e/ou vencidos no jogo teatral. A confiança se desenvolverá através da avaliação em grupo e a energia será liberada por meio da instrução.

Atente constantemente durante a avaliação para fazer perguntas que vão ao encontro do nível de experiência das crianças e estimule seu aprendizado.

cabeça! Compartilhe sua voz! Ajude seu parceiro que não está jogando!". Quando a instrução é dada como parte do processo, os jogadores respondem livremente.

No trabalho inicial com seus alunos, muitos deles, devido ao fato de estarem acostumados a dar atenção quando lhe falam, podem parar de jogar e olhar para você enquanto está dando a instrução. Isto é um sinal de que ainda não estão aceitando você como parceiro. Experimente dar a seguinte instrução: "Ouça a minha voz, mas continue jogando!".

A instrução é geral, não dirigida aos jogadores individualmente, e busca basicamente manter todos os jogadores (inclusive os jogadores na plateia) com o foco. Evite utilizar imagens enquanto dá a instrução (isto é, não peça para os jogadores imaginar ou fazer de conta). Sugerir imagens para os jogadores impõe pensamentos do passado sobre aquilo que está acontecendo agora. A instrução não deve alterar o curso do jogo, mas simplesmente manter todos os jogadores e o instrutor no foco.

Avaliação

Avaliação não é julgamento. Não é crítica. A avaliação deve nascer do foco, da mesma forma como a instrução. As questões para avaliação listadas nos jogos são, muitas vezes, o restabelecimento do foco. Lidam com o problema que o foco propõe e indagam se o problema foi solucionado (a avaliação para o jogo é impressa em itálicos regulares na coluna estreita da direita, abaixo da instrução).

Quando um jogador ou grupo trabalha no foco do jogo, todos os outros jogadores que fazem a plateia compartilham o jogo. Aquilo que foi comunicado ou percebido pelos jogadores na plateia é então discutido por todos durante a avaliação.

Dentro de um ambiente livre, ao perguntar aos jogadores no palco: "Vocês concordam com os jogadores na plateia?", estamos dando a eles uma oportunidade idêntica para posicionar-se em relação àquilo que acabaram de fazer. A avaliação, muitas vezes, é uma oportunidade para o professor e os jogadores emitirem sua opinião sobre "a maneira certa" de fazer algo. Não assuma nada; avalie apenas o que você acabou de ver.

A falácia de que existem formas prescritivas de comportamento acometeu esta autora, certo dia, quando um grupo de jogadores realizava uma cena de família. Mãe, pai e avô estavam sentados em um sofá, tomando chá. O jogador mostrou-nos que ele era o avô, dizendo ocasionalmente "Meu Deus!". Depois disso, numa atitude típica de uma criança de seis anos, ele escalava e andava em volta do sofá.

Durante a avaliação, foi dito a Johnny que ele certamente nos mostrara que era o avô. Em seguida, o professor-diretor perguntou a ele se achava que homens mais velhos escalavam o sofá daquela forma. Johnny ficou espantado ao ouvir que ele havia feito isso. Devido à maneira como a pergunta foi formulada, Johnny deu uma forma ao seu pensamento para ir ao encontro do padrão de referência do professor-diretor, aceitando sua autoridade, e decidiu que avós não escalam sofás. De repente, alguém entre os jogadores na plateia falou:

"Meu avô faz isto!".

"Ele faz?".

"Com certeza, toda vez que está caçando o gato".

Como líderes, devemos estar atentos para que todos os jogadores, inclusive o orientador, fiquem longe de histórias pessoais, voltando-se para o foco presente do jogo. Embora seja verdadeiro que apenas um avô entre vinte mil irá escalar um sofá, como mostrou esse garoto de seis anos, é também verdade que isto é possível e que o jogador tem o direito de explorá-lo no jogo.

Não há nada mais dogmático do que uma pessoa de seis ou sete anos que "sabe" a resposta certa. Ele ou ela já está em fase de refletir e aceitar os padrões da realidade. Ele ou ela está certo e todo o resto do mundo está errado! Parece impossível inicialmente erradicar estas palavras de julgamento do vocabulário de algumas crianças muito jovens.

"Ele está errado!", dirá uma criança.

"O que você quer dizer quando afirma que está errado?".

"Ele não agiu corretamente!".

"O que você quer dizer quando diz que não agiu corretamente?".

"Assim!" (demonstrando a maneira correta de comer cereal).

"E se Johnny quiser mostrar do jeito dele?".

"Ele está errado!".

"Você viu Johnny comendo o cereal?".

"Sim".

"E por que estava errado?".

"Ele comeu muito rápido".

"Você quer dizer que ele não comeu o cereal da mesma forma como você?".

"Você deve comer devagar o cereal".

"Quem disse isso?".

"Minha mãe".

"Bem, se sua mãe quer que você coma o cereal devagar, isto é uma regra da sua mãe. Talvez a regra na casa de Johnny seja diferente. Você viu Johnny comendo cereal?".

"Sim".

Quando insistimos, as diferenças individuais são finalmente aceitas. Como o cereal que Johnny estava comendo não era real, a inferência dos jogadores na plateia de que era visível ajuda a refutar a objeção. Fique atento em não assumir uma acepção cultural, substituindo-a por uma experiência atual. As palavras "certo", "errado", "bom", "mal" finalmente darão lugar para "Eu não estava vendo o que ele estava fazendo". "Ela não se movimentou como um boneco todo o tempo". "Eles não compartilharam sua voz conosco".

APROVAÇÃO/DESAPROVAÇÃO

Dependência da autoridade obstrui a experiência consigo mesmo e da realidade.

Buscamos a experiência direta nestas oficinas.

Como líderes e professores, devemos perceber que nenhum de nós está totalmente livre da necessidade de dar e receber aprovação ou desaprovação. No entanto, a necessidade de olhar para os outros para dizer onde estamos, quem somos e o que está acontecendo resulta em uma séria perda de experiência pessoal. Buscando salvarmo-nos de ataques (desaprovação), construímos uma fortaleza e ficamos tímidos ou lutamos cada vez que nos aventuramos para fora. Alguns, na busca por aprovação, desenvolvem egocentrismo e exibicionismo; outros simplesmente desistem. Tentando ser "bom" ou evitando ser "mau", porque não se consegue ser "bom", podemos evoluir no modo de vida, necessitando sempre de aprovação/desaprovação por uma autoridade. Assim, a investigação e solução de problemas se tornam importância secundária. Passividade é uma resposta para autoritarismo, com o significado de desistência de responsabilidade pessoal. Jogar nas oficinas deveria ser uma ajuda para aqueles que são passivos para aprender a confiar em si mesmo e nos outros, tomar decisões, ter iniciativas, correr riscos e procurar a liberdade.

Durante as oficinas de jogos teatrais, procure tornar-se consciente dos efeitos da aprovação/desaprovação sobre você mesmo e seus alunos. Quando as perguntas de avaliação são baseadas no problema (foco), nenhum jogador é ridicularizado, menosprezado, manipulado e a confiança nos parceiros de jogo cresce. A parceria é formada e todos são libertos para assumir responsabilidade pela sua parte ao praticar o jogo.

O FORMATO DO JOGO

Os grupos são formados e todos são induzidos a se responsabilizar pela sua parte no jogo. Cada jogo é apresentado de forma breve para que possa ser lido e entendido facilmente. Segue um jogo modelo no formato e utilização.

Observe que muitos jogos têm variações. Cada uma delas soluciona um problema diferente para o aluno. Cada professor descobrirá que pode inventar muitos acréscimos ao desenvolver o trabalho.

Quando somos condicionados a olhar para os outros antes de responder, é estabelecido um espaço de tempo, um espaço entre a pergunta e a resposta que permite a síndrome da aprovação/desaprovação. Não há integridade, honestidade quando alguém está reagindo e debatendo-se "Eu posso ou não?".

Não há uma forma certa ou errada de solucionar um problema da oficina: a tentativa honesta, a busca é mais importante.

Bajulação desvia a atenção do aluno para a solução do problema. Eles visam à conveniência mental em vez de uma solução.

Pense em cada "objetivo" como um guia inicial para um novo início.

Objetivo: Define o principal resultado que o professor ambiciona alcançar com cada jogo. Todos os jogos têm diferentes utilizações. Mas somente o professor pode solucionar problemas particulares que surgem na sala de aula.

Foco: Os alunos-jogadores têm em mente o foco assim como um jogador de basquete mantém seus olhos na bola em movimento. O foco garante envolvimento de todos os participantes, em todos os momentos, durante o processo do jogo.

Instrução: (negrito) é o diálogo entre o professor/instrutor e os alunos/jogadores. As frases são apoios dados *enquanto se joga o jogo*.

ACRESCENTAR UMA PARTE

Objetivo: Ajudar os jogadores a trabalharem juntos ao lidar com um objeto do espaço grande e complicado.

Foco: Em usar parte de um objeto no espaço – fora da mente.

Descrição: De oito a dez jogadores por grupo. O primeiro jogador usa ou estabelece contato com parte de um objeto maior que apenas ele tem em mente e sai da área de jogo. Um a um, os jogadores usam ou entram em contato com outras partes do objeto até que o objeto todo seja deixado no espaço. Por exemplo, o primeiro jogador senta-se e utiliza uma direção, o segundo liga o para-brisa, o terceiro abre a porta do carro e assim por diante.

Notas: 1. Esse jogo é semelhante ao *Parte de um Todo, Objeto* mas os jogadores não se tornam parte do objeto com seu corpo. Eles deixam partes de um objeto maior no espaço da área de jogo.

2. Os jogadores não devem construir parte do objeto com instrumentos, mas sim utilizar essa parte. O para-brisa, no exemplo acima, pode ser acrescentado por meio dos movimentos dos olhos. O foco nesse jogo é em fazer aparecer – quando o invisível se torna visível.

**Deixe-nos ver o que você está vendo!
Deixe que o objeto ocupe seu lugar no espaço!
Permaneça com o mesmo objeto!
Outros jogadores veem o todo pelas partes deixadas em cena!
Não planeje a sua parte!
Utilize o que foi deixado pelos outros e deixe sua parte aparecer!**

Plateia, qual era o objeto?
As partes acrescentadas estavam no espaço ou na mente dos jogadores?
Jogadores, vocês concordam?
Primeiro jogador, era esse o objeto que você tinha em mente?

Descrição: Dá dicas para o professor sobre como organizar o jogo, onde posicionar os jogadores, quando iniciar a instrução, quando interromper o jogo etc.

Notas: Inclui observações sobre como tornar o jogo mais eficiente, quais dificuldades podem surgir no jogo e como solucioná-las, quais oportunidades devem ser buscadas, quais são os jogos relacionados etc.

Avaliação: consiste de perguntas para os alunos/jogadores e para os observadores. A avaliação revela o que foi percebido, aprendido ou realizado no curso do jogo.

A OFICINA DE JOGOS TEATRAIS

Uma oficina é uma sequência de atividades com um jogo teatral ou grupo de teatro. Cada sessão tem um início, um meio e um fim. Jogos de aquecimento e/ou jogos introdutórios preparam os jogadores para os jogos teatrais a serem desenvolvidos. Os jogos de aquecimento promovem a integração do grupo e ajudam a focalizar a energia para a próxima experiência de aprendizagem.

É possível estabelecer um tempo regular, em seu horário semanal, para a oficina de jogos teatrais. Um jogo teatral selecionado a partir das páginas seguintes, com seus exercícios de aquecimento e jogos introdutórios, pode formar a moldura para uma sessão de oficina. O tempo necessário para executar um jogo ou exercício específico pode variar muito, dependendo da experiência, idade, interesse e energia do grupo. Um grupo jovem pode levar vinte minutos para absorver e ter prazer em um jogo ao passo que outro grupo de mais idade poderá absorver em cinco minutos. Você, o professor, que faz o diagnóstico, irá descobrir a melhor solução para esse problema a partir da sua própria experiência com o grupo.

Não apresse os jogadores. Procure sempre manter um ambiente no qual cada um possa trabalhar de acordo com a sua própria natureza. Uma abordagem inflexível pode bloquear o crescimento. Em resumo, não ensine. Em lugar disso, exponha os alunos ao ambiente teatral e eles encontrarão seu próprio caminho. Ensinar teatro para crianças é o mesmo que dirigir atores adultos. As diferenças são de apresentação. Na sala de aula, questões e introduções para os exercícios devem ser dirigidas através de uma compreensão clara da experiência de vida das crianças (observe que as instruções e perguntas para avaliação neste livro foram escritas de forma apropriada para os níveis de ensino).

A ATMOSFERA DA OFICINA

Cada oficina de jogos teatrais deve provocar frescor em você e seus alunos. No entanto, reconhecer o aluno, o seu direito de experimentar ao abordar um problema, coloca uma carga para o professor. Essa forma de ensinar parece mais difícil no início, pois você precisa esperar que seus alunos façam suas descobertas sem interpretar ou forçar conclusões no lugar deles. Apenas quando se torna claro para os jogadores que nenhuma pergunta será feita que não saibam responder e nenhum problema será dado que não saibam resolver, é que irão atuar com liberdade.

É importante que o professor se torne um parceiro de jogo. Não se preocupe em perder o controle. Permita que os jogos trabalhem por você. Quando os alunos descobrem que "fizeram por si mesmo", o professor obteve sucesso.

Controle

Autodisciplina irá se desenvolver quando o envolvimento dos alunos na atividade for completo.

Nenhum professor de classe deseja perder controle sobre o grupo, e a liberdade inerente ao teatro improvisacional pode intensificar o medo do professor. Na prática, os jogadores são controlados pela atenção no foco de cada jogo e a pressão que nasce dos grupos que estão jogando. Eles não são forçados a permanecer em ordem, eles escolhem a ordem.

Liberdade criativa não significa descartar a disciplina. Na verdadeira criatividade, está implícito que uma pessoa livre para criar dentro da forma de arte precisa ser altamente disciplinada. A disciplina imposta muitas vezes produz ação inibida ou rebelde por parte do aluno: pode ser negativa ou ineficiente. Por outro lado, quando a disciplina não nasce de um cabo-de-guerra por posição, mas é livremente escolhida pelos alunos, pelo bem da atividade, promove ação responsável – ação criativa. É preciso imaginação, dedicação e entusiasmo para ter autodisciplina.

Os jogos teatrais encorajam a disciplina artística e, ao ligar o indivíduo ao grupo, produzem comportamento responsável.

Energia

Quando este texto pede a você que mantenha níveis de energia elevados, você poderá sentir-se apreensivo frente à desordem daí resultante. Mas energia elevada reúne seus alunos em uma comunidade, dissolve preguiça e monotonia, promove interesse e focaliza o projeto ou evento que está acontecendo.

Se durante as oficinas os alunos se tornarem cansados e por demais indisciplinados, isto é um sinal de alerta. Será necessário um novo foco. Termine o que está fazendo imediatamente e use algum jogo simples que possa envolver a todos. Use algo que possa reunir o grupo novamente por meio do envolvimento na atividade em vez de exigir disciplina. É mais divertido dessa forma. Permita que os jogos teatrais realizem o controle por você.

Não confunda a liberdade do jogo teatral com licenciosidade. O teatro é uma forma de arte altamente disciplinada. Não espere nem demais nem muito pouco das crianças. A autodisciplina irá evoluir nos alunos quando seu envolvimento com a atividade for completo.

ORDEM DO DIA

Traga para a oficina uma ordem do dia ou plano que inclua cinco a dez jogos. (Este é provavelmente o dobro do número que você irá efetivamente jogar durante a oficina). Interesse, energia e entusiasmo (ou a sua ausência) podem fazer com que deixe de lado um jogo e o substitua por outro. Segue um exemplo de uma ordem do dia. Os jogos em torno dos quais foi desenhado um círculo foram efetivamente praticados. Os números indicam a ordem em que foram jogados. Você pode desejar voltar para aqueles jogos que não foram realizados na sessão seguinte (embora seja recomendável iniciar com um novo aquecimento). Se a lista para uma oficina específica não estiver funcionando, vá para outra.

A maioria das oficinas se inicia e termina com um jogo tradicional jogado como aquecimento e introdução.

```
Oficina    #5
Sequência #1          Out. 7, 1987          45 minutos

22 jogadores               Quarta Série

Jogos Tradicionais                      Jogos Teatrais

Pegador com Explosão              2. (Queimada)

1. (Câmera Lenta / Pegar e Congelar)     Jogo de Bola

4. (Jogo de Observação)           3. (Playground)

Notas:
```

Sessão viva. Os jogadores gostaram do jogo de Observação. Realizar no próximo encontro Extensão da visão e Fila Única.

Um registro das habilidades dos alunos pode ser feito através de uma simples anotação como é mostrado abaixo:

LEITURA CORAL
    Sequencia #3
    Oficina #2

Nomes	Jogador	Platéia	Comentários
Tom Davidson	✓		Inventivo!
Laura Sanchez	Condutora		Papel de primeiro líder
Clarence Williams		✓	Ainda retraído

EXEMPLO DE OFICINA

Todos os jogos introdutórios devem ser fáceis, simples, alegres. Lembre-se que você é um parceiro.

Incluído para o professor que não está familiarizado com os jogos, há uma sequência de oficina mais simples (mais sete sequências de oficinas poderão ser encontradas no Apêndice). Estas foram incluídas por serem mais simples. O professor é encorajado a experimentar e testar suas próprias combinações.

SEQUÊNCIA n.1

	Jogos Tradicionais (Aquecimentos e envolvimentos)	Jogos Teatrais
Oficina n.1	Fila Única ★ Três Mudanças ★ Senhora Dona Sancha ★	Espelho Quem é o Espelho?
Oficina n.2	Identificando Objetos ★ Senhora Dona Sancha ★	Jogo de Bola Playground
Oficina n.3	Quem Iniciou o Movimento? ★ Fila Única ★ A Carrocinha Pegou ★	Espelho Substância do Espaço
Oficina n.4	Maria no Canto ★ Dar e Tomar (Aquecimento) ★	Moldando o Espaço (Individual) Cabo-de-Guerra Pular Corda
Oficina n.5	Passa Passa Três Vezes ★ Dar e Tomar (Aquecimento) ★	Espelho Siga o Seguidor Envolvimento em Duplas
Oficina n.6	Dar e Tomar (Aquecimento) ★ Três Mocinhos de Europa ★	Parte de um Todo, Atividade Parte de um Todo, Profissão
Oficina n.7	Espelho ★ Quem Iniciou o Movimento? ★	Espelho com Som
Oficina n.8	Batendo ★ Fila Única ★	Ouvindo o Ambiente Parte de um Todo, Profissão
Oficina n.9	Passa Passa Três Vezes ★	Tocar e Ser Tocado/Ver e Ser Visto Que Idade Tenho? Parte de um Todo, Relacionamento
Oficina n.10	(Leia a história da Bela Adormecida para o grupo.) Bom Dia Minha Senhorinha (Repetir depois de realizar os jogos teatrais)	Relatando um Incidente Acrescentando Colorido Parte de um Todo, Atividade (Use cenas da história para estabelecer Onde, Quem, O Que)

ÁREA DE JOGO

A área de jogo é qualquer espaço que possa ser aberto na sala de aula. Deve ser amplo o suficiente para acomodar o jogo que foi escolhido e instalar uma plateia. A área deverá ser modificada de acordo com as necessidades do jogo teatral. Alguns jogos podem ser realizados com os alunos sentados em suas carteiras.

GRUPOS

A maioria das descrições exige um número específico de jogadores por grupo. Para alimentar o espírito de ser parte de um todo na sala de aula, os grupos devem ser selecionados aleatoriamente. Isto impede o medo, a insegurança e a solidão que sempre surgem quando os jogadores esperam ser selecionados pelo professor ou pelo capitão do grupo.

CONTAGEM

Quando um jogo exige grupos de cinco jogadores e você tem trinta jogadores, terá naturalmente seis grupos. Antes de introduzir o jogo, peça para que os alunos contem até seis – o número de grupos de que necessita. Os jogadores contam até seis, dizendo em voz alta os números na sequência (em círculo ou em suas carteiras). Eles devem repetir a sequência, até que todos tenham dito um número. Os jogadores de número um formam o primeiro grupo, dois o segundo grupo etc. Se tiver trinta e um jogadores, um grupo terá um integrante a mais.

Se houver um desenvolvimento desigual dentro do grupo, você pode precisar indicar jogadores nos grupos. Isto pode ser feito por meio de um rearranjo depois de feita a contagem. Mas faça isso sem que fique evidente para os jogadores. Até que todos os jogadores estejam aptos a tomar iniciativas na oficina, coloque aqueles jogadores que são catalisadores naturais em posições nas quais possam ajudar a desenvolver a atividade. Preste atenção para que não dominem. Com o tempo, todos os jogadores irão desenvolver habilidades de liderança.

MEDO DE PARTICIPAÇÃO

Um aluno, exercitando o direito de jogar ou não jogar, pode estar com medo de participar. O medo da desaprovação e a incerteza de ganhar aprovação podem estar paralisando o jogador. A contagem aleatória na formação dos grupos quase sempre faz com que o jogador participe do jogo como quem mergulha na água, sem se dar conta. Aquele aluno que não quer jogar deve ser mantido à vista, de forma que o medo possa ser diminuído e a participação eventual encorajada. Se o jogador foge da brincadeira durante o decorrer do jogo, experimente atraí-lo por meio da instrução: "Ajude seu parceiro que não está jogando!". Mas não chame nenhum jogador pelo nome. A incerteza sobre qual jogador não está participando promove alerta de grupo.

Mesmo a simples liberdade de "jogar ou não jogar" deve ser mantida como liberdade de escolha e ser respeitada durante as oficinas.

ACORDO DE GRUPO

O acordo de grupo não deve estar em conformidade com a "tirania da maioria" nem deve ser o resultado em obedecer cegamente a um líder. No acordo de grupo, os jogadores devem ter liberdade de escolha que possibilita alternativas. Ninguém deve ser ridicularizado por fazer sugestões. Ninguém assume a tomada de decisões. O respeito mútuo nasce entre os jogadores. Todos têm o direito de participar até o limite de sua capacidade. Todos devem ter a responsabilidade pela sua parte no todo. Todos trabalham juntos para o evento como um todo.

É essencial existir uma comunidade de jogadores para que o jogo teatral possa acontecer. Você poderá escolher

Quando os jogadores confiam nos jogos eles irão aceitar diferenças entre eles.

A ética do jogo, como a disciplina, é conquistada quando os jogadores entendem o acordo de grupo e ficam livres da necessidade de ser "o melhor".

Você como "líder do grupo" pode ir de um grupo para o outro depois da apresentação do jogo, solicitando a cooperação de alunos cabeçudos e encorajando crianças mais medrosas e passivas a entrar nas atividades do grupo.

trabalhar com esse manual do início ao final ou pode seguir uma das sequências de oficinas. Em ambos os casos, grande parte da energia das oficinas iniciais deve ser gasta na construção deste grupo de parceiros de jogo. Uma vez que os grupos foram formados e as regras do jogo apresentadas, os parceiros são muitas vezes intimados a estabelecer a organização e a posição de todos os parceiros do grupo. Eles devem entrar em acordo sobre Onde, Quem, O Que com relação a uma cena ou uma frase nos jogos de contar histórias.

Inicialmente, os grupos podem não trabalhar com o acordo de grupo, conforme descrito acima. A chance de desenvolver a capacidade para o julgamento independente está sendo oferecida. Períodos de avaliação e o próprio jogo promovem esta cooperação. Embora nem todos os jogadores tenham habilidades idênticas, todos devem ter a oportunidade de desenvolver uma resposta pessoal.

Intensidade e envolvimento devem ser solicitados como capacidades e potenciais das crianças. Crianças com níveis baixos de aproveitamento escolar podem ser as mais criativas durante as oficinas. Suas energias, infelizmente, podem não estar sendo requisitadas no currículo regular. Os benefícios do jogo teatral vão muito além de ensinar habilidades de performance para crianças.

INSTRUÇÕES DO ALUNO

O treinamento para instruir ajuda a construir lideranças na sala de aula. *Blablação/Português*, *Ruas e Vielas* e *Espelho com Som* são úteis para o treinamento em dar instruções. Por exemplo, quando o grupo todo jogou e entendeu *Blablação/Português*, inicie uma oficina de treinamento em dar instruções.

"Hoje vamos iniciar um treinamento com *Blablação/Português*. Vamos todos jogar ao mesmo tempo. Todos fazem a contagem (em grupos de três). Dois membros de cada grupo serão os jogadores e um deles dará instruções. O jogador de número um será o primeiro a dar instruções. Quando eu chamar o número dois, o jogador de número dois dará as instruções e os jogadores de número um e três serão os jogadores e assim por diante".

Vá de um grupo a outro para dar assistência às instruções. Alguns alunos poderão estar dando a instrução de mudança da blablação para português muito rapidamente, outros poderão estar sendo lentos demais. Permita que cada aluno da sala tenha a oportunidade de ser o instrutor.

Como instrutor, na posição de guiar as necessidades dos outros, o aluno mais resistente pode algumas vezes desabrochar magicamente.

PROJETANDO OFICINAS PARA ENCONTRAR NECESSIDADES ESPECÍFICAS

Existem pelo menos três níveis de jogo: participação (prazer e jogos), solução de problemas (desenvolvimento de instrumentos de percepção mentais e físicos) e ação catalisadora (que se refere à intuição pessoal). Procure encontrar um equilíbrio entre estas três áreas ao adaptar estes jogos para a sua oficina ou outras necessidades da sala de aula.

Nas oficinas, deve-se esperar um desenvolvimento desigual de habilidades. Mas ao prestar atenção às diferenças na resposta individual através da instrução, cada jogador irá responder de sua própria maneira.

Participação

Os jogos teatrais foram desenvolvidos para todas as idades e contextos. Quando necessário, os jogos podem ser modificados ou alterados para adaptar-se às limitações de tempo, espaço, deficiências físicas, distúrbios de saúde, medos etc. Não há um programa para adaptação. Procure inicialmente aproximar-se da apresentação feita neste livro e faça alterações quando a necessidade surgir a partir do jogo.

"A experiência de jogo pode preparar o aluno para a objetividade em outras atividades, pois o verdadeiro jogo cria o incentivo para utilizar nossas melhores habilidades." [Neva Boyd]

Solução de Problemas

Cada jogo requer a solução de, ao menos, um problema (enunciado pelo foco). A solução do problema do jogo prepara o jogador para a solução de muitos tipos de problemas em muitas áreas de estudo. Quando um problema parece exigir muito de seus jogadores, interrompa o jogo e faça um ou mais exercícios de aquecimento relacionados.

Ação Catalisadora

Os jogos teatrais contêm oportunidades para despertar o espontâneo. No entanto, a intuição, como a criatividade, não pode ser programada. Nenhum jogo trará resultados máximos de experiência para todos os jogadores. Caso alguns jogadores não estejam impressionados pelas suas experiências na oficina, observe o que pode envolvê-los para fazer com que participem, procure jogos que os motivem.

Excitação e entusiasmo são condições para a transformação.

A UTILIZAÇÃO DE MATERIAL SUPLEMENTAR

Para o professor que deseja seguir um tema específico na oficina ou acrescentar jogos referentes a conteúdos curriculares, consulte o Apêndice 2 que será útil. Consulte também o índice B, no Apêndice 4, que cruza referências de jogo com áreas do currículo. No entanto, se as necessidades do currículo ou conteúdos específicos impedirem o jogo, você está no caminho errado.

A atuação na oficina permite que os alunos criem sua própria experiência e se tornem mestres de seu próprio destino.

Uma bibliografia em quatro partes (Apêndice 3) irá ajudá-lo a encontrar material de pesquisa suplementar, bem como histórias e poemas que os alunos podem adaptar e apresentar em performances. O Apêndice 1 oferece inúmeros planos para organizar sequências de oficinas. Finalmente, há um glossário sobre teatro e termos sobre jogos teatrais no Apêndice 5.

LISTA PARA CHECAGEM DAS OFICINAS (UMA REVISÃO)

Acima de tudo, fique confortável durante as oficinas. Escolha jogos com os quais terá prazer. Com o tempo, você e seus alunos ficarão familiarizados com a abordagem e a filosofia dos jogos teatrais, e muitas escolhas estarão abertas para todos. De tempos em tempos, revise a seguinte lista que deverá ser checada ao preparar a sua ordem do dia.

1. *Preparação do Coordenador:*
   Antes de apresentar a oficina, leia as instruções dos jogos selecionados por você para estar seguro de que entendeu o que deve acontecer.
2. *Contagem:*
   Quando os grupos são chamados, o jogo inicia assim que os jogadores começam a formar os grupos. Os jogadores com o mesmo número se reúnem e formam seus respectivos grupos. Então, apresente o jogo.
3. *Jogos Introdutórios:*
   Jogos introdutórios são jogos teatrais realizados no início da sequência na oficina e preparam o grupo para o jogo teatral a ser realizado. Dependendo da prontidão e desenvolvimento do grupo, você pode repetir o jogo introdutório ou simplesmente referir-se a ele ao apresentar um novo jogo. Não omita jogos introdutórios por medo de não passar por todos os jogos deste manual. Este livro inclui, muitas vezes, o número de jogos que toda sala de aula pode completar durante um ano letivo.

   Prepare mais jogos do que o tempo permite em cada oficina. Escolha os jogos com os quais se sente mais à vontade e que vão ao encontro das necessidades e talentos de sua sala de aula.

4. *Apresentação dos Jogos:*
   O foco e a descrição podem ser lidos em voz alta para os jogadores diretamente do livro. Procure ser entusiasta, mas preciso. Traga seu grupo para o espírito do jogo.

   Comece o jogo você mesmo no momento da apresentação.

5. *Lições:*
   Apresentar os jogos como lições reduzirá o entusiasmo e dissipará a energia necessária para jogar. Esta abordagem pode gerar resistência e levar a atitudes de defesa. Como está ofe-

A oficina de jogos teatrais deve ser um momento de prazer para você também.

Quando um jogo exige um único jogador e todos quiserem ser o primeiro, faça com que o jogador mais insistente escolha o primeiro jogador.

Os jogadores na plateia devem permanecer em "estado de jogo", livres de atitudes de análise ou julgamento.

recendo teatro para sua sala de aula, faça com que seja algo especial e mágico – algo diferente de um dia de aula regular.

6. *Exemplos e Comparações*:

Evite dar exemplos ou fazer comparações. Aqueles que são feitos nas notas para os jogos, neste livro, são para a sua compreensão do jogo como instrutor. Os jogadores geralmente não necessitam destes exemplos. Alguns jogadores automaticamente limitam sua liberdade de escolha para responder ao que foi solicitado.

7. *Resistência*:

Mesmo que alguns jogadores não entendam a abordagem e alguns pareçam estar confusos, inicie o jogo. Ao executar o jogo, instruindo e fazendo a avaliação periódica depois de cada partida, a confusão será dissipada.

8. *Competição*:

Com o tempo, a ânsia em ser o primeiro grupo irá mudar. Os grupos irão querer ser os últimos para beneficiar-se da avaliação prévia dos grupos que os antecederam.

9. *Jogadores na Plateia*:

Quando cada grupo tem sua vez e inicia, os outros times esperam pela sua vez e se envolvem fazendo o papel de plateia. Os jogadores na plateia não fazem o papel dos jogadores. A partir de um outro ponto de vista devem estar abertos para aquilo que está acontecendo na área de jogo e, dessa forma, intensificar o seu equipamento sensorial e de percepção. Ao aprender a aceitar o trabalho dos outros se tornarão mais livres com a sua própria experimentação.

10. *Pedindo "Cortina"*:

Quando os jogadores estiverem prontos para iniciar um jogo com plateia, eles devem pedir "Cortina!". Não designe um jogador específico para esta tarefa. Os jogadores devem chamar "Cortina!" como um grupo. Você vai encontrar muitas formas sutis para construir a responsabilidade do jogador neste manual. A maneira como os grupos chamam pela "cortina" pode ser um barômetro para você verificar o desenvolvimento da teatralidade de seus alunos.

11. *Jogo Simultâneo*:

Caso o tempo seja um fator de limitação, muitos jogos podem ser executados por vários grupos simultaneamente. No entanto, os jogadores na plateia devem ser usados sempre que possível, devido ao seu valor significativo no processo de aprendizagem para todos.

12. *Repetindo Jogos*:

Não hesite em repetir jogos com os quais seu grupo tem prazer. É importante repetir jogos-chave (*Espelho, Blablação: Introdução* etc.) frequentemente, durante o ano, já que reforçam pontos importantes e avaliam o desenvolvimento do trabalho dos alunos.

13. *Expectativas*:

Quando um jogo não está funcionando ou você e seus alunos estão ficando fatigados, faça as seguintes perguntas: Estou promovendo energia suficiente? Estou dando tempo suficiente para a sessão de oficina, sem apressar os jogadores? As sessões estão muito longas ou o horário é por demais tardio? Necessitamos de jogos de aquecimento que nos façam ficar mais integrados? Sentir-se o anfitrião do grupo ajudará você a encontrar a resposta mais rapidamente.

Caso tenha selecionado um jogo que vai além da habilidade do grupo, interrompa este jogo e jogue um outro. Não tenha medo de mudar ou alterar as regras do jogo se esta mudança esclarece a apresentação e/ou intensifica o interesse, envolvimento e resposta.

14. *Envolvimento*:

A maioria dos jogos tradicionais e jogos de aquecimento ajudará os jogadores a se sentirem como um grupo e os acalmarão para o dia escolar que segue.

CAPÍTULO 2:

Aquecimentos

Cantores, atletas e ginastas reconhecem a importância do aquecimento (seja praticando escalas, futebol ou corridas) para a performance. Aquecimentos regulares são sempre recomendados antes das sessões de oficina. Aquecimentos aquecem! Fazem com que o sangue circule. Aquecimentos também são úteis ao final de uma sessão de baixa energia para elevar os espíritos e revigorar os jogadores. De forma bem prática, jogos tradicionais (*Revezamento com Objeto*, por exemplo) também são válidos para limpar cenas que exigem agilidade.

Os aquecimentos incluídos neste capítulo são jogos tradicionais, sendo que a maioria deles pode ser praticada ao ar livre. Outros aquecimentos (indicados por ★ seguindo o título) estão editados nos capítulos que seguem. Os jogos que exigem o canto podem ser realizados com o grupo todo, simultaneamente. Cada oficina deveria iniciar com alguns minutos dedicados a jogos desta natureza.

Aquecimentos removem a distração externa que os jogadores possam ter trazido consigo.

Os jogos cantados têm forte apelo para as crianças, pois envolvem movimento físico, música prazerosa e um pouco de "atuação".

JOGOS TRADICIONAIS COMO AQUECIMENTO

Os jogos tradicionais são utilizados neste trabalho para reunir os jogadores, fazendo com que aceitem as regras dos jogos e compreendam os benefícios de jogar. Pelo fato de serem livres de competição, e não apelarem para o egocentris-

54 JOGOS TEATRAIS NA SALA DE AULA

Jogos tradicionais invocam algo como a resposta de luta – ação espontânea pela sobrevivência.

"Schiller nos ensinou há muito tempo que somente somos plenamente humanos ao jogar" [*Eric Bentley*, p. 24-29]

mo, colocam os jogadores no tempo presente, engajando-os em uma experiência cujo desenlace é desconhecido.

Os jogos tradicionais liberam fortes respostas fisiológicas: corpos ativos, olhos brilhantes e faces coradas. Cansaços corporais chegam ao fim quando o envolvimento inicia-se. Executar jogos tradicionais (e jogos teatrais de forma geral) efetivamente mobiliza o sistema físico como um todo, trazendo a resposta física necessária para ir ao encontro dos riscos do momento. Sem tempo para pensar o que fazer e como se comportar, o jogador simplesmente atua, fazendo aquilo que é necessário. Esta ação espontânea parece limpar o sistema de defesa de velhas ideias e resposta condicionada (é interessante notar que esses jogos produzem o mesmo resultado quando realizados por adultos ou crianças muito jovens).

A maior parte dos jogos tradicionais utilizados neste manual veio da maravilhosa coleta de jogos feita por Neva Boyd (ver Bibliografia A). Seu espírito está profundamente enraizado em nossa história e cultura popular. Citando J. Christian Bay em seu prefácio ao livro *Folk Games of Denmark and Sweden* (Jogos Populares da Dinamarca e Suécia) de Neva Boyd: "Cada traço na vida diária, diversão e festas populares nasceu a partir de centenas de anos de prática. Em seu todo, esses jogos expressam ideais tão antigos quanto a própria terra e a principal preocupação dos povos é manter a crença de seus ancestrais". Esses jogos nos tocam naquilo que temos de mais humano.

JOGOS DE PLAYGROUND

Revezamento Com Objeto ★

Descrição: Dois grupos. Estes ficam enfileirados lado a lado. O primeiro jogador de cada grupo tem um objeto na mão, como por exemplo, um jornal enrolado ou um pedaço de madeira. O primeiro jogador de cada grupo deve correr até o gol estipulado, tocá-lo, voltar e entregar o objeto para o próximo jogador do grupo que deve realizar o mesmo procedimento, entregando o objeto para o terceiro jogador do grupo, e assim por diante, até que todos os jogadores tenham tido a sua vez e um dos grupos tenha ganhado.

Pegador Com Golpe ★

Descrição: Os jogadores estão sentados em um círculo. Um deles, A, recebe um rolo de papel, de mais ou menos um metro, bem amarrado. A inicia o jogo movendo-se no círculo e tocando levemente com o rolo, um depois do outro, os jogadores que estão sentados. Eventualmente, A bate o rolo de papel com maior firmeza em um deles, B, depois volta e coloca o rolo em uma cadeira no centro do círculo. A corre, então, de volta para o seu lugar. B rapidamente pega o rolo e experimenta tocar A antes que este ocupe o lugar. Caso B obtenha sucesso, recoloca o rolo na cadeira e volta correndo para o seu lugar, enquanto A pega o rolo e tenta tocar B com ele. Caso A tenha sucesso, coloca o rolo na cadeira e volta correndo para o seu lugar, perseguido por B, que pega o rolo e corre atrás dele. O jogo prossegue até que um dos dois jogadores volte a salvo para o seu lugar. Aquele que permaneceu no centro inicia o jogo novamente. Caso o rolo caia da cadeira em algum momento, o jogador que o colocou ali deve recolocá-lo antes de sentar-se em seu lugar.

Nota: *Pegador com Golpe* pode ser experimentado como uma introdução aos jogos diante de uma plateia.

Pegador Com Explosão ★

Permaneçam dentro dos limites! Lembrem-se dos limites! (Quando o nível de energia estiver elevado): **Quando forem pegos, tomem o seu tempo para explodir! Antes de perseguir outro jogador, tome o seu tempo para explodir! Exploda da forma como quiser! Caia no chão! Grite! Como quiser!**

Objetivo: Quebrar as armaduras protetoras dos jogadores.

Descrição: Deixe uma área livre de quaisquer objetos. Um espaço de dois metros por dois é o suficiente para mais ou menos quinze jogadores. Metade do grupo joga e a outra metade torna-se plateia. Um jogo regular de pegador é iniciado dentro dos limites. O grupo estabelece quem será o pegador. Os jogadores não podem ultrapassar os limites. Quando os níveis de atividade estiverem elevados, o coordenador acrescenta uma outra regra. Quando forem pegos, os jogadores devem tomar o seu tempo para "explodir". Não há forma pré-estabelecida para explodir.

Notas: 1. Esse jogo de pegador é um aquecimento natural e, ainda que você tenha restrições de níveis de tempo e barulho, mesmo um minuto de *Pegador com Explosão* é absolutamente válido.

2. Explosão é uma ação espontânea do momento de ser pego.

3. O ideal é que este jogo seja realizado ao ar livre.

Números Rápidos ★

Objetivo: Ajudar os jogadores a focalizar um problema.

Descrição: Os jogadores formam um semicírculo e numeram-se sucessivamente. Número Um, no topo da linha, inicia o jogo chamando o número de outro jogador. O jogador cujo número foi chamado responde imediatamente com outro número e assim por diante. O jogador que falha, chamando um número antes de ser apontado, vai até o final do semicírculo. Todos os jogadores, anteriores àquele jogador, sobem uma posição, cada um assumindo o número da pessoa que ocupava aquele lugar previamente (próximo ao final da linha, portanto, o número de cada jogador muda frequentemente). O Número Um inicia o jogo novamente chamando um número e o jogo segue como antes. Quando o Número Um erra, ela ou ele vai para o final da linha, e o Número Dois torna-se Número Um, sendo que todos os jogadores mudam novamente de posição.

Ruas e Vielas ★

Ruas!
Vielas!

Ruas:

instrução

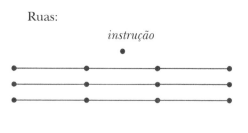

Vielas:

instrução

Descrição: Quatorze ou mais jogadores. Eleja um "mocinho" e um "bandido". Os outros jogadores, em pé, formam fileiras com um número definido de jogadores e estendem os braços para os lados ou na altura dos ombros. A um sinal do coordenador, todos se viram um quarto de circunferência para a direita, bloqueando a passagem do mocinho ou do bandido. Quando o bandido for pego, permita que os jogadores escolham seu posicionamento. Quando o sinal dado é "Ruas!", todos os jogadores ficam de frente para o instrutor e quando o sinal é "Vielas!", todos ficam de frente ao quarto de circunferência. O mocinho e o bandido não podem colidir ou atravessar o bloqueio formado pelos braços. Peça para os jogadores formarem a posição de Ruas (veja o diagrama) e praticar algumas vezes a alternância entre Ruas e Vielas antes de iniciar a perseguição do mocinho e bandido. Quando o mocinho pega o bandido, é permitido a eles escolherem suas próprias substituições.

Notas: 1. Esse jogo é um excelente jogo de pegador para um espaço aberto restrito.

2. O sucesso do jogo depende do alerta do instrutor ao enunciar as mudanças no momento em que o mocinho está na eminência de pegar o bandido ou o ladrão esteja por demais seguro em relação ao polícia. O instrutor envolve-se na caça e no destino do ladrão, criando um estado de crise. Atuar em crises (salvar ou não salvar) é estimulante para a pessoa como um todo e aumenta o estado de alerta e as capacidades de aprendizagem.

3. Esse jogo tradicional é especialmente útil para treinar os alunos como instrutores. De início, escolha alunos-instrutores que têm uma atitude de alerta natural para o ambiente, pois o jogo deve ser mantido em movimento para evitar queda de energia ou fadiga. Com o tempo, todos os jogadores devem assumir o papel de instrutores

para aprender a lidar com a crise momentânea que o jogo apresenta para o instrutor.

4. Esse jogo é útil como aquecimento para a produção de peças (por exemplo, contos de fadas) nos quais há um conflito forte entre os personagens.

Ruas e Vielas: Variações ★

Em Câmera Lenta: Jogar como no jogo regular, pedindo para o polícia e o ladrão se movimentarem em câmera lenta e as fileiras mudarem de Ruas para Vielas e vice-versa em câmera lenta.

Com Personagens (especialmente útil para alunos de teatro): Indique papéis para o fugitivo e o perseguidor: um batedor de carteira correndo de um policial ou sua vítima; uma bruxa; um duende; uma princesa fugindo do rei etc.

Sem Dar Instruções: Indique papéis da mesma forma como *Com Personagens*, acima. As fileiras mudam de Ruas para Vielas, ajudando ou impedindo, sem qualquer instrução. Essa variação traz grande excitação na medida em que o grupo de jogadores (as fileiras) salvam o fugitivo ou permitem que seja pego por decisão própria, por meio de comunicação não verbal. A sala pode ficar preenchida de vibrações intensas quando as fileiras são descerradas sobre o fugitivo. Também o inverso é verdadeiro. Quando o fugitivo é salvo, a sala vibra com alegria. Essa variante não deve ser usada até que todos os jogadores tenham passado pela experiência do jogo e estejam alertas uns para com os outros.

Batatinha Frita ★

Descrição: Todos os jogadores ficam enfileirados na linha de partida, sendo que o pegador fica a mais ou menos quinze passos, na linha de chegada. Todos se voltam para a mesma direção, para a linha de chegada, a qual procuram alcançar, enquanto o pegador conta até dez e acrescenta "batatinha frita", por exemplo, "um, dois, três, quatro, cinco, batatinha frita!". Imediatamente após ter dito "batatinha frita", o pegador volta-se para os jogadores e envia de volta para a linha de partida qualquer jogador que esteja em movimento, mesmo que muito lentamente. A contagem só recomeça quando todos os jogadores estiverem novamente na linha de partida, prontos para reiniciar. Isto continua até que o último tenha ultrapassado a linha de chegada.

Variação: Quando o primeiro jogador tiver ultrapassado a linha de chegada, ela ou ele se torna o pegador e o jogo inicia-se novamente.

Nó ★

Descrição: Os jogadores formam um círculo com as mãos dadas. O professor, de mãos dadas com os jogadores à sua esquerda e à sua direita, atravessa o círculo, passando por baixo das mãos dadas de dois jogadores que estão do lado oposto do círculo. Mudando a direção, girando em volta de si mesmo em forma de serpentina, a ponta da linha atravessa outros pontos do círculo, amarrando o grupo como um nó, incapacitando-o de se mover. Em seguida, o grupo começa a se desenrolar a partir desta posição, liderada pelo professor, até que todos os jogadores estejam desvencilhados e o círculo volte à posição inicial. Não vale soltar as mãos durante o processo do jogo*.

Notas: 1. Quanto mais o professor der voltas no círculo, tanto mais apertado ficará o nó.

2. Este é um dos raros jogos de playground silencioso que pode ser executado em ambiente fechado.

---

*. Os seguintes versos podem ser cantados durante o processo do jogo: *Fia fia fia ó maninha fia fia fó/ Vai tecendo a roda, ó maninha/ Até formar o nó!.* (N. da T.)

CAPÍTULO 3:

Jogos de Movimento Rítmico

Os jogos de aquecimento focam a interação do grupo. Os jogos seguintes também são úteis como aquecimento, proporcionando aos jogadores a oportunidade de explorar e tornar-se conscientes do movimento corporal. Eles também são úteis como introdutórios aos jogos com Onde (capítulo 9), pois ampliam o conhecimento dos jogadores em relação ao espaço a sua volta. Estabeleça limites em torno de uma área livre, em sua sala de aula, de forma que contenha naturalmente o grupo. Cadeiras e mesas podem ser afastadas contra a parede, criando um grande espaço livre no centro da sala.

Ler as instruções diretamente do livro, movimentando-se no espaço com seus parceiros, é uma abordagem válida. Deixe que a instrução trabalhe também enquanto você caminha pela sala. Este tipo de exercício será mais fácil para o professor que já teve experiência com dança e movimento.

Nas oficinas de jogos teatrais, os estudantes devem sentir-se livres para explorar.

Onda do Oceano ★

Objetivo: Ajudar os jogadores a se moverem em uníssono.

Descrição: Os jogadores colocam suas cadeiras umas próximas das outras, em forma de círculo. Um dos jogadores dirige-se para o centro, onde deixa uma cadeira livre. O jogador do centro diz "Mover para a direita (ou esquerda)", mudando a solicitação quando ele ou ela desejar. Os jogadores se empenham em manter a cadeira da direita ou esquerda ocupada, enquanto se movem conforme o solicitado. Nesse meio tempo, o jogador do centro procura obter um assento. Aquele que cometer um erro troca de lugar com o jogador do centro.

Passa Passa Três Vezes ★*

Foco: Na participação total.

Descrição: Dividir o grupo em duplas. Dois jogadores ficam de frente um para o outro e ambos erguem os braços acima de suas cabeças. Com os dedos entrelaçados, formam um *túnel*. Os outros jogadores formam uma fileira indiana e passam, um depois do outro, dentro do túnel. Todos entoam o refrão.

> Passa passa três vezes
> O último há de ficar
> Tem mulher e filhos
> Que não pode sustentar
> Qual deles será?
> O da frente ou o de trás?
> O da frente corre mais
> O de trás há de ficar!

---

* O jogo tradicional americano foi substituído por esse jogo tradicional brasileiro.

Ao final do refrão (que é repetido com maior velocidade a cada vez), a dupla que forma o túnel captura, com as mãos entrelaçadas, um dos jogadores na fileira. O jogador capturado pode escolher entre duas frutas: pera ou maçã? Cada fruta corresponde a um dos jogadores da dupla; o jogador capturado se posiciona atrás do parceiro de sua escolha. O jogo termina quando o último jogador da fileira for capturado. Conta-se quantos jogadores da fileira ficaram atrás de cada jogador na dupla e vence o jogo aquele que possui o maior número.

CÂMERA LENTA/PEGAR E CONGELAR ★

Corra em câmera lenta! Respire em câmera lenta! Abaixe em câmera lenta! Pegue em câmera lenta! Levante seus pés em câmera lenta! Congele em câmera lenta! Permaneça dentro dos limites em câââmeraaaa muuuuuuuiiiiiitooooo leeeenntaaaaa!

Há diferença entre movimentar-se lentamente e movimentar-se em câmera lenta?

Plateia, vocês viram uma diferença entre movimentar-se lentamente (iniciar, parar, iniciar, parar) e movimentar-se em câmera lenta (fluência no movimento)?

Objetivo: Explorar movimento e expressão física.

Foco: Em movimentar-se em câmera lenta.

Descrição: Muitos jogadores (se o tempo permitir, metade do grupo é plateia enquanto a outra metade joga). Depois de um curto período de aquecimento com *Pegador com Explosão*, um jogo de pegador com congelamento é realizado em câmera muito lenta e dentro dos limites. Aponte para o primeiro pegador. Todos os jogadores devem estar correndo, respirando, agachando, olhando, rindo etc. em câmera muito lenta. Quando pegar outro jogador, o pegador deve congelar na posição exata em que estava naquele momento. O novo pegador continua em câmera lenta e congela naquela posição em que estava ao pegar um novo jogador, que se torna o pegador. Todos os jogadores que ainda não foram pegos devem ficar dentro dos limites e movimentar-se em câmera lenta entre, e ao redor, dos jogadores congelados (como em torno de árvores numa floresta). O jogo continua até que todos estejam congelados.

Notas: 1. O espaço onde o jogo é realizado deve ser restrito, caso contrário, o jogo pode consumir tempo demais. Se o grupo for muito grande, recomenda-se haver dois pegadores. Ao final, dê a instrução "Pegadores, peguem agora um ao outro!".

2. Quando se joga realmente com câmera lenta, há fluência no movimento.

Movimento Rítmico

Objetivo: Descobrir movimento corporal natural.

Foco: No movimento rítmico do corpo.

Descrição: Dez a quinze jogadores por grupo permanecem sentados ou em pé na área de jogo. Os outros observam.

Parte 1: O instrutor fala o nome de algum objeto como trem, máquina de lavar, aeronave, bicicleta etc. Cada jogador imediatamente, sem pensar, faz algum movimento que o objeto lhe sugere. Quando os movimentos se tornarem rítmicos e fluentes, os jogadores devem se movimentar pela área de jogo, acompanhados por música, quando possível.

Parte 2: O instrutor rapidamente propõe um Onde (veja exemplos abaixo). Sem interromper os movimentos rítmicos, os jogadores desenvolvem Quem e O Que no Onde.

Exemplo: um carnaval com passistas, bateria, ala das baianas etc.

Notas: 1. Caso jogadores individuais tenham dificuldade em encontrar o Quem, o instrutor pode entrar na área de jogo para ajudar. Isto deve ser feito rapidamente, sem interromper o ritmo.

2. *Dar e Tomar (Aquecimento)* é uma preparação útil para este jogo.

3. Em sociedades de caça, as danças eram realizadas para trazer boa sorte aos caçadores. Um dançarino poderia interpretar o personagem de um urso ou um elefante ou um canguru ou de um animal "mágico" como uma coruja. Os dançarinos não faziam imitação desses animais, mas tentavam transmitir uma noção de seu "espírito". Este tipo de noção é o que buscamos com este jogo.

Esqueçam o objeto! Deixem que o movimento sugira o personagem! Sinta o ritmo! Interaja com seu parceiro!

Parte 2:

Transforme!

Transforme!

Mantenha o seu ritmo! Mantenham o ritmo! Deixe que o movimento sugira o Quem! Dar e tomar!

Plateia, o movimento rítmico sugeriu o Quem dentro da situação dada? Os jogadores compartilharam o quadro de cena? Eles estavam dando e tomando? Jogadores, vocês concordam?

Não Movimento

Parte 1:

Levante os braços numa sequência de paradas!
Focalize a sensação de "não movimento" ao levantar os braços! Foco em não fazer nada! Abaixe os braços em "não movimento"! Permita que seus braços façam o trabalho!

Parte 2:

Levante os braços em velocidade normal, focalizando o "não movimento"!
Acelere a velocidade, focalizando o "não movimento"!
Levante e abaixe! Velocidade normal com "não movimento"!

Variação:

Focalize os períodos de "não movimento"! Permita que seu corpo se movimente pela sala em "não movimento"!

Quantos sentiram o "não movimento"? Tiveram a sensação de que os braços se movimentavam por si mesmos?

Objetivo: Ajudar a compreender elementos do movimento.

Foco: No "não movimento" dentro do movimento.

Descrição: Parte 1: Os jogadores erguem e abaixam os braços quebrando a fluência do movimento numa série de quadros, como em um filme.

Parte 2: Quando forem instruídos, os jogadores erguem e abaixam os braços em velocidade normal, mas focalizando os períodos (sensação) de "não movimento" dentro da fluência total do movimento.

Variação: Os jogadores (grupo todo, se possível) caminham pela sala ou área de jogo focalizando o "não movimento".

Notas: 1. Executado adequadamente, este exercício dá uma sensação e uma compreensão física de estar fora do caminho. Ao focalizar o "não movimento", as mãos, as pernas etc. movimentam-se sem esforço, sem vontade consciente. Você está em repouso por meio do "não movimento" – sem atitudes sobre a ação.

2. Podemos dizer que um retrocedimento no futebol profissional é um "não movimento", na medida em que o jogador corre de volta para o seu campo. A mente do jogador está em total repouso, para que possa ver e ouvir mais claramente e selecionar espontaneamente o caminho a ser seguido para evitar a marcação do outro time.

3. "Não-movimento!". É uma frase de instrução utilizada para manter os jogadores calmos. Esta perda de preocupação diminui o medo, a ansiedade e promove uma mente lúcida.

4. Todos os exercícios de visão, audição e tato (capítulo 6) podem ser acrescentados à caminhada pela sala (veja variação), se o tempo e a inclinação o permitirem.

CAPÍTULO 4:

Caminhadas no Espaço

Os jogos de movimento rítmico focalizam a exploração e a consciência do próprio corpo em movimento. As caminhadas no espaço estendem esta exploração, dando aos alunos a chance de se movimentar e explorar o espaço familiar da sala de aula, proporcionando um novo imediatismo ao espaço. As caminhadas no espaço devem ser dadas frequentemente como aquecimento.

Muitos professores jovens irão descobrir que estes jogos exigem uma mudança de atitude ao serem abordados. Inibir o pensamento do aluno que aparentemente divaga pode parecer necessário para obter disciplina, mas pode também bater portas diante daquele que pesquisa, sonha, se aventura. Através dos jogos teatrais pode-se permitir que os alunos explorem o ambiente.

Caso seja difícil manter o foco, volte-se para estes jogos quando a atmosfera na sala de aula estiver mais relaxada. Depois que os alunos tiverem experimentado outros jogos sensoriais e de observação, como *Extensão da Visão*, estarão mais preparados para as caminhadas no espaço.

Lembre-se, é preciso coragem para aventurar-se no novo, o desconhecido.

Permita que o espaço se mova através de você e você se mova através do espaço!

Tome distância de seu próprio corpo e veja o cenário à sua volta!

Toque em algum objeto no espaço – uma árvore, um copo, um tecido, uma cadeira!

(Variar os objetos).

Toque um parceiro de jogo e permita que seu parceiro toque você!

(Variar os parceiros).

Veja um objeto! Quando o vir realmente, deixe que o objeto veja você!

(Variar os objetos).

Veja um parceiro de jogo! Permita que o parceiro veja você!

Foi difícil permitir ser tocado... ser visto?

Como se sentiu ao tocar e ser tocado?

Você poderia explicar a diferença para uma plateia?

O que diria?

TOCAR E SER TOCADO/VER E SER VISTO

Objetivo: Criar consciência sensorial.

Foco: Em tocar um objeto e deixar que o objeto toque o jogador.

Descrição: Os jogadores são instruídos a caminhar livremente pelo espaço e a tocar uma sucessão de objetos; e quando o objeto é percebido, permitir que o objeto os toque.

Notas: 1. Lembre-se de manter os jogadores em movimento e dê tempo entre as instruções.

2. O professor deveria fazer esse exercício junto com os alunos enquanto passa a instrução.

3. Permita que os jogadores toquem e sejam tocados, vejam e sejam vistos. É difícil para muitos permitir que sejam vistos.

4. A frase de instrução "Tome distância de seu corpo!" ajuda os jogadores a permitir desprendimento, encontrando assim maior envolvimento. Em alguns teatros do século XX, este sentido de desprendimento é central para a boa atuação. Bertolt Brecht denominou-o de "efeito de estranhamento".

Sentindo o Eu Com o Eu ★

Objetivo: Descobrir a percepção com o corpo todo.

Foco: Na percepção da parte do todo que está sendo solicitada pela instrução.

Descrição: Os jogadores permanecem silenciosamente sentados em suas carteiras e fisicamente sentem aquilo que está em contato com seus corpos, conforme a instrução.

Notas: 1. *Sentindo o Eu com o Eu* é um dos exercícios básicos de aquecimento.

2. Dê a instrução "Fique de olhos abertos!", se necessário. Olhos fechados podem ser uma defesa.

3. Este é um ótimo exercício para relaxar e trazer novo frescor para os alunos.

Sinta os pés nas meias! Sinta as meias nos pés! Sinta os pés nos sapatos!

Sinta os sapatos nos pés! Sinta as meias nas pernas! Sinta as pernas nas meias!

Sinta a calça ou saia nas pernas! Sinta as pernas nas calças!

Sinta a roupa de baixo perto do seu corpo!

Sinta o corpo perto da roupa de baixo!

Sinta a blusa ou camisa com seu peito e sinta o seu peito dentro da blusa ou camisa!

Sinta o anel no dedo!

Sinta o dedo no anel!

Sinta o cabelo na cabeça e as sobrancelhas na testa!

Sinta a língua na boca!

Sinta as orelhas!

Vá para dentro e tente sentir o que está dentro da cabeça com a cabeça!

Sinta o espaço à sua volta!

Agora deixe que o espaço sinta você!

Houve alguma diferença entre sentir o anel no dedo e sentir o dedo no anel?

Caminhada no Espaço n. 1

Caminhe por aí e sinta o espaço à sua volta!

Investigue-o como uma substância desconhecida e não lhe dê um nome!

Sinta o espaço com as costas!

Com o pescoço!

Sinta o espaço com o corpo e deixe que suas mãos formem um todo com seu corpo!

Sinta o espaço dentro da boca!

Na parte exterior de seu corpo!

Sinta a forma de seu corpo quando se move pelo espaço!

Agora deixe que o espaço sinta você!

O seu rosto!

Os seus braços!

O seu corpo todo!

Mantenha os olhos abertos! Espere! Não force!

Você atravessa o espaço e deixa que o espaço o atravesse!

Alguém teve a sensação de sentir o espaço ou de deixar que o espaço o sentisse?

Objetivo: Familiarizar os jogadores com o elemento (espaço) no qual vivem.

Foco: Em sentir o espaço com o corpo todo.

Descrição: Os jogadores caminham e investigam fisicamente o espaço como se fosse uma substância desconhecida.

Notas: 1. Como em todas as caminhadas no espaço, o coordenador-instrutor caminha com o grupo enquanto dá instruções para o exercício. Utilize as características físicas de seus jogadores (boca cerrada, ombros curvados etc.) como guia para dar as instruções para as caminhadas no espaço. Por exemplo, se um dos jogadores tem uma expressão rígida no olhar, você pode dizer: "Coloque espaço onde estão os seus olhos! Deixe que a sua visão passe pelos seus olhos!". Quando especificar a área de tensão de um dos jogadores, não deixe que ele o perceba. O que ajuda um deles, ajuda a todos.

2. Uma introdução simples para a substância do espaço é perguntar para os jogadores o que existe entre você e eles. Os jogadores irão responder: "ar, atmosfera, espaço". Qualquer que seja a forma como os jogadores a denominam, peça para que considerem aquilo que está entre, ao redor, acima e abaixo deles como sendo "substância do espaço" para o objetivo deste exercício.

3. Dê um tempo entre as frases de instrução para que os jogadores tenham tempo de experiência.

4. Você pode deixar estes jogos de lado até o momento em que se sinta mais confortável com esta abordagem do espaço.

5. Não insista na avaliação das caminhadas no espaço.

6. Veja também *Sentindo o Eu com o Eu*.

Caminhada no Espaço n. 2

Objetivo: Sentir o espaço à nossa volta.

Foco: Em sustentar a si mesmo ou deixar que a substância do espaço o sustente, de acordo com a instrução.

Descrição: Os jogadores caminham pela sala e sustentam a si mesmos ou permitem que o espaço os sustente, de acordo com a instrução.

Notas: 1. Como em *Caminhada no Espaço n.1*, o professor/coordenador caminha com o grupo enquanto dá as instruções para o exercício. Dê um espaço de tempo entre as instruções para que os jogadores experimentem.

2. Deixar que o espaço sustente não significa perder o controle ou andar aos trancos. O jogador deve permitir que o corpo encontre o seu alinhamento correto.

3. Jogue este jogo várias vezes. Todos terão prazer com ele. Espere até que os jogadores conheçam uns aos outros.

4. Varie a instrução entre sustentar-se a si mesmo e deixar que o espaço o sustente, até que os jogadores experimentem a diferença.

5. Os alunos terão tendência para se movimentar em câmera lenta, como se estivessem se movendo dentro da água. Pergunte a eles: "O que diminui o movimento de mergulhadores?".

Você atravessa o espaço e deixa que o espaço atravesse você!
Enquanto caminha, entre em seu próprio corpo e sinta as tensões!
Sinta seus ombros!
Sinta a coluna de cima a baixo!
Sinta o seu interior a partir do interior!
Observe! Anote!
Você é seu único suporte!
Você sustenta o seu rosto!
Seus dedos dos pés!
Seu esqueleto todo!
Se você não se sustentasse, você se despedaçaria em mil partes!
Agora mude!
Caminhe pelo espaço e deixe que o espaço o sustente!
O seu corpo entenderá!
Perceba o que o seu corpo está sentindo!
Coloque espaço onde estão seus olhos!
Deixe que o espaço sustente seus olhos!
Deixe que o espaço sustente seu rosto!
Seus ombros!
Agora mude!
Agora é você quem se sustenta novamente!

Havia uma diferença entre sustentar a si mesmo e deixar que o espaço o sustentasse?

Parte 1:

Você passa pelo espaço e deixa que o espaço passe por você! Sinta o seu esqueleto se movimentando no espaço! Evite ver uma imagem de seu esqueleto! Sinta o movimento de cada articulação! Deixe que suas articulações se movimentem livremente! Sinta o movimento de sua coluna! De seus ossos pélvicos! De suas pernas! Deixe que sua cabeça repouse sobre o seu próprio pedestal! Sinta o seu crânio com o seu crânio! Agora ponha espaço onde estão suas bochechas! Em torno dos ossos do seu braço! Entre cada disco de sua espinha dorsal! Ponha espaço onde está o seu estômago! Sinta sua própria forma uma vez mais! O contorno exterior de todo o seu corpo no espaço! Sinta onde termina o espaço e começa o seu corpo!

Parte 2:

Agora assuma o corpo e a expressão facial de outra pessoa! De dentro para fora! Os lábios! Os olhos! O esqueleto! Assuma a expressão física daquela pessoa! Agora assuma os sentimentos (emoções) daquela pessoa! Mantenha a expressão física!

Você sentiu o seu próprio esqueleto se movimentando no espaço?

Caminhada no Espaço n. 3: Esqueleto

Objetivo: Em sentir o corpo fisicamente.

Foco: O movimento físico do esqueleto no espaço.

Descrição: Os jogadores caminham pelo espaço, focalizando o movimento do esqueleto nos ossos e nas articulações.

Nota: Instrua os jogadores a voltar para a forma de seu próprio corpo.

Caminhada no Espaço: Cego

Objetivo: Desenvolver a consciência sensorial.

Foco: Movimentar-se na área de jogo de olhos vendados como se pudesse ver.

Descrição: Dois ou mais jogadores entram em acordo sobre Onde, Quem e O Que e preparam a área de jogo com adereços, peças de cenário, mesas e cadeiras reais. O Que (atividade) deve solicitar que sejam manipulados e passados muitos objetos, como um café ou chá social. Os jogadores estão com os olhos vendados e atuam no Onde, Quem, O Que como se pudessem ver.

Variação: Este jogo também pode ser jogado sem adereços pedindo que os times se movimentem através da área de jogo respeitando o espaço dos parceiros.

Notas: 1. No início, a perda de visão provoca ansiedade em alguns jogadores, que ficarão parados no mesmo lugar, imobilizados. A instrução e a utilização de um telefone como adereço ajudarão. Toque o telefone (vocalmente se necessário) chamando o jogador (pelo nome). Não há necessidade de conversar. O jogador irá compreender. Será muito divertido quando o jogador mostrar dificuldade de encontrar o telefone e colocá-lo de volta.

2. Contato por meio da manipulação de adereços reais é necessário para o sucesso desse jogo.

3. Pergunte aos alunos qual dos seus sentidos está sendo mais utilizado. Qual é o segundo em importância? Quando um dos sentidos é suprimido, isto faz alguma diferença?

Continue esse movimento! Encontre a cadeira que procura! Aventure-se! Pendure seu chapéu!

Variação:
Caminhe em torno de seus parceiros de jogo! Volte para seu próprio espaço! Respeite o espaço de seus parceiros!

Os jogadores se movimentaram naturalmente?
O tateio às cegas foi integrado ao Onde, Quem, O Que?
Essa integração foi interessante?
(Se um jogador estiver procurando por uma cadeira, ele pode balançar o braço como se estivesse em apuros como parte do Quem).

CAPÍTULO 5:

Jogos de Transformação

TORNANDO VISÍVEL O INVISÍVEL

Na oficina, os jogos com objeto no espaço na oficina oferecem uma orientação ideal para os jogadores e inúmeras oportunidades para permitir que emirjam sentimentos e pensamentos internos. Os objetos utilizados nesses jogos são feitos de espaço – a matéria que está à volta de todos nós. A "bola no espaço" não é uma bola imaginária. Ela faz parte do espaço – do ar – que é chamado de "bola". Quando um aluno arremessa uma bola imaginária, ele está consciente da bola real que não está presente. O jogador está trabalhando com a ideia de uma bola. A bola no espaço, por outro lado, é uma bola que vem a existir. Na prática, esta distinção não é abstrata. Qualquer plateia pode ver a diferença.

Os objetos no espaço devem ser vistos como criações do eu interior invisível em direção ao mundo visível. Alunos que criaram objetos no espaço irão descobrir que alcançar aquilo que é exterior é alcançar o que é interno.

A utilização de objetos no espaço, em um cenário teatral, é muitas vezes confundida com pantomima. De fato, a utilização de objetos no espaço é diferente da verdadeira pantomima, uma venerável forma de arte – irmã da dança. O jogador que cria um objeto no espaço não está tentando criar uma ilusão artificial para uma plateia. Ao contrário, ele está experimentando o despertar de uma área do intuitivo no qual os objetos no espaço podem ser percebidos quando surgem. Quando o invisível se torna visível, temos a magia teatral!

A intuição não pode ser ensinada. É necessário ser surpreendido por ela.

Entre jogadores, a comunicação real é muitas vezes invisível.

Com efeito, uma bola invisível arremessada para um parceiro de jogo em *Jogo de Bola* ajuda o jogador a compartilhar, a estabelecer contato com outros parceiros que também aceitam e pegam a bola invisível. Para ajudá-los a estabelecer esta relação, dê a instrução "Mantenha a bola no espaço e fora de sua cabeça!" e "Dê tempo para que a bola percorra o espaço!". Depois de algum tempo, todos os que estiverem reunidos na sala irão perceber intuitivamente a substância invisível como real!

Ideias, Termos e Frases Importantes Neste Capítulo

Transformação: O ponto no qual a espontaneidade de um jogador aparece para ir ao encontro de crises. O momento de deixar acontecer, de ver as coisas de um ponto de vista diferente, indo além das limitações do passado.

Imaginação: Uma parte do intelecto. Quando pedimos a alguém que imagine alguma coisa estamos pedindo que entre em um quadro de referência pessoal que possa ser imitado. Quando pedimos a alguém que veja, estamos colocando esta pessoa em uma situação objetiva na qual é possível alcançar o ambiente e maior consciência se torna possível.

Jogando seguro: Uma estratégia de defesa, uma forma por meio da qual os jogadores se defendem de uma descoberta inesperada. "Jogando seguro" impede que os jogadores se aventurem e usem energia nova.

Transformações: Novas criações, eventos visíveis que surgem de movimento físico intensificado, da troca ou energia em movimento entre os jogadores.

"Explore e intensifique!": Observe pequenas nuances e detalhes que não devem passar desapercebidos. Ao dar a instrução "Explore e intensifique!", o nível de energia aumenta e conduz a uma experiência mais ampla e intensa, desencorajando o pré-planejamento.

"Fora da cabeça! No espaço!": Quando dadas como instruções durante o jogo, estas frases produzem um campo atual

– espaço – no qual a energia pode ser trocada e acontece o jogo entre os parceiros. "Fora da cabeça!" é recomendado tanto para os períodos de instrução como de avaliação. O mais jovem jogador responderá e terá a clara percepção desta área invisível – espaço – como sendo real. *"Fora da cabeça, no espaço!"* elimina respostas condicionadas. A percepção com o corpo todo é incentivada e a troca de energia aumenta.

"Tome férias de seu próprio corpo!": Esta frase gera grande desprendimento durante o jogo.

SUBSTÂNCIA DO ESPAÇO

Objetivo: "Sentir" o espaço.

Foco: Na substância do espaço entre as palmas das mãos dos jogadores.

Descrição: Parte 1: Divida a sala em dois grupos – jogadores e plateia. Trabalhando com o primeiro grupo (cada jogador trabalha individualmente), peça para que movimentem as mãos para cima e para baixo, aproximando-as e separando-as de todas as maneiras. Os jogadores devem focalizar a substância do espaço entre as palmas das mãos

Parte 2: Os grupos de dois jogadores permanecem um de frente para o outro, a três ou quatro passos de distância. Os jogadores devem olhar para as palmas das mãos do parceiro. Eles devem movimentar as mãos para cima e para baixo, aproximando-as e afastando-as. Deve-se manter o foco na substância do espaço entre as quatro palmas de suas mãos.

Notas: 1. Este exercício proporciona rapidamente uma experiência com a substância do espaço. Contudo, os jogadores devem aos poucos deixar que o foco nas palmas das mãos se dissolva parcialmente para que se sintam livres para manipular, brincar e interagir com essa substância.

Parte 1:

Movimente as mãos para frente e para trás!

Para qualquer direção! Mantenha as palmas das mãos uma de frente para a outra!

Focalize a substância do espaço entre as palmas de sua mão!

Deixe as palmas das mãos irem para onde quiserem!

Sinta a substância do espaço entre as palmas!

Movimente a substância do espaço entre as palmas das mãos!

Brinque com ela! Deixe que ela se torne mais espessa!

Parte 2:

Vire-se e fique de frente para um parceiro!

Duas palmas voltadas para duas palmas!

**Sinta a substância do espaço entre as quatro palmas!
Brinque com a substância do espaço!
Movimente-a ao seu redor!
Intensifique! Utilize o corpo todo!
Focalize o espaço entre as palmas de suas mãos e deixe que ele se torne mais espesso!**

Jogadores na plateia, a substância do espaço estava na cabeça dos jogadores ou no espaço?
Jogadores, vocês concordam?
A substância do espaço começou a ficar mais espessa?

2. Os jogadores que fazem a vez da plateia irão se beneficiar ao assistir a esse jogo. Contudo, pode-se jogar com os dois grupos simultaneamente se o tempo for escasso.

3. Os alunos que estiverem estudando química ficarão conscientes de que o ar é uma "substância" (oxigênio misturado com outros gases) que não existe em outros espaços ou outros mundos, como na lua, que não tem atmosfera.

Moldando o Espaço (Individual)

Objetivo: Descobrir como o espaço pode ser manipulado.

Foco: Em permitir que o espaço assuma uma forma como objeto.

Descrição: Cada jogador trabalha individualmente. O jogador focaliza e joga com a substância do espaço, movimentando-a com as mãos, braços e o corpo todo. Sem forçar nada, o jogador permite que a substância do espaço assuma uma forma como objeto.

Notas: 1. Os jogadores não devem ficar rígidos, movendo as mãos sem propósito no ar. O objeto só pode assumir uma forma quando os jogadores se envolvem com a substância do espaço dos pés à cabeça e se movimentam, fluindo com energia física total e trabalhando com o problema.

2.Ajude os jogadores a distinguir entre permitir que um objeto assuma forma e impor formas à substância do espaço. Esse exercício não permite inventividade.

3.Veja a nota 3 de *Substância do Espaço*. Se se tornar muito frio, o oxigênio será mais denso, tornando-se líquido.

Jogue com a substância do espaço!
Movimente-a com o corpo todo!
Corpo todo!
Explore e amplie!
Se um objeto aparecer, deixe-o crescer!
Sinta seu peso!
Sua textura!
Mantenha-o no espaço!
Tire-o da cabeça!
Veja o objeto no espaço!
Sinta o objeto!
(Dê as instruções para as características de objetos específicos e/ou suas qualidades quando um objeto começa a surgir).

Você forçou para que o objeto aparecesse ou deixou que um objeto tomasse forma?
O objeto estava no espaço ou em sua imaginação?

Moldando o Espaço em Grupo

Deixe que o espaço se torne mais denso!
Deixe acontecer!
Explore e intensifique!
Permaneça com o objeto!
Mantenham o objeto entre vocês!
Não tenha pressa!
Siga o seguidor!*
Mantenham o objeto entre vocês!
No espaço!
(Dê instrução sobre textura, peso e outras qualidades do objeto apenas quando o objeto começa a assumir forma a partir da substância do espaço).

Jogadores na plateia, vocês conseguiram ver um objeto?
O objeto estava no espaço ou na imaginação dos jogadores?
Jogadores, vocês concordam?

Objetivo: Explorar uma nova forma de comunicação não verbal.

Foco: Em permitir que a substância do espaço tome forma como objeto.

Descrição: Parte 1: Grupos de dois (muitos grupos podem jogar simultaneamente). Os jogadores focam e jogam com a substância do espaço entre eles, movimentando-a com o corpo todo, da cabeça aos pés, permanecendo abertos para o aparecimento de um objeto no espaço.

Parte 2: Grupos de três, quatro, cinco ou mais. Os jogadores formam um círculo e focalizam a substância do espaço dentro do anel formado por seus corpos. Jogando, com envolvimento da cabeça aos pés, com a substância do espaço, os jogadores permanecem abertos para o surgimento do objeto no espaço que assume uma forma.

Notas: 1. O objeto no espaço não poderá assumir uma forma entre os jogadores se um deles manipular os outros, fazendo-os aceitar o "seu" objeto.

2.Os jogadores na plateia podem se beneficiar desta série de exercícios. Entretanto, caso o tempo seja limitado, o grupo todo pode jogar ao mesmo tempo. Inicie com a parte 1, pedindo para que os jogadores trabalhem individualmente. Para a parte 2, peça para que os jogadores escolham um parceiro. Para a parte 3, simplesmente peça para que dois ou três duplas se reúnam, formando um círculo e continue a dar as instruções.

3.No início, nem todos os jogadores terão sucesso. Permita que isto aconteça sem discussão. Caso um ou mais jogadores insistam que alguns jogadores não solucionaram o problema, simplesmente observe que nem todos os problemas são resolvidos da primeira vez. O importante é: os jogadores estavam trabalhando para solucionar o problema?

---

*. Ver capítulo 8.

CABO-DE-GUERRA

Objetivo: Despertar a comunicação invisível entre os jogadores.

Foco: Em manter a corda no espaço como um elo de ligação entre os jogadores.

Descrição: Divida em duplas. Uma dupla por vez; cada jogador tenta puxar o outro, fazendo-o atravessar a linha do centro, exatamente como no jogo do cabo-de-guerra. Aqui, contudo, a corda não é visível, mas feita de substância do espaço. Peça para os jogadores escolherem um parceiro com força física idêntica à sua! Esta instrução é recebida com risadas. Mas gera cumplicidade, não competição. Cada dupla joga, os outros observam.

Notas: 1. Jogue com a corda no espaço e a bola no espaço com seu grupo até que o fenômeno dos objetos no espaço, fora da cabeça, tenha sido experimentado por todos e seja entendido pelo seu grupo.

2. À medida que seu grupo se familiariza com esse jogo em pares, acrescente mais e mais jogadores em ambas as extremidades da corda.

3. Leia a introdução a este capítulo e as notas sobre *Substância do Espaço*.

4. Comunicação invisível e acordo podem explicar alguns eventos extraordinários. Muitos cientistas acreditam que discos voadores etc. são vistos quando muitas pessoas "veem" algo que não está ali realmente.

Veja a corda no espaço!
Tire da cabeça!
Veja essa corda que está entre vocês!
Use o corpo todo para puxar!
As costas! Os pés!
Vejam a mesma corda!
Puxem! Puxem!
(Com muita energia)
Puxem! Puxem!

Plateia, os jogadores viram a mesma corda?
A corda uniu os jogadores?
A corda estava no espaço ou na cabeça dos jogadores?
Jogadores, a corda estava no espaço ou em suas cabeças?
Os jogadores concordam com a plateia?
A plateia concorda com os jogadores?

PULAR CORDA

Permaneçam com a mesma corda! Usem o corpo todo para jogar!

Objetivo: Interação de um grupo grande usando a substância do espaço.

Foco: Em manter a corda no espaço – fora da cabeça.

Descrição: Forme grupos de quatro ou mais ou permita agrupamento aleatório. Cada grupo irá jogar seu próprio jogo de pular corda, sendo que alguns jogadores giram a corda enquanto os outros jogadores pulam. Jogue até que todos tenham tido a oportunidade de girar a corda.

Notas: 1. Da mesma forma como no jogo tradicional de pular corda, o jogador que pisar na corda deve trocar de lugar com um dos jogadores que está girando a corda.

2. Variações de pular corda: Foguinho, Alturas da Corda, Corda Dupla etc.

Os jogadores mantiveram a corda no espaço ou ela estava em suas cabeças?

Jogo de Bola

Objetivo: Em focalizar a atenção dos jogadores em um objeto do espaço em movimento.

Foco: Manter a bola no espaço e não na cabeça.

Descrição: Forme dois grandes grupos. Um grupo é a plateia. Depois inverta as posições. Se estiver trabalhando individualmente dentro de cada grupo, cada jogador começa a jogar a bola contra a parede. As bolas são todas imaginárias, feitas de substância do espaço. Quando os jogadores estiverem todos em movimento, a instrução deverá mudar a velocidade com a qual as bolas são jogadas. (Modifique a velocidade da fala para paralelizar com a instrução: por exemplo, ao dar a instrução para que a bola se movimente em câmera lenta, fale em câmera lenta).

Notas: 1. O jogador sabe quando a bola está no espaço ou na sua cabeça. Quando ela está no espaço, ela *aparece* tanto para o jogador como para a plateia.

2. A pergunta "A bola estava no espaço ou em suas mentes?" feita para os jogadores da plateia é importante porque ela coloca a responsabilidade da plateia para observar a realidade do objeto no espaço. A plateia é tão responsável por manter o foco quanto o grupo que está jogando.

3. Após a avaliação do primeiro grupo, faça o próximo jogar. O segundo grupo se beneficiou da avaliação do primeiro?

4. Dê a instrução com energia durante o jogo, enfatizando o uso do corpo todo para manter a bola em movimento. Os jogadores devem terminar o jogo com todos os sintomas de um jogo de bola (quentes, sem fôlego etc.).

5. As palavras usadas pelo coordenador-instrutor na apresentação deste jogo devem ser cuidadosamente escolhidas. Não se deve pedir que os jogadores façam de conta ou que imaginem. Os jogadores são simplesmente orientados a manter a bola no espaço e não em suas cabeças.

6. Leia a introdução e as notas de *Substância do Espaço*.

A bola está se movendo muuuuito, muuuuuuuuuuito lentamente!
Pegue a bola em câmara muito lenta!
Agora a bola se move normalmente!
Use o corpo todo para jogar a bola!
Mantenha o seu olho na bola!
Agora muito rápido! Jogue a bola o mais rápido que você puder!
Pra trás e pra frente tão rápido quanto puder!
Normal de novo. Agora novamente em câmera muuuuuiiiiito leeeentaaaaaaaaa!
Dê o tempo para que a bola percorra o espaço!
Veja o caminho que a bola percorre no espaço!
Muito bem, agora em ritmo normal novamente!

Variação n.1:
A bola está ficando mais leve!
É cem vezes mais leve!
Agora muito pesada!
Use o corpo todo para arremessar a bola! Olhe para a bola!

Jogadores, a bola estava no espaço ou na imaginação?
Plateia, vocês concordam com os jogadores?
A bola estava em sua imaginação ou no espaço?
Jogadores, vocês viram o caminho que a bola percorreu no espaço?
Plateia, vocês concordam?

Variações: 1. Jogue o mesmo jogo com uma bola de substância do espaço que mude de peso. Na medida em que a bola se torna mais leve ou mais pesada, será como se os corpos se tornassem mais leves ou pesados. Ou mova-se em câmera lenta. Não chame a atenção dos jogadores para este ponto durante o jogo.

2. Jogue outros jogos – vôlei, futebol, queimada– com bolas feitas de substância do espaço.

3. Observe que os diferentes planetas têm gravidades diversas. Jogar futebol na lua seria muito mais leve do que na terra. Pergunte aos alunos como seria um jogo de futebol na lua.

Playground

Objetivo: Descobrir uma variedade de formas de usar a substância do espaço nos jogos.
Foco: Em manter objetos no espaço – fora da cabeça.
Descrição: A sala é dividida em grupos de diferentes tamanhos e cada grupo escolhe um jogo de playground que exige equipamento ou objetos para jogar (bolinhas de gude, saquinhos de areia, corda etc.). Todos os grupos distribuídos no espaço da sala jogam os diferentes jogos simultaneamente como em um playground. Todos os jogos devem ser jogados com objetos da substância do espaço.
Notas: 1. Quando os jogadores estiverem começando a captar a ideia de jogar com objetos da substância do espaço, toda a área de jogo ficará cheia de excitação, energia e prazer. *Playground* deve ser usado muitas vezes.

   2. *Playground* é ideal para recesso escolar ou períodos de educação física no pátio.

   3. Este e outros jogos de playground irão se beneficiar da avaliação da plateia. Os jogadores na plateia podem dar a instrução: "Veja a bola!".

(Vá de grupo em grupo e junte-se a eles se sua presença acrescentar prazer ao jogo).

Mantenha seu objeto no espaço!
Use seu corpo todo para arremessar a bola!
Intensifique esse movimento!
Objetos no espaço – fora da cabeça!
Mais energia!
Intensifique!

Plateia, o objeto estava em sua imaginação ou no espaço? Jogadores, vocês concordam?

Joguem com o corpo todo!
Veja a bola!
Não vale acertar acima da cintura!
Jogue e pegue com o corpo todo!
Veja a bola no espaço – fora da
cabeça!
(Quando o jogador do centro é
atingido)
Troque de lugar com o jogador que
arremessou a bola!
Pegue com o corpo todo!
Veja a bola no espaço – fora da
cabeça!

Jogadores, a bola estava no espaço
ou na sua imaginação?
Plateia, a bola estava no espaço ou
os jogadores estavam fazendo de
conta?
Jogadores, vocês concordam?
Todos os jogadores jogavam com a
mesma bola?

QUEIMADA

Objetivo: Trabalhar com um objeto que se move rapidamente
no espaço.

Foco: Em manter a bola no espaço, vendo-o quando outros
também o veem.

Descrição: Forme grupos grandes (dez jogadores ou mais).
Cada grupo entra em acordo sobre o tipo de bola no espaço. Os jogadores em pé, no círculo, procuram acertar
um jogador que está no centro com a bola. Se o jogador
no centro for atingido, ele troca de lugar com o jogador
que arremessou a bola. Não vale acertar o jogador do centro acima da cintura (veja nota 2, abaixo).

Notas: 1. Lembre-se, se os jogadores não saírem desse jogo
com os mesmos sintomas (excitação, calor físico, faces
avermelhadas, sem fôlego) que sentiriam se tivessem jogado com uma bola real, estavam fazendo de conta.

2. A regra "não acertar acima da cintura" é divertida
para os jogadores, já que não existe bola real. A regra é
obedecida da mesma forma.

3. Os jogos com objeto no espaço são bons exercícios.
Pergunte aos alunos o que faz com que sua respiração
seja acelerada no jogo, porque seus corpos pedem mais
oxigênio.

Envolvimento em Duplas

Objetivo: Tornar visível o invisível, utilizando objetos como adereços teatrais.

Foco: No objeto entre os jogadores.

Descrição: Grupos de dois jogadores entram em acordo sobre um objeto entre eles e iniciam uma atividade determinada pelo objeto, como estender um lenço, empurrar um carro encalhado.

Notas: 1. É natural que os jogadores queiram planejar a ação anteriormente, o que impede a espontaneidade e resulta em ações desajeitadas ou medo. Para evitar dramaturgia, peça que cada grupo escreva o nome de seu objeto em uma tira de papel e a coloque em um recipiente. Cada grupo pega sua tira antes da sua vez de jogar.

2. Os jogadores não devem construir uma história em torno do objeto e por isso deveria haver pouca necessidade de diálogos. Sugira que o objeto seja do tipo que normalmente exija uma resposta tátil.

3. Esta é uma situação dramática sem conflito. Embora a maioria dos dramaturgos acredite que o conflito é central para uma cena, bons atores geralmente procuram ajudar uns aos outros.

Vejam o objeto entre vocês!
Mantenham o objeto no espaço!
Fisicalize o objeto!
Mostre!
Não conte!
Usem o corpo todo!

Qual era o objeto?
Os jogadores mostraram ou contaram?
Os jogadores trabalharam juntos?
Esse time tirou proveito das avaliações anteriores?
Jogadores, vocês concordam?

Trabalhem juntos!
Vocês precisam uns dos outros para
solucionar o problema!
Vejam o objeto no espaço!
Vejam o objeto entre vocês!

Os jogadores trabalharam juntos?
Ou um deles não era necessário
para a tarefa?
Jogadores, vocês precisaram uns dos
outros para movimentar o objeto?
Plateia, vocês concordam?
Este grupo foi beneficiado com a
avaliação do grupo precedente?

ENVOLVIMENTO EM TRÊS OU MAIS

Objetivo: Encorajar o acordo de grupo e a participação conjunta.

Foco: Em manter o objeto no espaço entre os jogadores.

Descrição: Grupos de três ou mais jogadores. Os jogadores entram em acordo sobre um objeto que não possa ser usado sem envolver a todos. Os jogadores participam de uma ação conjunta na qual todos movem o mesmo objeto. Por exemplo: puxando uma rede de pesca, carregando uma canoa ou empurrando um carro encalhado.

Nota: *Envolvimento em Duplas*, assim como *Cabo-de-Guerra*, quase automaticamente mantém os jogadores envolvidos uns com os outros por meio do objeto. O presente jogo tende a confundir os jogadores, isto é, um jogador pode se dirigir aos outros dois ao movimentar o objeto em vez de os três estarem diretamente envolvidos.

Encontrar Objetos no Ambiente Imediato

Objetivo: Tornar visível o invisível.

Foco: Em receber objetos no ambiente.

Descrição: Três ou mais jogadores entram em acordo sobre um relacionamento simples e uma discussão que envolve todos, como por exemplo, um encontro de negócios ou uma reunião familiar. A discussão pode acontecer em volta de uma mesa feita de substância do espaço. Durante o decorrer do encontro, cada jogador encontra e manipula quantos objetos forem possíveis. Os jogadores não planejam com antecedência quais serão esses objetos.

Notas: 1. Esse é um problema bipolar. A ocupação em cena, o encontro, deve ser contínuo; enquanto a preocupação, o foco, deve ser trabalhado o tempo todo. Alguns jogadores irão manter o encontro em andamento e negligenciar o foco. Dê instruções de acordo.

2. Quando esse problema estiver resolvido, para excitação de todos, aparecerão objetos infindáveis: fiapos de tecido são encontrados no casaco do vizinho; poeira paira no ar e lápis aparecem atrás das orelhas. Todos os jogadores devem ter a oportunidade para descobrir isso por si mesmos.

Tome o seu tempo!
Deixe que os objetos apareçam!
Mantenha a discussão em andamento!
Compartilhe sua voz!
Mantenham contato uns com os outros!
Os objetos são encontrados no espaço!
Ajude seu parceiro que não está jogando!

Os objetos apareceram ou foram inventados?

Os jogadores viram os objetos uns dos outros e os utilizaram?

Os jogadores se referiram aos objetos ou entraram em contato com eles?

Jogadores, os objetos surgiram através de associação ou vocês permitiram que aparecessem?

É Mais Pesado Quando Está Cheio

**Sinta o peso nas suas pernas!
Com as costas!
Não apenas nos braços!
Sinta o peso com o corpo todo!**

Objetivo: Descobrir as propriedades de adereços teatrais por meio da utilização de objetos no espaço.

Foco: Em manter o peso dos objetos no espaço e fora da cabeça.

Descrição: Forme grupos de dez jogadores. Os grupos entram em acordo sobre uma atividade na qual recipientes devem ser abastecidos, esvaziados e abastecidos novamente. Dois ou três membros de um grupo podem carregar objetos em conjunto. Alguns exemplos são colhendo maçãs, enchendo um baú de tesouro, carregando água.

Notas: 1. Quando lhes é dada a oportunidade, as crianças descobrirão uma verdade teatral importante através deste jogo: recipientes em cena quase nunca são tão pesados como seriam na vida real (Ver *Improvisação para o Teatro*, p. 262-263).

2. Peça para os jogadores manipularem objetos de diferentes pesos. Eles podem carregar areia, levantar pesos etc.

3. Admiradores da mímica tradicional saberão que, na mímica, um objeto só tem aquelas propriedades diretamente relacionadas com o ator. Nós nunca sabemos a cor, material ou tamanho da mala de Marcel Marceau. Sabemos apenas que é pesada demais para ser carregada.

Os jogadores mostraram a diferença de peso (resposta corporal) ou contaram (piada)?
Jogadores, vocês concordam com a plateia?
Por que é necessário o jogador saber que é mais pesado quando está cheio?

Transformação de Objetos

Objetivo: Tornar visível o invisível, percebendo a verdadeira natureza dos objetos.

Foco: Em usar movimento e energia física com o corpo todo para criar mudança/ transformação no objeto do espaço.

Descrição: Um grupo grande de dez ou mais jogadores ficam em pé no círculo. O primeiro jogador, focalizando a substância do espaço entre as palmas das mãos e movendo-a com movimentos da cabeça aos dedões do pé, permite que um objeto assuma forma e depois o passa para o próximo jogador. O segundo jogador manipula e joga com esse objeto, permitindo que a substância do espaço assuma uma nova forma e depois passa para o próximo jogador. Os jogadores não devem modificar o objeto que receberam. Quando o objeto se transforma por si mesmo, a transformação será visível. Caso não haja transformação, os jogadores simplesmente passam o objeto que receberam para o próximo jogador. Por exemplo, se um jogador recebeu um ioiô, ele pode ser transformado em um pássaro ou em um acordeão, dependendo da energia que estiver sendo intensificada e utilizada no jogo. Os objetos devem ser passados no círculo de um a um entre os jogadores.

Nota: Movimento com o corpo todo promove a energia física necessária para a transformação. Dê instruções solicitando resposta física total.

Mantenha o objeto no espaço!
Use o corpo todo para jogar com o objeto!
Não planeje a modificação!
Jogue com o objeto!
Sinta a energia surgir a partir do seu corpo até o objeto!
Na substância do espaço!
Você fica fora!
Deixe seu corpo todo responder!
Intensifique! Intensifique!
Deixe que seu corpo todo responda!

Jogadores, os objetos se transformaram?
Ou vocês modificaram o objeto?
Vocês tiveram sensação de que os objetos se transformavam por si mesmos?

Torne o objeto real!
Compartilhe com a plateia!
Explore o objeto!
Intensifique a dificuldade!

Plateia, qual era o objeto?

DIFICULDADE COM OBJETOS PEQUENOS

Objetivo: Lidar com problemas apresentados pelos objetos no espaço.

Foco: Em ter dificuldade com objetos pequenos.

Descrição: Um jogador apenas fica envolvido com um objeto pequeno ou peça de roupa que apresenta algum problema. Alguns exemplos incluem abrir uma garrafa, um zíper enguiçado, uma gaveta emperrada, botas apertadas.

Notas: 1. Quando os jogadores estiverem prontos, dois ou mais podem participar deste exercício por vez.

2. Resistência ao foco será revelada quando um jogador intelectualiza (faz dramaturgia) com o problema. Em vez de ter uma dificuldade física com o objeto, ele pode, por exemplo, mostrar um buraco no sapato e colocar uma nota de dinheiro para tapar o buraco, o que é uma piada e total negação do exercício.

Objeto Move os Jogadores

Objetivo: Dar movimento e vida aos objetos no espaço.

Foco: No objeto que movimenta os jogadores.

Descrição: Qualquer número de jogadores entra em acordo sobre um objeto, como barco à vela, roda gigante, elefante etc. que deve ser movido por todos simultaneamente.

Variação: Deixe que cada jogador escolha um objeto vivo ou que possa ser colocado em movimento: um gato, inseto, ioiô etc. A identidade e natureza do objeto são comunicadas à plateia através da forma como o jogador o manipula.

Notas: 1. Quando o foco é mantido no objeto em movimento, os jogadores percebem o objeto entre eles e os jogadores na plateia irão reconhecê-lo.

2. Jogadores que ainda não estão prontos para deixar que o foco trabalhe por eles, poderão ficar observando seus parceiros para saber quando se movimentar. Continue dando a instrução "Deixe que o objeto movimente você!", mais e mais, como um auxílio para quebrar essa dependência.

3. Muitas vezes os jogadores só *deixam acontecer*, permitindo que o objeto os mova com constante instrução. Todos os grupos devem jogar até que essa experiência seja compartilhada por todos.

4. Em filmes com efeitos especiais, os atores muitas vezes devem atuar como se estivessem sendo afetados por objetos grandes ou forças que não estão presentes na realidade. O navio que está afundando, por exemplo, é apenas uma miniatura, a tempestade é provocada por um homem em roupa simples, o Pacífico rangendo é um tanque com água etc.

Sinta o objeto!
Deixe que o objeto os coloque em movimento!
Vocês estão todos juntos!
Mantenha o objeto no espaço, fora da cabeça!
Perceba o objeto movendo você!
(Repita todas as instruções, se necessário).
Intensifique!
Deixe que o objeto movimente você!

Plateia, os jogadores permitiram que o objeto os colocasse em movimento?
Eles iniciaram o movimento?
Os jogadores se movimentaram a partir da observação dos outros jogadores?
Jogadores, vocês transformaram esse jogo em um jogo de espelho (refletindo os movimentos dos outros) ou vocês permaneceram com o foco?

Deixe-nos ver o que você está vendo!
Deixe que o objeto ocupe seu lugar no espaço!
Permaneça com o mesmo objeto!
Outros jogadores veem o todo pelas partes deixadas em cena!
Não planeje a sua parte!
Utilize o que foi deixado pelos outros e deixe sua parte aparecer!

Plateia, qual era o objeto?
As partes acrescentadas estavam no espaço ou na cabeça dos jogadores?
Jogadores, vocês concordam?
Primeiro jogador, era esse o objeto que você tinha em mente?

ACRESCENTAR UMA PARTE

Objetivo: Ajudar os jogadores a trabalhar em grupo ao lidar com um objeto grande e complicado.

Foco: Em usar parte de um objeto no espaço – fora da cabeça.

Descrição: De oito a dez jogadores por grupo. O primeiro jogador usa ou estabelece contato com uma parte de um objeto grande que apenas ele tem em mente, e sai da área de jogo. Um a um, os jogadores usam ou entram em contato com outras partes do objeto até que o objeto todo seja deixado no espaço.

Exemplo: O primeiro jogador senta-se e utiliza uma direção, o segundo liga os para-brisas, o terceiro abre a porta do carro e assim por diante.

Notas: 1. Esse jogo é semelhante à *Parte de um Todo, Objeto*, mas os jogadores não se tornam parte do objeto com seu corpo. Eles deixam partes de um objeto maior no espaço da área de jogo.

2. Os jogadores não devem construir parte do objeto com instrumentos, mas sim utilizar essa parte. O para-brisa, no exemplo acima, pode ser acrescentado a partir do movimento dos olhos. O foco nesse jogo é em fazer aparecer – quando o invisível se torna visível.

3. Todos os atores sabem que, de perto, os cenários raramente são idênticos àquilo que parecem. Eles podem se parecer com quartos reais, do ponto de vista da plateia, mas, se olhados do palco, vê-se que os armários não têm interiores, lareiras não têm fogo, os adereços são de papelão.

CAPÍTULO 6

JOGOS SENSORIAIS

Após os aquecimentos, o grupo deverá estar relaxado e receptivo – pronto para um breve debate sobre os sentidos e seu valor como instrumentos. Na vida de cena, é necessário esclarecer, batatas amassadas são muitas vezes servidas em lugar de sorvete e paredes de tijolo são feitas de madeira ou papelão (no teatro improvisacional, os adereços e cenários são muitas vezes objetos do espaço). Não é convincente quando atores simplesmente se comportam como se esses substitutos fossem reais. Com o tempo, os alunos irão apreciar quando os atores usam seu equipamento sensorial, seu corpo físico para tornar visível para a plateia aquilo que é invisível. Os seguintes jogos fornecem a base para o desenvolvimento de uma nova forma de consciência sensorial. Eles também sugerem maneiras por meio das quais os jogadores podem começar a perceber que, de certa forma, eles estão desprendidos de seus sentidos.

Envolvimento físico ou sensorial com o ambiente pode ser firmemente estabelecido no jogador nas sessões iniciais. Isto é um passo necessário no caminho para construir outras e mais complexas relações.

Forme grupos. Cada jogador deve trabalhar individualmente com problemas, ao mesmo tempo em que toma parte de seu grupo. Não peça representações individuais durante a primeira parte da sessão. Segurança dentro do grupo é essencial quando se pretende que o indivíduo abandone seus medos.

Não trabalhe muito longamente com os problemas sensoriais. Estes jogos são apenas o primeiro passo para ajudar

O intuitivo ultrapassa a mente intelectual, a memória e o conhecido. Os jogadores não necessitam recolher-se em um mundo subjetivo, eles não precisam mergulhar em uma nuvem de memórias quando estão trabalhando/jogando no teatro ou na sala de aula.

os jogadores a reconhecer que a memória física existe dentro deles e pode ser solicitada intuitivamente sem pensar, sempre que for necessário.

Ideias, Termos e Frases Importantes Neste Capítulo

Subjetividade: Envolvimento consigo mesmo; uma inabilidade para estabelecer contato com o ambiente e deixar que ele se mostre. Um jogador que é muito subjetivo tem dificuldade de jogar com os outros.

Ouvir/escutar: Escutar é uma parte negligenciada de ouvir. Escutar coloca a responsabilidade por ouvir sobre aquele que quer/ precisa ser ouvido.

Olhar/ver: Uma árvore é uma árvore antes de você pensar que podia ver uma árvore.

Enviar e receber: O artista, ator ou dançarino usa o seu corpo como um instrumento. Por que não também o aluno e o professor? Veja/olhe através dos olhos (instrumento); não se torne o olho. Ouça/escute através dos ouvidos (instrumento); não com ele (ouvido). Fenômenos internos/externos podem ser vistos, ouvidos, sentidos e também agimos sobre eles simultaneamente.

"Fique fora!": Evita que o aluno queira controlar a si mesmo.

Fila Única ★

Objetivo: Encorajar os jogadores a prestar atenção na ação de cena.

Foco: Em observar e lembrar.

Descrição: Cinco ou mais jogadores são escolhidos para sair da sala e correr de volta para dentro dela, um depois do outro, formando uma linha e depois saem correndo novamente. Todos os outros jogadores observam com cuidado. Os jogadores retornam fora da formação. Os jogadores na plateia rearranjam os corredores, colocando-os de volta na ordem original. Quando os jogadores na plateia concordam que posicionaram os corredores na ordem original, os corredores podem fazer alguma correção necessária.

Nota: Este é um excelente jogo de aquecimento para outros jogos de observação.

Caça-Gavião ★*

Descrição: Sorteia-se quem será o *gavião*. Os outros jogadores formam uma fila indiana, de maneira que cada um segure com ambas as mãos o corpo do parceiro que está à sua frente, na altura da cintura. O gavião fica a uma certa distância da fila. Os jogadores que estão na fila iniciam o jogo através da chamada "Caça gavião!". O jogador-gavião então diz: "Tô com fome!". A seguir, cada um dos jogadores na fila responde apenas "Quer isso?", exibindo para o gavião uma parte do corpo (pé, dedo, orelha, nádegas etc.), sem tirar as mãos da cintura do jogador que está à sua frente. O gavião diz "Não!" ou "Sim!". Quando for dito "Sim!", a fila se move rapidamente para qualquer direção, não permitindo que o gavião alcance o jogador escolhido. Quando o gavião alcançar o jogador, invertem-se os papéis: aquele que foi pego vira gavião e aquele que era gavião entra na fila.

---

* O jogo tradicional americano foi substituído por este jogo tradicional brasileiro.

Eu Vou Para a Lua ★

Objetivo: Desenvolver memória e observação.

Foco: Em lembrar de uma série em sequência.

Descrição: Grupos de dez a doze jogadores formam um círculo.

Parte 1:(o jogo tradicional *Eu Vou para a Lua*): O primeiro jogador diz: "Quando eu for à Lua vou levar um baú (ou qualquer outro objeto)". O segundo jogador diz: "Quando eu for à Lua, vou levar um baú e uma caixa de chapéu". O terceiro jogador repete a frase até este ponto e acrescenta algo novo. Cada jogador repete a frase na sequência correta e acrescenta algo. Se um jogador errar a sequência ou esquecer algum item, ele sai do jogo. O jogo prossegue até que reste apenas um jogador.

Parte 2: A mesma estrutura do jogo acima (com uma nova série de objetos, se for desejado), porém, agora cada jogador realiza uma ação com o objeto. O próximo jogador repete as ações do primeiro e acrescenta uma nova. Dessa forma, o jogador pode, por exemplo, vestir sapatos e tocar flauta. Cada jogador repete, na ordem, tudo aquilo que precedeu e acrescenta novas ações.

Parte 3: O mesmo time joga novamente da mesma forma como na parte 1, mas com uma nova série de objetos. Dessa vez, no entanto, os jogadores tomam o tempo para ver cada objeto enquanto estão ouvindo.

Notas: 1. Na parte 1, o jogador poderá sempre lembrar-se de todos os objetos ou ações na série, mas inacreditavelmente irá esquecer o último objeto mencionado. Esse jogador terá provavelmente se desligado do último jogador na ordem para planejar previamente o objeto a ser acrescentado.

2. Contudo, quando os objetos são mostrados por meio de ações, os jogadores raramente esquecem o objeto anterior. Repetir a parte 1 enquanto se "vê" os objetos mencionados facilita a lembrança.

Parte 2:

Dê aos objetos o seu lugar no espaço!

Mantenha os objetos no espaço – tire-os da cabeça!

Parte 3:

(Na medida em que os parceiros acrescentam novos objetos)

Tome o seu tempo para ver os objetos!

Veja os objetos na medida em que são acrescentados!

Você viu a palavra quando foi pronunciada?

Magia Negra ★

Objetivo: Tornar os jogadores conscientes das muitas propriedades de um objeto.

Descrição: Apenas dois jogadores devem saber como o jogo funciona. Um deles é enviado para fora da sala enquanto o grupo escolhe um objeto. O jogador que saiu da sala é chamado de volta. O outro jogador pergunta ao primeiro se o objeto selecionado é um algum livro, o relógio ou qualquer outro objeto. Imediatamente antes de mencionar o objeto selecionado, ele ou ela cita algo que é preto. Isto mostra ao primeiro jogador que o próximo objeto mencionado é o escolhido pelo grupo. Os outros jogadores procuram matar a charada. O jogo pode ser repetido mesmo depois que os outros jogadores entenderam a charada, pedindo para os dois parceiros decidirem qual será a característica do objeto oculto (poderia ter, por exemplo, quatro patas, ser feito de papel, ser elétrico ou outros). A natureza do objeto oculto não precisa mudar, embora o objeto oculto deva ser mudado até que o grupo adivinhe corretamente suas características (por exemplo, o objeto oculto pode ser uma cadeira, uma mesa ou um cachorro – todos eles têm quatro patas).

Escrita Egípcia ★

Objetivo: Acelerar a acuidade de observação dos jogadores.

Descrição: Dois jogadores (um "mágico" e um "leitor") que conhecem a charada cooperam. O leitor sai da sala enquanto o grupo combina uma palavra, por exemplo, cadeira. O leitor é chamado de volta e o mágico, que tem uma vara mágica, decifra a palavra iniciando sentenças com as consoantes da palavra e batucando as vogais com a varinha, fazendo de conta que está "escrevendo" no ar (Batucar as vogais como segue: uma batida para a vogal a, duas para e, três para i, quatro para o, cinco para u). Ao soletrar "cadeira", o mágico pode iniciar como segue: "Cuidadosamente observe cada batida, agora" (Isto fornece o c de "cadeira"). Ele ou ela, então, batuca uma vez com a varinha para letra a. A seguir inicia uma nova sentença para a letra d: "Dá para adivinhar agora?". Batuca em seguida para as vogais e e i. Inicia uma nova frase para a consoante r: "Roda na praia de Amaralina!". Finalmente batuca uma vez para a vogal a. O leitor da escrita egípcia diz: "cadeira". Os outros jogadores tentam descobrir a charada. (Muitos alunos serão voluntários para fazer o papel de "leitor", embora não tenham entendido o sistema. Desencoraje falsas tentativas que irão apenas confundir a sala).

Três Mudanças ★

Objetivo: Aumentar o poder de observação dos jogadores.

Foco: No outro jogador, para ver onde foram feitas as mudanças.

Descrição: Divida o grupo em duplas. Todas as duplas jogam simultaneamente. Os parceiros se observam cuidadosamente, notando o vestido, o cabelo, os acessórios etc. Então, eles viram de costas um para o outro e cada um faz três mudanças na sua aparência física: eles repartem o cabelo, desamarram o laço do sapato, mudam o relógio de braço etc. Quando estiverem prontos, os parceiros voltam a se olhar e cada um tenta identificar quais mudanças o outro fez.

Notas: 1. Este jogo pode ser jogado com grande excitação por algum tempo, quando há troca de parceiros e pedidos de até quatro ou mais mudanças.

2. Troque os parceiros seguidamente e peça cinco, seis, sete e até mesmo oito mudanças, orientando-os para que observem também as costas dos parceiros.

3. Esta conduta leva diretamente para os jogos de espelho (veja capítulo 8).

Jogo de Observação ★

Objetivo: Melhorar a memória.

Foco: Em observar atentamente uma série de objetos.

Descrição: Qualquer número de jogadores. Uma dúzia ou mais de objetos reais são colocados em uma bandeja, que é colocada no centro do círculo de jogadores. Depois de dez ou quinze segundos, a bandeja é coberta ou removida. Os jogadores escrevem listas individuais, mencionando quantos objetos forem possíveis lembrar. As listas são, então, comparadas com a bandeja de objetos.

Notas: 1. Dependendo da idade do grupo, acrescente ou diminua o número de objetos a serem descritos.

2. Naturalmente, este jogo também é útil para desenvolver habilidades de estudo.

Quem Iniciou o Movimento? ★

Objetivo: Observar os outros criticamente.

Foco: Em tentar ocultar do jogador do centro quem inicia o movimento.

Descrição: Os jogadores permanecem em círculo. Um jogador sai da sala, enquanto os outros escolhem alguém para ser o líder, que iniciará os movimentos. O jogador que saiu é chamado de volta, vai para o centro do círculo e tenta descobrir o iniciador dos movimentos (mexendo as mãos, batendo os pés, balançando a cabeça etc.). O líder pode mudar de movimento a qualquer momento, mesmo quando o jogador do centro estiver olhando para ele. Quando o jogador do centro descobrir o iniciador, dois outros jogadores são escolhidos para assumir seus lugares.

Notas: 1. Esse jogo tradicional é um aquecimento excelente para os jogos de espelho, na medida em que encoraja os jogadores a olharem uns para os outros.

2. Imediatamente após esse jogo, divida o grupo em duplas para *Três Mudanças*, que é o próximo passo para os jogos de espelho.

(Apenas se o líder não trocar de movimento com frequência suficiente)

Iniciador, mude o movimento quando tiver chance!

Jogadores, prestem atenção na mudança, não deixem o iniciador sozinho!

EXTENSÃO DA VISÃO

**Envie sua visão para o ambiente!
Sua visão é uma extensão física de
você mesmo!
Deixe que sua visão seja ativa!
Envie sua visão para o meio da sala!
À sua volta!
Permita que um objeto entre em
seu campo de visão e seja visto!
Tome seu tempo para ver esse
objeto!
Quando vir um objeto, deixe que
esse objeto veja você!
Mude de objetos!**

Variação:
**Leve seus olhos para a esquerda o
mais longe que puder!
Mais longe!
Agora para a direita!
Não gire sua cabeça, gire apenas os
olhos!
Procure ver atrás de si!
Agora olhe diretamente para frente,
mas veja a esquerda! Direita!
Agora olhe para cima, tão longe
quanto puder!
Para baixo!
Repita!**

Qual é a diferença entre ver um
objeto e deixar que o objeto seja
visto? Você pode responder isto?

Objetivo: Desenvolver o sentido da visão.

Foco: Em ver, como extensão física dos olhos.

Descrição: Os jogadores enviam suas visões para observar objetos e permitir que os objetos sejam vistos.

Variação: Os jogadores são instruídos a estender a sua visão em diferentes direções, sem girar a cabeça. Desta forma, eles exploram a visão periférica.

Notas: 1. Os olhos são parte do corpo físico e a visão é uma antena física (extensão) que alcança além do corpo – o ambiente.

2. Na ciência clássica grega havia uma suposição (Platão a discute) de que a visão existe por causa de muitos pequenos raios que são estendidos a partir de nossos olhos para o mundo.

3. *Sentindo o Eu com o Eu* é um excelente jogo introdutório para este jogo.

4. Este é outro jogo em que os participantes podem jogar com si mesmos .

Vendo Através de Objetos

Objetivo: Entender a visão de uma nova forma.

Foco: Em olhar através de um objeto.

Descrição: Os jogadores enviam seu olhar como se houvesse uma força que pudesse passar através de um objeto sólido e voltar.

Notas: 1. Peça para os jogadores enviarem suas visões através de uma sequência de janelas (saindo por uma janela, voltando pela outra) para esclarecer este exercício.

2. *Extensão da Visão* é um excelente aquecimento para este jogo.

3. Alunos mais avançados podem pedir explicações sobre a diferença entre raios x, radar e a visão humana.

Envie sua visão!
Deixe que a visão passe pelas coisas!
Envie-a através dos objetos e deixe-a retornar!
Você não está tentando ver!
Você está de repouso!
Veja através de algo, não para algo!

Jogadores, isto modificou a visão?

Vendo um Esporte: Lembrança

Objetivo: Ajudar os jogadores a reconhecer a vastidão e a possibilidade da experiência passada.

Foco: Em lembrar as cores, sons, movimentos, personagens etc. de uma experiência passada.

Descrição: Grupo todo. Todos permanecem sentados e lembram do momento em que presenciaram um evento esportivo.

Notas: 1. Tarefa para casa com "Ver": peça para os jogadores tomarem alguns momentos de cada dia para focalizarem o que está à sua volta, observando cores, sons, o ambiente etc.

2. Este jogo é uma boa introdução para os jogos do Onde.

3 O método Stanislávski de ensino para o ator, que foi influente nos Estados Unidos e na União Soviética, encoraja o ator a lembrar-se com a memória emotiva de eventos e sentimentos de sua própria vida e relacioná-las com os personagens que estão interpretando. Esta abordagem dominou nosso teatro durante o século xx.

Foco nas cores!
Ouçam os sons!
Foco nos odores!
Veja o movimento!
Agora reúna tudo!
Foco no que está acima, embaixo, à sua volta!
Foco em você mesmo!

O passado veio para o presente?

OUVINDO O AMBIENTE

Ouça todos os sons à sua volta – até os mais imperceptíveis!
Preste atenção!
Ouça o maior número de sons possível!

Quais sons você ouviu?
(Peça para os jogadores identificarem tantos sons quanto possível).
Quantos ouviram aquele som?
Quais sons ainda não foram mencionados?

Objetivo: Desenvolver e apreciar o sentido da audição.

Foco: Em ouvir o maior número de sons possível no ambiente imediato.

Descrição: O grupo todo permanece sentado, silenciosamente, de olhos fechados, por um minuto ou mais, ouvindo os sons do ambiente imediato. Os jogadores prestam atenção nos diferentes sons que há no ambiente.

Notas: 1. Dê esse exercício como "tarefa de casa", a ser feita por alguns minutos por dia, enquanto caminha, em casa, com a família etc.

2. Lembre aos jogadores o quanto do mundo eles entendem por meio da audição e sugira que procurem imaginar como é o mundo para aqueles que não conseguem ouvir.

Extensão da Audição

Objetivo: Aprofundar a compreensão dos jogadores sobre sua audição.

Foco: Em ouvir sons (sem atitudes em relação a eles).

Descrição: Os jogadores ouvem os sons do ambiente e deixam que os sons sejam ouvidos.

Notas: 1. Esse exercício pode ser realizado nas carteiras, caminhando durante os jogos de espaço e a qualquer hora do dia.

2. Se feito com regularidade, esse exercício pode trazer maior textura para o som.

3. Diferentes terminais nervosos do ouvido respondem a diferentes alturas de som É aparentemente impossível que os ouvidos adaptem-se a si mesmos para ouvir um certo nível de som ou tipo de som. Alunos com maior treinamento musical irão apreciar uma analogia entre o tímpano e o simpático, cordas de um instrumento musical tal como a cítara, que vibra quando a mesma nota é ressoada por outra corda.

Envie sua audição para o mundo acima, abaixo, atrás, perto e longe de você!

Seu ouvido é uma extensão física de você!

Sua antena!

Seu instrumento!

Ouça os sons no espaço!

Capte os sons que aí encontra!

Deixe seu ouvido captar os sons!

Deixe que os sons sejam ouvidos!

(Discuta a função dos ouvidos como corpo físico e a audição como antena física que vai além do corpo físico.)

CAPÍTULO 7:

Jogos Com Parte de um Todo

LIGANDO OS JOGADORES

Tornar-se ou ser parte de um todo produz um corpo através do qual todos (jogadores no palco, jogadores na plateia e instrutor) tornam-se diretamente envolvidos com o resultado do jogo, apoiando um ao outro em um processo de satisfação mútua. Um jogador com corpo, mente e intuição em uníssono, com alto nível de energia pessoal, conecta-se com os parceiros no esforço de quebrar limitações. Um jogador assim sustentado por muitos fica livre para jogar e todos jogam em conjunto. O esforço e a ruptura daí resultantes (quando alcançada) são compartilhados igualmente por todos, como parte de um todo.

Competição e comparações que fragmentam a pessoa e isolam o jogador do parceiro destroem parte do todo.

Quando um jogador percebe que ele ou ela não pode puxar a corda sem alguém para esticá-la do outro lado ou quando um time de futebol é capaz de olhar para o outro time não como opositores, mas como parceiro, então, ambos os times tornam-se parte do todo (em harmonia), dando e recebendo desempenhos favoráveis mútuos – jogo!

A luta para quebrar recordes existentes – no esporte, na música ou onde quer que seja – deveriam ser encarados como prazer inerente à extensão (uma planta que chega até o sol, um homem pisando na lua). A conquista de um torna-se a conquista de todos.

Tome cuidado para não encorajar a competição fazendo elogios aos "bons" jogadores e punindo os "maus".

Responsabilidade, interação, observação, atenção, expressão física e vocal, habilidades de narrativa, agilidade sensorial, consciência emocional, e muito mais, irão se desenvolver com maior rapidez quando os alunos se tornarem parte do todo.

Ideias, Termos e Frases Importantes Neste Capítulo

Liberdade: Uma descoberta feita durante as oficinas quando os jogadores, como parte do todo, reconhecem os limites existentes e aceitam seu direito de explorar a possibilidade da ruptura.

Comunidade (unidade harmônica): Um fenômeno do espírito que entra no ambiente da sala de aula, liberando a resposta individual, um sentido de autoestima; risada prazerosa quando os indivíduos dão contribuições pessoais para a solução dos problemas.

"Mostre, não conte!": Ajuda os jogadores a fisicalizar objetos, envolvimentos, relacionamentos, sem impor a si mesmos. O objetivo é uma comunicação subjetiva.

"Compartilhe a sua voz!": Produz projeção, responsabilidade para com a plateia.

Parte de um Todo, Objeto

Objetivo: Tornar os jogadores interdependentes.

Foco: Em tornar-se parte de um objeto maior.

Descrição: Um jogador entra na área de jogo e torna-se parte de um grande objeto ou organismo (animal, vegetal ou mineral). Logo que a natureza do objeto tornar-se clara para outro jogador, ele entra no jogo como outra parte do todo sugerido. O jogo continua até que todos os participantes estejam trabalhando juntos para formar o objeto completo. Os jogadores podem assumir qualquer movimento, som ou posição para ajudar a completar o todo. Exemplos incluem máquinas, células do corpo, relógios, mecanismos abstratos, constelações, animais.

Notas: 1. Este jogo é útil como aquecimento ou para finalizar uma sessão, pois gera espontaneidade e energia. Os jogadores muitas vezes desviam-se da ideia original do primeiro jogador, resultando em abstração fantasiosa.

2. O coordenador deve utilizar a instrução para ajudar os jogadores a entrar no jogo e para ajudar aqueles que têm medo de estarem errados a respeito do objeto que está sendo formado. Outros se apressam em entrar no jogo sem a percepção do todo.

3. Este jogo teatral também é largamente utilizado com o nome de *Máquina*.

Use o corpo todo para fazer a sua parte!
Entre no jogo!
Arrisque-se!
Torne-se uma outra parte do objeto!

A voz e o corpo eram uma coisa só? O que acharam que seria o objeto antes de entrar no jogo?

Mostre!
Não conte!
Evite diálogo!
Tomem o seu tempo para observar o que está acontecendo!
Arrisque-se!
Tome parte na atividade!
Torne-se parte do todo!
Compartilhe sua voz!

Qual era a atividade do grupo?
Jogadores, vocês formaram parte do todo?
Havia outras atividades possíveis?
Os objetos estavam no espaço?
Plateia, vocês concordam com os jogadores?

PARTE DE UM TODO, ATIVIDADE

Objetivo: Colaborar na atividade de cena.

Foco: Em mostrar uma atividade fazendo parte dela.

Descrição: Grandes grupos de dez a quinze jogadores. Os jogadores entram em acordo sobre quem será o primeiro jogador, que secretamente escolhe uma atividade e a inicia. Quando a natureza da atividade tornar-se aparente, outros jogadores entram, um por vez, e tomam parte. Um exemplo é plantar um jardim: o primeiro jogador amontoa folhagens formando pilhas; o segundo jogador entra carpindo; o terceiro fertilizando etc.

Notas: 1. Essa interação em grupo deve criar fluência e energia. Repita o jogo até que isso aconteça ou termine-o se não acontecer.

2. Os jogadores não devem saber com antecedência o que o primeiro jogador irá fazer.

3. Jogadores relutantes em tomar parte, com medo de estarem errados sobre a natureza da atividade, podem ser confortados durante o período de avaliação, ao descobrir que outros jogadores também tinham ideias diferentes.

4. Mesmo que a área de jogo seja caótica, com todos se movimentando e falando ao mesmo tempo, evite tentar atingir uma cena ordenada. Prazer e excitação inicial, no jogo, é essencial para o crescimento social do grupo.

5. *Playground* é uma boa introdução para este jogo.

Parte de um Todo, Profissão

Objetivo: Definir um personagem por meio de um comportamento característico.

Foco: Em tornar-se parte de um todo na atividade profissional.

Descrição: Grupos de cinco ou seis jogadores entram em acordo sobre quem será o primeiro jogador, que secretamente escolhe uma profissão e inicia uma atividade relacionada a ela. Os outros jogadores entram, um de cada vez, como personagens definidos (Quem) e iniciam ou entram com uma atividade relacionada com a profissão. Por exemplo, o primeiro jogador lava suas mãos, fica em pé esperando com as mãos no ar, o segundo escolhe ser uma enfermeira e entra na área de jogo para ajudar o doutor a colocar as luvas. Outros jogadores entram como anestesista, paciente, interno etc.

Notas: 1. Os jogadores não devem saber de antemão o que o primeiro jogador irá fazer ou quem ele é.

2. Se os jogadores se tornarem muito verbais ou se movimentarem sem propósito, o foco não está completo. Dê a instrução de tempo "Um minuto!" e faça outro jogo.

3. Embora o Quem esteja sendo introduzido por meio desse jogo, preste atenção para que o foco seja mantido na atividade, caso contrário, os jogadores irão "interpretar".

4. Caso os alunos tenham dificuldade em se relacionar por meio da atividade, ressalte que membros de diferentes profissões têm diferentes atitudes e interesses. Doutores, escritores, negociantes, bombeiros, pescadores entram no mesmo ambiente, olhando para coisas diferentes e demonstrando interesses diversos.

Mostre!
Não conte!
Entre na atividade com personagens definidos!
Seja parte do todo! Mostre por meio da atividade!
(Caso surja diálogo)
Compartilhe sua voz!

Plateia, qual era a profissão?
Os jogadores mostraram ou contaram?
Jogadores, vocês concordam?
Antes de entrar sabiam qual era a profissão?
Plateia, vocês tinham outra ideia sobre o que estava acontecendo?

Mostre! Não conte!
Sustentem as atividades!
Sem adivinhações!
Não há pressa!
Quem você é deve ser descoberto
por meio da atividade!
Quando souber quem você é
mostre-nos jogando!
(Caso emirja diálogo)
Compartilhe sua voz!
Outros jogadores, quando
entrarem, participem da atividade!
Deixe quem você é ser revelado por
meio da atividade!

Plateia, quem eram os jogadores?
Quais eram os relacionamentos?
Os jogadores mostraram por meio
da atividade?
Quando vocês entraram na
atividade, jogadores, vocês sabiam
quem vocês eram?
Qual a coisa mais comum feita pelo
seu melhor amigo?
Você já imitou sua família ou
pessoas que admira?
Você conhece famílias cujos
membros fazem sempre as mesmas
coisas?

PARTE DE UM TODO, RELACIONAMENTO

Objetivo: Definir um personagem por meio de um contexto humano.

Foco: Em comunicar o Quem (relacionamento) por meio de uma atividade.

Descrição: Forme grupos de cinco ou mais. Um jogador inicia uma atividade, sem escolher um personagem. Os outros jogadores escolhem um relacionamento com o jogador em cena e, um por vez, entram na atividade. O primeiro jogador deve aceitar e relacionar-se com todos os jogadores que entram como se já os conhecesse. Por exemplo: um homem pendura um quadro; uma mulher entra dizendo que gostaria que o quadro fosse pendurado mais alto. O homem aceita-a como sua esposa e continua pendurando o quadro. Os outros jogadores entram como seus filhos, vizinhos etc. Todos mostram relacionamento por meio da atividade.

Exemplo: Um homem pendura um quadro, uma mulher entra dizendo que gostaria que o quadro fosse pendurado mais alto. O homem aceita-a como sua esposa e continua pendurando o quadro. Outros jogadores entram como seus filhos, vizinhos etc. Todos mostram relacionamento por meio da atividade.

Notas: 1. Esse jogo irá favorecer os primeiros sinais de um evento (cena), emergindo do foco (ou primeiros sinais de relacionamento) em vez de mera atividade simultânea.

2. Evite organizar uma cena. *Sacudindo o Barco/ Compartilhando o Quadro de Cena* ajudarão a ajustar cenas caóticas.

CAPÍTULO 8:

JOGOS DE ESPELHO

REFLETINDO E COMPARTILHANDO O QUE ESTÁ SENDO OBSERVADO

Os jogos de espelho unem os jogadores por meio do ato de ver. Os jogadores estão trabalhando com o foco quando estão meramente refletindo, sem interpretação, aquilo que seus olhos lhes contam. Dessa forma, a instrução para este e outros jogos de espelho é: "Reflita aquilo que está vendo, não aquilo que imagina estar vendo! Mantenham o espelho entre vocês!".

Os jogos exigem uma reflexão espontânea, não uma imitação. Esta sutil, mas essencial, diferença deve ser observada para que os jogos de espelho sejam eficientes. Refletir através do espelho exige uma resposta não verbal, não cerebral.

Na imitação, aquilo que é visto é enviado pela cabeça para análise, antes de ser compartilhado. Isto cria um intervalo de tempo, que é o espaço por meio do qual teorias e preconceitos entram e dissipam o momento da espontaneidade. Ao refletir verdadeiramente, este lapso de tempo é eliminado. Não há tempo para pensar a respeito do jogo – o jogador atua instintivamente.

Uma descoberta importante foi feita por meio do *Siga o Seguidor*, o mais avançado dos jogos de espelho. Ao seguir o seguidor, os jogadores se movimentam de acordo uns com os outros, mas não há líder. Todos os jogadores lideram. Ninguém inicia. Todos

Refletir é agir. Imitar é reagir

Boa imitação – como aquela de atores que necessitam trazer impressões de celebridades – é uma habilidade notável, mas limitada e limitadora.

Mesmpo nesses jogos, muitos alunos podem ter o impulso de "representar". Lembre-os que sem parceiro não há jogo. Não podemos nem mesmo jogar pegador se não houver ninguém para pegar.

iniciam. Todos refletem. A comunicação entre os jogadores é tão intensa que se torna difícil saber onde se inicia o movimento. Os jogadores experimentam algo como consciência coletiva.

"Fique consigo mesmo!", "Não inicie!", "Siga o iniciador!", "Siga o seguidor!" são frases de instrução para essa série de jogos. Ver um contínuo refletir sobre si mesmo, ao ser refletido por outro jogador, produz um movimento e transformação fluentes, sem ninguém iniciar deliberadamente: reflete-se simplesmente o que se está vendo.

> Siga o Seguidor *limpa a mente e liberta o jogador para ele entrar em um espaço e tempo compartilhados*

Ao ver um jogador iniciar um movimento durante *Siga o Seguidor* pergunte a esse jogador: "Você viu este movimento? Ou você está sendo o iniciador?". Se jogado com frequência, variando muitas vezes os jogadores, este jogo pode trazer unidade e harmonia miraculosas para a sala de aula. Quando os jogadores se veem trabalhando juntos, há um momento de prazer e risadas. A área de jogo é preenchida com movimento e transformação fluentes. Os jogadores percebem que estão interdependentes em uma área não física, não verbal, não psicológica, não analítica, de não julgamento de seu eu interior.

As descobertas partilhadas sobre a interação humana feitas por meio do *Siga o Seguidor* são similares àquelas encontradas em muitos outros jogos teatrais.

Ideias, Termos e Frases Importantes neste Capítulo

Imitação: Uma habilidade limitadora, um obstáculo na nossa busca por espontaneidade.

Refletir: Ação orgânica dirigida para aquilo que é visto (para distinguir ação e reação veja os próximos capítulos). Torna os jogadores vivos e alertas no momento presente (é melhor não discutir estas diferenças, mas deixe que os alunos descubram por si mesmos).

"Câmera!": Encoraje o jogador a pensar em si mesmo como uma simples lente ou olho, da cabeça aos dedos do pé. Explica a concentração de todo o corpo

"Siga o seguidor!": (Ver páginas anteriores).

A Carrocinha Pegou ★*

Descrição: Formam-se duas rodas, voltadas para o centro, com número idêntico de jogadores. A roda de fora gira para a direita e a roda de dentro para a esquerda. Os jogadores cantam os seguintes versos:

> A carrocinha pegou
> Três cachorros de uma vez (bis)
> Tralalá que gente é essa
> Tralalá que gente má (bis)

Cada integrante da roda de dentro volta-se para um integrante da roda de fora e realizam movimentos espelhados. Após alguns minutos, as duas rodas recomeçam a girar e cantam novamente os versos. Cada jogador da roda de dentro volta-se para novos parceiros da roda de fora a cada partida do jogo.

* O jogo tradicional americano foi substituído por este jogo tradicional brasileiro.

Espelho

B inicia!
A espelha!
Movimentos grandes, com o corpo todo!
Espelhe só o que você vê!
Mantenham o espelho entre vocês!
Espelhe tudo – da cabeça ao dedão do pé!
Mudem!
Agora A inicia e B é o espelho!
Saiba quando inicia!
Saiba quando é o espelho!
Mudança!... Mudança!...

Objetivo: Ajudar os jogadores a ver com o corpo todo; refletir e não imitar o outro.

Foco: Em refletir perfeitamente o gerador dos movimentos.

Descrição: Divida o grupo em duplas. Um jogador fica sendo A, o outro B. Todas as duplas jogam simultaneamente. A fica de frente para B. A reflete todos os movimentos iniciados por B, dos pés à cabeça, incluindo expressões faciais. Após algum tempo, inverta as posições de maneira que B reflita.

Notas: 1. Cuidado com as suposições. Por exemplo, se B faz um movimento conhecido, o jogador A antecipa e assume o próximo movimento, ou ele fica com B e o reflete?

2. Observe o espelho verdadeiro. Se B usar a mão direita, A usa a mão direita ou esquerda? Não chame a atenção dos jogadores para esse fato de maneira cerebral. O jogo *Quem é o Espelho?* (a seguir) trará uma compreensão mais orgânica do espelho.

3. As mudanças devem ser feitas sem interromper a fluência do movimento entre os jogadores.

4. *Três Mudanças* é um aquecimento ideal para este jogo.

Há membros de grupos (famílias, grupos de escola, nacionalidades) que imitam uns aos outros?

Quem É o Espelho?

Objetivo: Preparar para *Siga o Seguidor*.

Foco: Em ocultar da plateia qual jogador é o espelho.

Descrição: Duplas, com uma plateia. Antes de começar, os jogadores decidem entre si quem será o gerador dos movimentos e quem será o espelho. Este jogo é executado da mesma forma que o jogo anterior, exceto pelo fato de o instrutor não dar a ordem: "Mudança!". Um jogador inicia os movimentos, o outro reflete e ambos tentam ocultar quem é o espelho. Quando os dois jogadores estiverem realizando os movimentos, o coordenador diz o nome de um deles. Os jogadores que estão na plateia levantam o braço se acharem que o jogador mencionado pelo coordenador é o espelho. Depois o coordenador deve mencionar o outro jogador para que a plateia levante o braço, caso ele aparente ser o espelho. Os dois continuam jogando enquanto a plateia vota, até que se obtenha uma unanimidade nos votos.

(Para a plateia):
Qual dos jogadores é o espelho?

Espelhe!
Saiba quando inicia!
Mudança!
Espelhe só o que você vê, não o que pensa que vê!
Mudança!

(O instrutor pode entrar na área de jogo para checar as iniciativas dos jogadores).

Saiba quando inicia!
Faça movimentos corporais amplos!
Amplie!
Siga o seguidor!
Espelhe apenas o que vê!
Não o que pensa estar vendo!
Espelhe!
Mantenham o espelho entre vocês!
Não inicie!
Siga o iniciador!
Siga o seguidor!

(Durante o jogo, para um jogador que se move):
Você iniciou este movimento?
Ou você espelhou o que viu?
Plateia, vocês concordam com o jogador?

SIGA O SEGUIDOR

Objetivo: Dar aos jogadores um sentido de si mesmos e de sua ligação com os outros por meio do ato de refletir.

Foco: Em seguir o seguidor.

Descrição: Duplas, com uma plateia. Um jogador é o espelho, o outro o gerador dos movimentos. O diretor inicia o jogo de espelho normal e então diz: "Mudança!" para que os jogadores invertam as posições. Essa ordem é dada a intervalos. Quando os jogadores estiverem iniciando e refletindo com movimentos corporais amplos, o diretor dá a instrução "Os dois espelham! Os dois iniciam!". Os jogadores, então, espelham um ao outro sem iniciar. Isso é capcioso – os jogadores não devem iniciar, mas devem seguir o iniciador. Ambos são, ao mesmo tempo, o iniciador e o espelho (ou seguidor). Os jogadores espelham a si mesmos, sendo espelhados.

Notas:: 1. Peça para os jogadores espelharem e iniciarem apenas quando estiverem fazendo movimentos corporais amplos.

2 Esse exercício pode confundir de início, mas permaneça jogando. Quando o jogador espelha o outro, haverá naturalmente variações corporais, devido a diferentes estruturas corporais. Assim, os jogadores espelham a si mesmos sendo espelhados.

CAPÍTULO 9:

Onde, Quem, O Que

CRIANDO AMBIENTES, PERSONAGENS E AÇÃO ATRAVÉS DO JOGO

Os termos Onde, Quem, O Que são usados como nomes na descrição de muitos jogos teatrais. Estes termos amplos e neutros são particularmente úteis na sala de aula. Os termos "cenário", "personagem" e "ação de cena" limitam as discussões entre os jogadores à situação teatral.

Usar os termos Onde, Quem, O Que leva os jogadores a incluir o ambiente, o relacionamento e a atividade – a realidade cotidiana- na sua consideração sobre os problemas teatrais.

JOGOS DO ONDE (CENÁRIO/AMBIENTE)

Antes de apresentar os jogos do Onde faça um debate com o grupo sobre os seguintes tópicos:

"Como você sabe onde está?". Caso não obtenha uma resposta, experimente outra abordagem.

"É verdade que você sempre sabe onde está?".

"Não. Às vezes você não sabe onde está".

"É verdade. Você pode estar em um lugar pouco familiar. Como sabe que não é familiar? Como sabe quando está em um lugar familiar? Como sabe onde está a cada momento do dia?".

"Você sabe simplesmente". "Não dá para explicar". "Há sinais".

"Como sabe que está na cozinha?".

"Você pode sentir o cheiro da comida".

"E se não estivesse cozinhando, como saberia?".

"Por aquilo que é".

"O que quer dizer com isto?".

"Por aquilo que há na casa".

"Se todos os quartos da casa fossem mudados, você ainda saberia qual dos aposentos é a cozinha?".

"Mas é claro!".

"Como?".

"Por causa das coisas no aposento".

"Que coisas?".

"O fogão". "A geladeira".

"Você reconheceria uma cozinha se não tivesse fogão nem geladeira? Se estivesse em uma selva, por exemplo?".

"Sim".

"Como?".

"Seria um lugar onde se prepara a comida".

E assim, através de exemplos, discussão, respondendo perguntas detalhadas, os jogadores podem concluir que "Nós sabemos onde estamos através dos objetos físicos à nossa volta".

Quando esta premissa básica for acertada, torne-se mais específico:

"Qual é a diferença entre um escritório e um bar?".

"Um escritório tem uma mesa e um telefone".

"Isto não pode ser também encontrado em um bar?".

"O que há num escritório que não existe em um bar?".

"Fotografias, borrachas, lâmpadas".

Em um quadro-negro, faça duas colunas para o escritório e para o bar. Agora peça para os jogadores enunciarem itens que poderiam ser encontrados em cada um destes lugares, listando-os abaixo da coluna apropriada.

Eventualmente pode ficar evidente que diferenças existem, embora as duas locações possam ter mesas ou refrigerador de água, será mais provável encontrar uma máquina de escrever ou um computador num escritório do que em um bar.

Continue nesta mesma linha: "Como você faz a diferença entre um parque e um jardim?". Quanto mais detalhada a discussão, mais os alunos irão perceber que a definição do Onde é um ponto importante para o jogo (a demonstração que precede os jogos com Onde deve tornar esta ideia cada vez mais clara).

JOGOS DO QUEM (PERSONAGEM/RELACIONAMENTO)

De forma similar, introduza o Quem.

"Você em geral sabe quem é a pessoa que está na mesma sala que você? Saberia a diferença entre um estranho e seu irmão? Seu tio e o açougueiro da esquina?".

"Mas é claro!".

"Você pode me dizer qual é a diferença entre dois colegas de escola e dois estranhos e duas pessoas que acabaram de se encontrar?".

"Sim".

"Pode me dizer a diferença?".

"Pela forma como se comportam um com o outro"

"O que quer dizer 'pela forma como se comportam'?".

"Amigos não param de falar". "Estranhos fazem de conta que não estão vendo um ao outro". "Pessoas que acabaram de se encontrar são educadas uma com a outra".

Por meio da discussão, os alunos irão concordar que as pessoas nos mostram quem elas são não por aquilo que dizem sobre si mesmas, mas por meio de suas atitudes. Quando chegarem a este ponto, traga o fato de que atores, para comunicar sua identidade à plateia, precisam mostrar Quem através do relacionamento com seus parceiros de jogo.

Mostre, não conte! trará uma compreensão mais profunda sobre como, no cotidiano, revelamos a nós mesmos para o outro, sem dizer uma palavra.

A utilização de jogos do Quem durante a oficina de jogos teatrais vai abrir a visão dos jogadores para uma observação mais clara do seu cotidiano.

JOGOS DO O QUE (AÇÃO)

Discuta, da mesma forma.

"Por que você geralmente vai até a cozinha?".

"Para fazer um sanduíche". "Para pegar um copo d'água". "Para lavar os pratos".

"E por que vai ao dormitório?".

"Para dormir". "Para trocar de roupa".

"E por que vai à sala?".

"Para ler". "Para ver televisão".

Na medida em que as perguntas progridem, os jogadores irão concluir que nós usualmente temos alguma necessidade para estar onde estamos e fazer o que fazemos – para manipular certos objetos físicos, para ir a certos lugares e aposentos. Da mesma forma, o jogador em cena deve ter uma necessidade para manipular certos adereços, estar em certo lugar, atuar de determinada forma na área de jogo.

Ação de cena (O Que) é a interação da personagem com outra personagem e da personagem com o cenário.

Não confunda a decisão sobre o O Que com o pré-planejamento de um enredo ou história antes de executar os jogos teatrais. Se os jogadores de futebol soubessem com antecedência qual seria o desenlace da partida, todo o prazer (a história) seria retirada do jogo. Onde, Quem, O Que são apenas o esboço do campo em que o jogo será realizado. Por exemplo, no futebol, o Onde é o campo de jogo, o gramado; o O Que são os lances da partida; e Quem são os jogadores (goleiro, atacante, defensor etc).

No futebol, o foco do jogo é simplesmente "manter o olho na bola". Como foi observado no capítulo 1, o foco do jogo teatral é similar, não um fim em si mesmo, mas um meio para chegar a um objetivo. Nos jogos com Onde, Quem e O Que, permanecer com o foco supre a energia necessária para jogar.

A energia do jogo flue por meio da estrutura – o Onde, Quem, O Que – para dar forma ao evento que está ocorrendo em cena – a história.

Ideias, Termos e Frases Importantes neste Capítulo

Ação: Abrir-se para o exterior, interagindo com o ambiente, inclusive o ambiente humano (que por sua vez age sobre o jogador). Ação cria processo e transformação, tornando possível a construção de uma cena.

Reação: Um muro de proteção do ambiente.

Fazer dramaturgia (planejar o como): "Não faça dramaturgia!" é uma frase de instrução que, quando usada durante o jogo, faz com que os jogadores não se escondam atrás das palavras e venham ao encontro dos eventos no processo. Quando os jogadores permanecem com o foco, o problema será solucionado sem planejar (a discussão sobre a escritura de peças ficará reservada para o último capítulo).

"Mantenha seu olho na bola! Seu parceiro de jogo! Seu adereço!": Ancora o jogo no movimento e previne o pré-planejamento.

"Mostre! Não conte!": Mostrar é físico. Contar é apenas falar sobre aquilo que está acontecendo.

JOGOS DO ONDE, DEMONSTRAÇÃO

Alunos familiarizados com a substância do espaço não terão dificuldade em compreender o Onde, mas uma demonstração poderá ser útil.

Coloque uma cadeira na área de jogo e prossiga como segue, usando suas próprias palavras: "Todos sabem que uma cadeira, sendo um sólido (levante-a), visível (gire-a) e feita de uma substância particular (bata-a) exige que prestemos atenção nela. Nós podemos ver esta cadeira! Mesmo que não pudéssemos vê-la, não poderíamos caminhar através dela (demonstre). A cadeira ocupa espaço. Sente-se na cadeira: "Esta cadeira está no espaço ou na minha imaginação?". A resposta será óbvia. "Alguma vez, quando uma cadeira estava apenas em sua imaginação e não no espaço, você pensou em ocupá-la? Vocês sentiram alguma vez a falta de uma cadeira ao sentar-se, caindo no chão?". Muitos jogadores terão visto ou terão passado por esta experiência. Exceto no caso de cadeiras reais utilizadas para sentar, todos os jogos teatrais serão feitos de substância do espaço. Todos os jogadores respeitam o espaço (invisível) que o objeto ocupa, da mesma forma como respeitariam

Até que tenhamos aprendido a levitar, cadeiras reais e bancos devem ser usados como sofás, camas e cadeiras efetivas nos jogos teatrais. Para ajudar a preservar o foco de todos os jogadores, sugerimos que camas sejam representadas apenas por uma cadeira em lugar de uma fileira de cadeiras. Uma cadeira pode se tornar uma cama ao esticarmos as pernas, acendermos uma lâmpada de leitura, puxarmos cobertores feitos de substância do espaço etc.

Jogar Substituição do Onde *também ajudará a introduzir o Onde.*

um objeto real. "Lembrem-se: Manter os objetos no espaço, fora da cabeça!".

Por exemplo, demonstre objetos no espaço. Caminhe até uma escrivaninha (feita de espaço) e abra uma gaveta da escrivaninha, tire uma caneta (espaço). Escreva em uma folha de papel (espaço) sobre o tampo da escrivaninha. Vá para uma janela, abra-a etc. Depois que o coordenador ou um jogador escolhido tiverem usado cada um dos objetos acima, pergunte para os jogadores na plateia: "O objeto estava no espaço ou na minha cabeça?".

Se você preferir, convide dois jogadores para fazer a demonstração. A propõe um objeto, B usa-o. B propõe um objeto, A usa-o. Depois de cada proposta, pergunte: "O objeto estava em suas mentes ou no espaço?". O uso de objetos no espaço revelará que objetos no espaço ocupam tanto espaço quanto os objetos reais.

Cachorro e Osso ★

Objetivo: Trazer todos os jogadores para a mesma área de trabalho.

Foco: Cachorro – em ouvir; jogadores – em permanecer em silêncio. O objetivo do jogo é tornar-se e permanecer como cachorro.

Descrição: Todos os jogadores, com exceção de um deles – o cachorro –, permanecem sentados no chão em círculo. O cachorro senta ou deita no chão, no centro do círculo, de olhos fechados, com um osso (qualquer objeto) ao alcance de seus braços. Um dos jogadores (o líder) silenciosamente dá um sinal para que outro jogador roube o osso. Caso o ladrão consiga roubar e voltar para seu lugar sem ser ouvido pelo cachorro, ele ou ela se torna o cachorro; caso isto não aconteça, o cachorro continua até que o osso tenha sido furtado com sucesso. Quando o cachorro ouve o ladrão, ele ou ela devem apontar na direção do ruído e o ladrão, quando detectado, volta para o seu lugar, enquanto outro ladrão é escolhido.

Variação: Quando o ladrão volta para o círculo com o osso, ele ou ela o esconde atrás das costas. O cachorro pode, então, abrir os olhos e é dada a chance de adivinhar a identidade do ladrão. Caso tenha sucesso, permanece cachorro; caso contrário, o ladrão se torna cachorro.

Notas: 1. Caso um jogador consiga roubar o osso com sucesso, mas não queira fazer o papel de cachorro, peça para este jogador escolher outro em seu lugar. Com o tempo, o jogador tímido desejará unir-se aos outros, esperando assumir também o papel de cachorro.

2 Este jogo fornece participação total, envolvimento corporal como um todo e grande excitação para toda a sala.

3. Este é um dos excelentes jogos coletados por Neva Boyd em seu livro *Handbook of Games*.

O cachorro estava focalizado em ouvir?
Ou o cachorro estava adivinhando?

Aeroporto ★

Objetivo: Encorajar os jogadores a colaborar na criação de um Onde.

Descrição: Giz pode ser usado para fazer o desenho de um retângulo de aproximadamente três a quatro metros. Ele representa uma área de pouso de aeroporto. Objetos de vários tamanhos (livros, caixas, canecos, apagadores, sapatos etc.) são colocados aleatoriamente nesta área. Os jogadores se dividem em duplas (é necessário que um integrante da dupla fique de olhos vendados). Um dos jogadores é o piloto que fica de pé em uma das extremidades do retângulo, o outro jogador é a "torre de controle", localizado no lado oposto do retângulo. Devido a pouca visibilidade, a torre deve guiar o piloto para que este possa fazer uma aterrissagem sem perigo até o final da pista de pouso, o mais próximo possível da torre. Para jogar, são vendados os olhos do piloto e ele deve confiar na torre para ultrapassar os obstáculos. Para realizar um pouso sem perigo, o piloto não deve tocar em nenhum objeto nem pisar fora do retângulo. A torre guia o piloto por instruções: "Pé esquerdo – para a frente. Pare! Pé direito – pisar à direita! Pare! Levantar mais alto a perna esquerda – mais alto – agora para a frente – um pouco mais – pode pousar o pé" e assim por diante. O jogo termina quando um objeto é tocado ou quando o piloto pisa fora do retângulo, ou quando todos os objetos foram vencidos até a outra extremidade. Diversos retângulos podem ser desenhados e utilizados por vários grupos ao mesmo tempo.

Nota: Para aqueles jogadores que ainda não se sentem seguros com a instrução direita/ esquerda, faça pequenos quadrados de papelão, metade deles cobertos com lixa, o resto liso. Um quadrado liso e um com lixa é dado para cada piloto e torre (a lixa é segurada com a mão direita e o quadrado liso com a esquerda). A torre então fala, "Lixa pé para a frente, papel liso passo curto..." etc. Isto pode ajudar os jogadores a estabelecer a diferença entre direita/ esquerda.

Jogo do Onde Com Diagramas

Objetivo: Tornar visível o invisível.

Foco: Em mostrar onde você está estabelecendo contato físico com todos os objetos desenhados na planta-baixa. Mostrar o Onde. Cada jogador deve manipular e tocar tudo aquilo que está desenhado na planta-baixa, compartilhando sua visibilidade com a plateia.

Descrição: Duplas. Cada grupo recebe uma lousa e um giz (ou papel e lápis). Eles estabelecem um lugar (Onde) e fazem o esboço da planta-baixa (caso o grupo escolha uma sala, eles vão desenhar o sofá, cadeiras, mesa de café, lareira, quadros, janelas, portas etc.) Encoraje cada jogador a contribuir com algum item, utilizando os símbolos de planta-baixa padrão (veja as ilustrações). Então, os jogadores devem caminhar pela área de jogo, estabelecendo contato com todos os elementos da planta-baixa, que são objetos de substância do espaço. Os únicos objetos físicos no palco serão cadeiras. Os jogadores podem improvisar o diálogo ou interpretar a cena de uma peça. Eles podem também realizar a cena por blablação.

Notas: 1. A planta-baixa deve ficar de frente para o espaço cênico, de forma que os jogadores possam vê-la.

2. Os jogadores não devem memorizar qualquer um dos itens, apenas consultar a planta-baixa quantas vezes desejarem durante o exercício. Isto é um passo deliberado para libertar os jogadores da memorização (limpar a mente) e dar um sentido de alívio. É mais um passo para ajudar os jogadores a relaxar a atividade cerebral.

3. Tanto quanto possível deixe que os jogadores descubram variações por eles mesmos.

4. Artistas e arquitetos realizam muito este tipo de planejamento antes de iniciar uma construção. Este jogo, ao tornar o planejamento um prazer, encorajará os alunos a tomar seu tempo para desenhar cuidadosamente seus projetos de sala de aula.

Consulte a sua planta-baixa!
Tire da cabeça!
Coloque no espaço!

Os jogadores mantiveram o foco?
Os objetos poderiam ter sido usados de forma menos usual?
A única forma de tocar objetos é com as mãos?
(Os objetos podem ser lançados ao chão, tocados etc. Narizes podem ser pressionados contra janelas tão facilmente como as mãos podem abri-las).
Os jogadores compartilharam aquilo que estavam fazendo conosco?

132 JOGOS TEATRAIS NA SALA DE AULA

Sugestão para símbolos
de planta

S

estante

D   E

I

Disposição do Palco

Cama   Cadeira   Abajur   Poltrona   Sofá

Televisão   Adereços   Mesa com   Fogão   Pia de cozinha
                   de cena   adereços de
                                     cena

Arbustos   Árvore   Trilha, estrada   Pia de banheiro   Vaso sanitário   Mesas

Banheira   Fonte   Prateleiras,   Janela   Quadro,
                                 estantes etc.   espelho etc.

Geladeira   Janelas e   Porta   Porta   Porta
                   cortinas   aberta para   aberta   vaivém
                                     dentro   para fora

Onde com Adereços de Cena

Objetivo: Mostrar aos jogadores como um lugar pode ser definido pelas pessoas que o ocupam e por aquilo que estão fazendo.

Foco: Em mostrar o Onde.

Descrição: Dois grupos. Um deles torna-se a plateia. Um jogador vai ao espaço cênico e mostra o Onde por meio do uso físico de objetos. O primeiro jogador, a quem o Onde foi comunicado, assume um Quem, entra no Onde e desenvolve um relacionamento (papel) com o Onde e o outro jogador. Outros jogadores podem unir-se a eles como personagens relacionados (Quem) dentro do Onde e da atividade geral (O Que).

Exemplo: Um jogador vai ao espaço cênico e mostra à plateia fileiras e fileiras de prateleiras de livros. Um segundo jogador entra, fica atrás de uma estante e começa a remover e carimbar cartões, abrindo os livros. O terceiro jogador entra, empurra a caçamba para inclinar-se e começa a empilhar livros no chão. Outros jogadores entram no Onde que é uma livraria.

Fique em contato com os objetos!
Foco no Onde!
Relacione-se com os parceiros de jogo!

Consultem a planta-baixa ao jogar!
Tomem o seu tempo!
Comuniquem o Onde!
Não contem!
Procurem se relacionar uns com os outros através da atividade!
Objetos!
Hora do dia!
Mostrem!
Não contem!

Plateia, os jogadores seguiram a planta-baixa?
A planta-baixa era clara?
Os jogadores mostraram ou contaram?
Jogadores, vocês concordam?
Vocês deixaram que a nova planta-baixa os colocasse em movimento?
Ou vocês voltaram para a planta-baixa elaborada pelo seu próprio time?

TROCANDO OS ONDES

Objetivo: Improvisar uma situação sem pré-planejamento.

Foco: Em comunicar Onde, Quem e O Que sem elaboração prévia.

Descrição: Forme grupos de dois a quatro jogadores de modo que ambos os sexos estejam igualmente distribuídos por eles (por exemplo, cada grupo poderá ter um rapaz e duas garotas). Cada time entra em acordo sobre Onde, Quem e O Que e faz uma planta-baixa do Onde, anotando nele Quem e O Que, a hora do dia, tempo, o que está além etc. O coordenador reúne todas as plantas-baixas e as redistribui, uma por uma, quando chega a vez de cada grupo jogar. Os grupos não devem receber o seu próprio plano de planta-baixa. Os jogadores olham rapidamente para a planta-baixa, decidem quais jogadores serão Quem e, sem maiores discussões, entram na ação (cena) definida pela nova planta-baixa, que devem ter em mãos.

Notas: 1. Esse jogo alivia a tendência para planejar com antecedência.

2. Pode-se perguntar aos alunos o que se pode aprender sobre um ambiente e sobre as pessoas que habitam nele.

Revezamento do Onde: Construindo um Cenário

Objetivo: Em tornar visível um lugar invisível utilizando objetos no espaço.

Foco: Mostrar o Onde e todos os objetos nesse Onde.

Descrição: Forme grandes grupos de dez a quinze jogadores. Cada grupo entra em acordo sobre um Onde. O primeiro jogador vai para a área de jogo e "encontra" um objeto no espaço, que pode ser parte do Onde escolhido, e sai. Cada jogador sucessivamente usa ou estabelece contato com todos os objetos já colocados no espaço e então acrescenta outro objeto relacionado com o Onde.

Exemplo: O primeiro jogador encontra uma pia; o segundo jogador lava suas mãos e, usando uma toalha, encontra um gancho. O próximo jogador abre uma porta (objeto no espaço) e assim cada jogador completa sua tarefa e sai antes da entrada de outro jogador.

Nota: Outros cenários para *Revezamento do Onde*: estação de trem, supermercado, aeroporto, sala de espera de um hospital, cena de rua, praia, sala de aula, galeria de arte, restaurante. Utilize uma variedade de cenários com diferentes locações, culturas e períodos históricos.

Primeiro jogador, procure não pré-planejar seu objeto!
Foco no Onde!
Encontre o objeto no espaço da cena!
Parceiros, procurem tomar o seu tempo para ver o objeto aparecer no espaço!
Entrem em contato com todos os objetos colocados anteriormente!
Usem todos os objetos no Onde!
Vejam todos os objetos no espaço!
Tirem da cabeça!
Aquilo que precisam irá aparecer!

Plateia, onde eles estavam?
Os objetos estavam no espaço ou na cabeça dos jogadores?
E como foi com (um dos objetos que os jogadores encontraram) – todos os jogadores entraram em contato com o mesmo objeto?
Jogadores, vocês concordam com a plateia?

Um pai usaria um ambiente de forma diferente de uma mãe?
Uma sala na época de Getúlio Vargas seria utilizada de forma diferente do que uma sala no Palácio do Planalto hoje em dia?

Sinta o tempo com seus pés!
Com sua espinha!
Com suas pernas!
Sem urgência!
Sinta o tempo com seu rosto!
Com o corpo todo!
Da cabeça aos pés!
Deixe que o foco trabalhe por você!

Há reação corporal ao tempo?
É possível comunicar tempo sem qualquer atividade ou objetos?
Cada qual sentiu o tempo da sua própria maneira?
Havia diferenças?
O tempo do relógio é um padrão cultural?
Há apenas tempo para dormir, tempo para trabalhar, tempo para comer?

Que Horas São?

Objetivo: Estabelecer um cenário e ambiente.

Foco: Em sentir o tempo com o corpo todo, muscular e sinestesicamente.

Descrição: Forme dois grandes grupos. Trabalhando individualmente, dentro do grupo, os jogadores permanecem sentados ou em pé, focalizando um momento do dia proposto pelo coordenador. Os jogadores devem se movimentar apenas quando motivados pelo foco, mas não devem introduzir atividades apenas para mostrar o tempo.

Notas: 1 Os jogadores não devem interagir nesse exercício.

2. Cada jogador perceberá o tempo de forma diferente. Por exemplo, duas horas da madrugada significará dormir para muitos, mas o coruja do grupo logo ficará desperto.

3. Os jogadores devem acrescentar tempo ao Onde, Quem, O Que sempre que possível e o tempo deve ser considerado como rotina nas avaliações daqui para frente.

4. Em conexão com os estudos sociais no currículo é interessante discutir a história de períodos de tempo. Pergunte aos alunos: "Se você perdesse seu relógio, como saberia que horas são?" Como as pessoas sabiam antigamente as horas? Homens ricos que tinham uma forma de ler as horas tinham poder sobre aqueles que não sabiam exatamente as horas do dia?".

5. Há outras questões interessantes sobre o tempo que merecem uma discussão: "Como um pintor indica a hora do dia em um quadro? Sabemos sempre a hora do dia através de uma obra de arte? Necessitamos disto?".

Exploração de um Ambiente Amplo

Objetivo: Descobrir um ambiente amplo dentro de um espaço pequeno.

Foco: Em relacionar-se com um ambiente mais amplo.

Descrição: Dois ou mais jogadores entram em acordo sobre um ambiente amplo, escolhendo como Onde, por exemplo, uma floresta, o topo de uma montanha, um lago etc. Então, os jogadores entram em acordo sobre Quem e O Que e exploram o ambiente mais amplo no espaço.

Notas: 1. Alguns jogadores têm dificuldade de movimentar-se em um círculo de atenção maior do que os pequenos detalhes à mão, em casa, na escola ou no ambiente de trabalho. Dê a instrução para que os jogadores vejam e se comuniquem com aquilo que está além.

2. Este jogo dá bom resultado quando relacionado com estudos sobre o meio ambiente.

Onde sem as Mãos

Objetivo: Definir um cenário com movimentos restritos.

Foco: Em mostrar o Onde, entrando em contato com os objetos sem usar as mãos.

Descrição: Um jogador escolhe um Onde, Quem e O Que. Por alguma razão, o jogador não pode ou não usa as mãos, mas estabelece contato com os objetos no ambiente para mostrar o Onde.

Exemplo: O jogador acabou de lixar as unhas, ou está carregando uma travessa de bolo quente. Ele necessita abrir e fechar gavetas com pés, cotovelos e ombros.

Notas: 1. Observe quais jogadores estão quebrando a dependência da instrução, integrando a não utilização das mãos sem necessitarem mais de instrução.

2. Jogadores que não integram o problema irão manter o foco nas mãos em lugar de usar os objetos para mostrar o Onde, o que altera completamente o problema. Deixe que os jogadores descubram isso por si mesmos.

O que está acima? No meio? Além de vocês? Entre em contato com o ambiente mais amplo que está além de você! Veja o ambiente mais amplo que está além de você! Deixe que ele preencha todo o espaço da sala! Deixe que ele ocupe quilômetros à sua volta!

Plateia, o que estava acima dos jogadores? Entre os jogadores? Além deles? Os jogadores mostraram ou contaram? Jogadores, vocês concordam? Fora da sala o ar é diferente? Você consegue respirar melhor no campo do que na cidade? O que faria um cientista na floresta? No deserto?

Saiba Onde você está! Mantenha contato com o ambiente! Não use as mãos!

Quais maneiras interessantes de entrar em contato com os objetos foram encontradas?
O Onde adquiriu vida?

Veja onde você está!
Vocês estão juntos nele!
Use todos os seus sentidos!
Deixe o onde você está levá-lo pelo evento (cena)!
Não tenha pressa!
Como está o tempo

Os jogadores mostraram ou contaram?
Jogadores, vocês concordam?
O Onde emergiu do foco?
Plateia, quem eles eram?
Esse time foi beneficiado com a avaliação dos times que o antecederam??

Mostrando o Onde Sem Objetos

Objetivo: Descobrir uma variedade de formas para indicar o cenário.

Foco: Em mostrar o Onde.

Descrição: Forme grupos de dois ou três. Entre em acordo sobre Onde, Quem e O Que. Os jogadores mostram o Onde sem manipular objetos físicos. Exemplos: turistas na esquina de uma cidade, jovem casal a sós numa igreja, marinheiros fazendo a ronda na ponte de um navio.

Notas: 1. Sugira que o Onde possa ser mostrado por algum dos itens seguintes: olhando para algo (ver), ouvindo, por meio de relacionamento (quem você é), pelo som, pela luz, por meio de uma atividade.

2. Mantendo o foco no Onde, sem manipular objetos, os jogadores podem aprender a "sentir" o espaço do palco. Os jogadores estão dentro do Onde da cabeça aos pés, por assim dizer.

3. Relacionamentos dos personagens crescem em intensidade por meio desse exercício.

4. Fique atento para jogadores temerosos que planejam o Onde com ações pré-determinadas.

Onde Com Ajuda

Objetivo: Trabalhar em grupo para definir um cenário.

Foco: Em ajudar fisicamente os parceiros a estabelecer contato com cada objeto no Onde.

Descrição: As duplas desenham uma planta-baixa e concordam sobre Onde, Quem, O Que. Os jogadores ajudam uns aos outros a estabelecer contato com todos os objetos na planta-baixa. Os jogadores devem atuar de forma integrada, auxiliando uns aos outros no evento (cena), sem uso de diálogo excessivo.

Notas: 1. Peça para os jogadores acrescentarem detalhes à planta-baixa (mapas, quadros, adereços). Mantenha o *O Que* bem despretencioso, sem tensão particular entre os jogadores (assistindo televisão, penteando os cabelos etc.)

2. O exercício termina quando os jogadores entrarem em contato com todos os objetos.

3. Caso o tempo permita, deixe que cada grupo passe por esse jogo e pelos dois que vêm a seguir em uma mesma sessão.

Consulte a planta-baixa!
Ajudem uns aos outros a estabelecer contato!
Trabalhe com o problema!
Mantenha o foco na ajuda física!
Continue com os objetos!
Atue junto com o parceiro!

Os jogadores estabeleceram contato com os objetos por meio do Onde, Quem e O Que ou o contato foi aleatório, apenas para tocar os objetos?

Os jogadores ajudaram uns aos outros fisicamente a estabelecer o contato?

Ou eles apenas dialogaram?

ONDE COM OBSTÁCULOS

Obstáculo! Trabalhe com o problema! Entre em contato com todos os objetos! Crie obstáculos para o movimento de seus parceiros! Obstáculo! Evite diálogo! Integre esse obstáculo! Integre esse contato!

Objetivo: Definir um espaço jogando contra outro jogador.

Foco: Em criar fisicamente obstáculos para que o parceiro estabeleça contato com cada objeto do Onde.

Descrição: Os mesmos jogadores que jogaram *Onde com Ajuda* entram em acordo sobre Onde, Quem e O Que. Cada jogador deve entrar em contato com cada objeto da planta-baixa, procurando ao mesmo tempo criar obstáculos fisicamente, impedindo que os parceiros estabeleçam contato com esses objetos. As ações devem ser integradas sem diálogo excessivo.

Notas: 1. Peça para os jogadores integrarem o contato e os obstáculos com um mínimo de diálogo.

2. Caso as ações e os relacionamentos não sejam intensificados, continue trabalhando com esse jogo durante mais alguns encontros.

Qual dos dois jogos deu maior visibilidade ao Onde?
Qual deu maior realidade ao Quem?
Os jogadores integraram o contato e os objetos ou se moveram ao redor tocando os objetos?

3. Note que os jogadores devem observar e ficar envolvidos uns com os outros intensamente para solucionar o problema.

4. Este jogo e o que vem em seguida (*Onde com Ajuda/ Obstáculo*) contém elementos de conflito físico e só devem ser experimentados com alunos maduros e responsáveis.

Onde Com Ajuda/Obstáculo

Objetivo: Adquirir flexibilidade ao definir um espaço em colaboração ou contra outro jogador.

Foco: Em ajudar ou impedir que os parceiros estabeleçam contato com os objetos do Onde.

Descrição: Dois jogadores entram em acordo sobre Onde, Quem e O Que. Usando uma planta-baixa detalhada, os jogadores estabelecem contato com cada objeto no Onde, mantendo ao mesmo tempo o relacionamento e a atividade. Quando instruídos com "Ajuda!", os jogadores auxiliam uns aos outros a estabelecer contato. Quando instruídos com "Obstáculo!", os jogadores criam obstáculos uns aos outros, impedindo que o parceiro entre em contato com os objetos. Ajuda ou obstáculo deve ser integrado à estrutura dramática Onde, Quem, O Que.

Notas: 1. Veja nota 1 acima (*Onde com Obstáculos*). Não há necessidade de tensão entre os jogadores nestes jogos.

2. Peça por detalhes na planta-baixa.

3. O jogo termina quando a dupla de jogadores estabeleceu contato com todos os objetos do Onde. No entanto, poderá ser necessário dizer "Um Minuto!" para intensificar o jogo e ajudar os jogadores a encontrarem um final.

Ajudem uns aos outros a estabelecer contato com os objetos!
Agora criem obstáculos ao parceiro!
Trabalhem com o problema!
Ajuda!
Obstáculo!
Ajuda!
Obstáculo!
Integrem os contatos!
Integrem os obstáculos!
Evitem o diálogo!

Os jogadores entraram em contato com os objetos por meio de quem eles eram e o que estavam fazendo ou os contatos eram aleatórios, tocando simplesmente os objetos? Quando o Onde apareceu? Jogadores, vocês concordam?

Onde Especializado

Objetivo: Tornar visível o cenário invisível.

Foco: Em mostrar o Onde por meio do uso de objetos físicos.

Descrição: Dois ou mais jogadores em cada grupo. Todos os grupos recebem o mesmo Onde geral (um quarto de hotel, um escritório, uma sala de aula etc.). Os grupos devem particularizar o Onde e escolher Quem e O Que (um quarto de hotel em Paris; um escritório de um hospital; uma sala de aula na selva etc.).

Nota: Encoraje os jogadores a particularizar o Onde fazendo escolhas inusitadas (um escritório no céu, um quarto de hotel na selva etc.).

Mostre! Não conte!
Explore! Intensifique!
Intensifique os objetos específicos!
Ajude o outro!

Os jogadores escolheram objetos particulares que caracterizaram o Onde?
Ou eles contaram onde estavam por diálogo? Jogadores, vocês concordam?

**Compartilhe com a plateia!
Cada jogador deve entrar em
contato com todos os objetos da
planta-baixa!
Mantenha os objetos no espaço e
fora da cabeça!
Olhe para a sua planta baixa!**

Os jogadores usaram todos os
objetos da planta-baixa?
Plateia, quais foram os objetos que
os jogadores mostraram para nós?
Jogadores, comparem com a planta-
baixa!
Os jogadores mostraram Onde,
Quem, O Que?
Os jogadores mostraram ou
contaram?
Os objetos estavam no espaço ou na
cabeça dos jogadores?
Os jogadores estavam todos no
mesmo Onde?
Jogadores, vocês concordam com a
plateia?
Jogadores, vocês caminharam
através das mesas?

Jogo do Onde (Cena)

Objetivo: Testar se os jogadores foram bem-sucedidos em
fisicalizar o cenário, tornando visível o invisível.

Foco: Em mostrar para uma plateia Onde, Quem e O Que
por meio da utilização e/ou contato com todos os objetos
no Onde.

Descrição: Forme grupos com dois a quatro jogadores. Cada
grupo entra em acordo sobre o Onde, Quem e O Que
e desenha uma planta-baixa do Onde em uma folha de
papel. Na medida em que o Onde, Quem e O Que são
realizados, cada jogador (consultando a planta-baixa)
deve entrar em contato com todos os objetos que estão na
planta-baixa. Os jogadores podem colocar cadeiras reais
na área de jogo, se for necessário, afixar a planta-baixa
para consulta e chamar "cortina" quando estiverem prontos. Eles então improvisam uma cena.

Exemplo: Onde = cozinha, Quem= membros da família, O
Que= tomando café da manhã. A planta-baixa inclui geladeira, xícaras, mesa, pia etc.

Notas: 1. Confira sempre o que a plateia viu com a planta-
-baixa real.

2.Instrua os jogadores a evitar que planejem como utilizar cada objeto. O pré-planejamento retira toda espontaneidade do jogo.

3.Os jogadores não devem ficar frustrados com a ausência de objetos físicos em cena. Em muitas tradições
teatrais (em Sófocles ou Shakespeare, por exemplo) os
atores trabalhavam em um palco nu, utilizando apenas
adereços de cena, diálogo e suas ações para indicar os
cenários.

Envolvimento Com o Ambiente Imediato

Objetivo: Integrar a conversação (diálogo) com o estabelecimento de um cenário.

Foco: Em mostrar o Onde, enquanto se dialoga, pelo contato contínuo com objetos no ambiente imediato.

Descrição: Grupos de dois ou mais jogadores, preferencialmente sentados, entram em acordo sobre Onde e Quem eles são. Enquanto estão envolvidos na discussão, os jogadores mostram onde estão por meio do envolvimento contínuo com objetos pequenos que podem ser alcançados com o braço.

Exemplos: 1. Dois jogadores que esperam por um ônibus podem encontrar folhas caídas, sujeira, tinta desgastada no banco etc.

2. Dois mágicos demonstrando suas habilidades.

3. Um cozinheiro aguarda pela hora do lanche enquanto discute com uma garçonete.

Nota: Alerte os jogadores para não representarem uma atividade completa como fazer uma refeição e sim permanecerem ocupados com a conversação e preocupados com o foco. Quando ambas as coisas acontecem simultaneamente, a cena adquire vida e os detalhes se tornam aparentes.

Mantenha o foco nos objetos que encontra à sua volta!
Mostre-nos quem você é através do ambiente imediato!
Mantenha os objetos no espaço!
Deixe que os objetos se revelem por si mesmos!

Onde os jogadores estavam foi vivificado através dos objetos?
Os jogadores mostraram ou contaram?
Quem eles eram?
O diálogo foi interrompido quando os objetos eram manipulados?
Os objetos revelaram a si mesmos ou foram inventados pelos jogadores?

JOGOS COM QUEM

Ideias e Termos Importantes Nesta Seção

Memórias: São cerebrais e históricas. Quando nos pautamos apenas nelas para construir um personagem, limitam a resposta do corpo todo frente a um novo evento.

Experiência: Um processo vivo que não pode ser reconstruído pela memória.

Três Mocinhos de Europa ★*

Objetivo: Conscientizar os jogadores sobre as possibilidades de comunicação não verbal.

Descrição: Os jogadores dividem-se em dois grupos iguais e formam duas fileiras paralelas. O primeiro grupo decide-se por uma profissão ou ocupação a ser mostrada e então se dirige ao outro time enquanto o seguinte diálogo é realizado:

Primeiro grupo: Somos três mocinhos que viemos da Europa.

Segundo grupo: O que vieram fazer?

Primeiro grupo: Muitas coisas bonitas.

Segundo grupo: Então faz para a gente ver!

O primeiro grupo aproxima-se do segundo o mais próximo que ousar e, então, mostra a sua profissão ou ocupação dentro da área de atuação, delimitada como pique dos grupos A e B. O grupo A atua diante do pique de B e os jogadores estão salvos ao voltar (jogo de pegador) para o seu pique. Cada jogador atua individualmente. O segundo grupo procura identificar o que está sendo mostrado e quando alguém identifica corretamente, o primeiro

---

* O jogo tradicional americano foi substituído por esse jogo tradicional brasileiro. Em minha prática tem se mostrado "produtivo" introduzir os termos Onde/ Quem/ O Que neste jogo tradicional (em vez de profissões). (N. da T.)

grupo corre para o seu pique, enquanto o segundo grupo procura pegar o maior número de jogadores que puder. Todos que foram pegos entram para o grupo dos pegadores. O segundo grupo escolhe uma profissão e o diálogo é repetido, seguido da atuação, como anteriormente. Ambos os lados possuem o mesmo número de partidas e aquele que tiver o número maior de jogadores ao final é vencedor.

Notas: 1 Variações desse jogo podem ser jogados com animais, flores, árvores e objetos no lugar de profissões.

2. Este jogo pode ser mais facilmente realizado em ambientes internos se, em vez de correr para o pique, o primeiro time se agacha quando a profissão é adivinhada. Caso um jogador seja pego antes de conseguir se agachar, ele está pego.

Que Idade Tenho?

Objetivo: Estabelecer orientação inicial para o personagem.
Foco: Em mostrar a idade escolhida.
Descrição: Cada jogador trabalha sozinho com o problema. Se o tempo for curto, cinco ou seis jogadores podem estar no ponto de ônibus ao mesmo tempo. No entanto, os jogadores não devem interagir. Cada jogador escolhe uma idade (escrevendo-a em um pedaço de papel e entregando-o para o coordenador antes de iniciar). Os jogadores entram na área de jogo e, ao esperar pelo ônibus, mostram para os jogadores na plateia quais suas idades.
Notas: 1. Os jogadores terão a tendência de interpretar seus velhos quadros de referência, o que é esperado nesse jogo.

2. Muitos irão insistir em qualidades de caráter e desempenho de papéis.

3. Todos nós alojamos um número sem fim de caracteres. Repetir a idade envia um sinal para este vasto armazenamento e, ao deixar que o foco trabalhe por nós, faz com que as qualidades de caráter apareçam a partir de nossa memória física. Permita que os dados emirjam.

4. Este jogo, naturalmente, é de grande valor ao ajudar as pessoas mais jovens a compreender os problemas e necessidades dos mais velhos.

O ônibus está a meia quadra de distância!
Mostre para nós a sua idade!
O ônibus está se aproximando!
Ele chegou!
(Se quiser que os jogadores explorem mais possibilidades):
Ele ficou preso no tráfego!

Que idade tinha esse jogador?
Jogador, você concorda com os jogadores na plateia?
A idade estava em sua cabeça?
Ou no corpo?
A idade de sessenta e cinco anos faz todas as pessoas se sentirem da mesma forma?
Uma pessoa que cuidou da saúde se movimenta da mesma forma como uma pessoa da mesma idade que foi descuidada?

O Que Faço Para Viver?

Objetivo: Mostrar a viabilidade de recursos ocultos.
Foco: Na profissão escolhida.
Descrição: Estabeleça um Onde simples, como por exemplo, uma parada de ônibus. Cada jogador escolhe uma profissão, escreve-a num pedaço de papel e entrega para o coordenador. O jogador entra na área de jogo e espera, focando a profissão. Os jogadores não devem observar um ao outro e evitar diálogos.
Notas: 1. Esse questionamento durante a avaliação deve provocar os primeiros *insights* na fisicalização de um personagem. As perguntas devem ser casuais. Evite insistir. Outros jogos a seguir irão permitir novos *insights* sobre o personagem.
    2. Piadas, interpretação e truques são evidências de resistência ao foco.
    3. Dê alguns minutos para que os efeitos do foco se manifestem.
Variação: Embaralhe as profissões e transmita-as aleatoriamente para os jogadores antes de entrarem na área de jogo.

Perceba a ocupação com o corpo todo!
Mãos! Pés! Pescoço!
(Quando a ocupação começar a aparecer)
O ônibus está chegando! Foco na profissão!

Quais eram as profissões?
Os jogadores mostraram ou contaram?
Jogadores, vocês concordam?
Só podemos mostrar o que fazemos para viver por meio da atividade?
A estrutura corporal se modifica em algumas profissões (doutor, trabalhador)?
O que provoca a mudança é uma atitude? É o ambiente de trabalho?

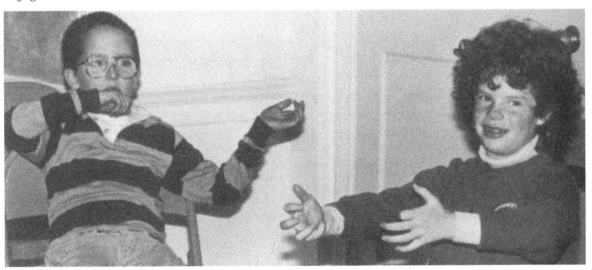

QUEM SOU EU?

Não faça adivinhações!
Não assuma nada!
Relacione-se com aquilo que está acontecendo!
Entre em contato com um parceiro!
Não faça perguntas!
Quem você é ficará claro!
Outros jogadores, não deem pistas!
Não façam referências ao passado!
Mostrem! Não contem!
Sem ter pressa! Esperem!

Objetivo: Construir um personagem mostrando, não contando.

Foco: No envolvimento com a atividade imediata até que o Quem seja conhecido.

Descrição: Grupo grande ou grupos numerosos. Um jogador voluntariamente deixa a sala enquanto o grupo decide quem será esse jogador, por exemplo: líder de sindicato, cozinheiro no Vaticano, diretor de escola etc. – o ideal seria alguém que fosse comumente cercado por muita atividade ou vida institucional. Pede-se que o primeiro jogador volte e fique sentado na área de jogo, enquanto os outros se relacionam com o Quem e se envolvem com uma atividade apropriada até que o Quem seja descoberto.

Notas: 1. A parte mais difícil de *Quem Sou Eu?* é evitar que o primeiro jogador, que não sabe quem ele é, transforme o jogo em uma adivinhação e que os outros evitem dar pistas. É difícil compreender que o Quem irá emergir quando os jogadores estiverem abertos (esperando) para aquilo que está acontecendo e envolvidos com a atividade imediata (Aqui, agora!)

2. Escolher personalidades famosas ou personagens históricas deve ser evitado até que o grupo se familiarize com o exercício.

3. O exercício alcança seu final natural quando o jogador que não sabe Quem ele é mostra por meio de palavras e ações Quem ele é. Os jogadores podem, no entanto, continuar a cena quando o Quem for descoberto.

4. Depois que o foco estiver claramente entendido, *Quem Sou Eu?* pode ser usado no currículo regular para estudar personagens históricos, cientistas, engenheiros, inventores, autores etc. Focalizar o ambiente imediato (Onde) irá trazer maior dimensão e compreensão do conteúdo escolhido.

O jogador tentou adivinhar o Quem ou esperou até que fosse comunicado?
Jogador, você concorda?

Jogo do Quem

Objetivo: Mostrar, não contar, um personagem.

Foco: Em comunicar, por meio da relação e cenário, a identidade de um personagem.

Descrição: Dois jogadores, A e B. A está sentado na área de jogo. B entra. B tem um relacionamento predeterminado definido com A, mas não disse anteriormente qual. A partir da forma com que B se relaciona com A, A descobre quem é. Por exemplo: A (uma menina) sentada em um banco. B (outra menina) entra e diz: "Oi, querida, como está?". Ela acaricia o cabelo de A, andando a sua volta. A, olhando para B, pede-lhe que fique em pé, dizendo: "Você está muito bonita, querida, muito bonita". B abraça A, embalando-a suavemente, seca uma lágrima, olha fixamente para a sua saia comprida e seu adorno na cabeça, até que A descobre que B é sua mãe e ela é sua filha, no dia do casamento.

Notas: 1. O jogo termina quando A descobre o Quem é. Se o tempo permitir, continue o jogo enquanto houver envolvimento entre os jogadores.

2. Depois da avaliação, troque as posições e deixe que A escolha um relacionamento com B.

3. Caso os jogadores contem em vez de mostrar, peça que usem blablação (veja a série de exercícios sobre blablação).

4. Uma vez que o jogo foi assimilado pode ser correlacionado com estudos sociais ou tarefas de leitura.

5. A "cena de reconhecimento" é uma convenção teatral antiga na qual membros da família há muito perdidos descobrem suas verdadeiras identidades e são reunidos. Há paródias hilárias desta cena, por exemplo, na peça de Oscar Wilde, *A Importância de Ser*, em Ionesco, *A Cantora Careca*, e em Beckett, *Esperando Godot*.

Mostre Onde!
Não faça perguntas!
Espere!
Não tenha pressa!
Deixe o Quem revelar-se por si mesmo!

B mostrou o relacionamento ou contou? A antecipou Quem era ou deixou que o Quem fosse revelado?

150 JOGOS TEATRAIS NA SALA DE AULA

BATENDO ★

Objetivo: Desenvolver percepção na audição.

Foco: Em identificar um objeto pela audição.

Descrição: Todos os jogadores fecham os olhos enquanto o coordenador bate três vezes em algum objeto na sala e depois caminha sem fazer ruído para longe deste. O coordenador diz aos jogadores quando devem abrir os olhos e pede que alguém nomeie o objeto. Caso este jogador falhe, outro é escolhido. Caso todos se mostrem confusos, o coordenador pede para que fechem novamente os olhos e repete as batidas.

Notas: 1. *Batendo* é um bom aquecimento para *Quem Está Batendo?* e *Sentindo o Eu com o Eu, Extensão da Audição* são introdutórios para *Batendo*.

2. Caso as crianças abram os olhos, lembre-as de que este é um jogo de audição.

3. Alunos mais avançados podem ficar interessados em discutir como sabem de que direção vem o som. Como funcionam os aparelhos estereofônicos dos jogadores?

Como você sabe no que o coordenador estava batendo? Madeira soa de forma diferente do metal? Uma parede soa diferente de uma carteira? Por quê?

Quem Está Batendo?

Objetivo: Em desenvolver a comunicação não verbal.

Foco: Mostrar Onde, Quem, O Que por meio da batida.

Descrição: Um jogador permanece longe do olhar da plateia e bate na porta. O jogador deve comunicar quem está batendo, por que está batendo, onde, a hora do dia, a temperatura etc. Alguns exemplos: um policial de noite, um namorado rejeitado na porta da namorada, um mensageiro do rei, uma criança muito nova em um banheiro.

Notas: 1. Durante a avaliação, o coordenador descobrirá que muitos observadores não sabem as circunstâncias exatas, o Onde, Quem e O Que da batida. Agora que todos as conhecem, peça para o jogador repetir a batida. Os observadores irão ouvir com maior intencionalidade e perceber a comunicação de forma mais clara agora, quando não precisam mais adivinhar.

2. Repetir a batida depois da avaliação faz com que os jogadores na plateia façam parte do jogo e fiquem envolvidos com o que os outros jogadores estão fazendo.

3. Algumas questões durante a avaliação podem permanecer sem respostas, mas elas trazem novos *insights* ao serem expostas aos alunos.

4. Uma batida na porta, na realidade, não tem um significado intrínseco. É um exercício útil para estudos sociais quando é pedido aos alunos para imaginarem uma variedade de situações, cenários e períodos históricos nos quais uma batida na porta pode significar diferentes coisas. (Exemplo: um apartamento em um país totalitário, um dormitório em um colégio interno, um consultório de médico fechado à noite.)

Compartilhe a sua batida!
Tente novamente!
Intensifique-a!
Deixe que o som da batida ocupe o espaço!
Ouça, encontre o som no espaço!
Desloque toda atenção corporal no som físico!

Quem está batendo? Em que porta? A que hora do dia? Por quê?

Mostrando o Quem Através de um Objeto

Mostre!
Não conte!
Torne o objeto real!

Objetivo: Definir um personagem por meio de instrumentos.

Foco: Em mostrar Quem por meio da utilização de um objeto.

Descrição: Dois jogadores entram em acordo sobre um objeto que irá mostrar quem eles são. Eles utilizam o objeto em uma atividade.

Exemplo: Quem: um professor e um aluno; o objeto: um giz. A escreve um problema de matemática com uma solução incorreta na lousa. B chacoalha a cabeça, apaga a solução e escreve uma nova. A diz "Ah sim, agora entendi!".

Nota: Os jogadores não devem planejar com antecedência Onde, Quem, O Que. Eles apenas definem o Quem e o objeto, mas devem manter o foco no problema a ser solucionado no jogo.

Plateia, quem são eles?
Eles mostraram ou contaram?

MODIFICANDO A EMOÇÃO

Objetivo: Em fisicalizar a emoção.

Foco: Mostrar a emoção ou estados de ânimo por meio da utilização de objetos no espaço.

Descrição: Um jogador realiza uma atividade com foco na demonstração de um sentimento definido, utilizando e manipulando objetos. Essa atividade deve, então, ser invertida e o jogador desfaz aquilo que fez, mostrando o sentimento transformado por meio da mesma utilização e manipulação.

Exemplo: Uma garota se veste para ir a um baile. Ela mostra alegria ou apreensão pela maneira como tira o vestido do armário. Depois de saber que o baile foi cancelado, ela mostra desapontamento ou alívio, guardando o vestido de volta no armário. Um rapaz pede permissão para dirigir o carro do pai. O carro não liga.

Notas: 1. No momento de mudança, o coordenador pode tocar o telefone e enviar outro jogador para fornecer a informação necessária.

2. Se a emoção da transformação é mostrada apenas por meio de maneirismos faciais, os jogadores estão "interpretando" e não compreenderam o significado da fisicalização.

3. Se os alunos estiverem estudando personagens históricos ou literários pode ser interessante pedir que experimentem este jogo. Como Fidel Castro ou Dom Casmurro responderiam a uma decepção?

**Fisicalize este pensamento!
Explore e intensifique este objeto!**

A atividade foi idêntica antes e depois do momento de mudança?
O sentimento foi comunicado por meio de transformações corporais?
O que a alegria (o prazer) provoca em nós fisicamente?
O que o desapontamento cria cinestesicamente?

JOGOS COM O QUE

O Que Estou Comendo? Saboreando? Cheirando? Ouvindo? ★

Mostre!
Não conte!
Comunique!
Fique aberto para a comunicação!
Mostre, não conte!

Objetivo: Definir um objeto ou substância sem usar palavras.

Foco: Em comunicar a informação por ação, mostrando, sem contar.

Descrição: Divida o grupo em dois grupos iguais. Cada grupo entra em acordo secretamente sobre alguma coisa para comer (ou cheirar, ouvir, sentir, olhar etc.) Então, executa-se o jogo *Três Mocinhos de Europa*, sendo que os jogadores devem comunicar o que estão comendo etc. em vez de uma profissão. Se não for possível jogar com pegador, o primeiro grupo fica de frente para o grupo de jogadores na plateia e cada jogador em cena comunica, à sua maneira, o que está comendo, bebendo, ouvindo etc. Em vez de pedir que adivinhem, solicite para que os jogadores saiam correndo, os jogadores na plateia se reúnem e entram em acordo sobre o que estava sendo comunicado. O coordenador pode transformar esse jogo fazendo contagem de pontos.

Notas: 1. Não deve haver diálogo entre os jogadores. Os jogadores jogam individualmente, agrupados.

2. Mesmo sem diálogo, os jogadores podem contar fazendo movimentos físicos óbvios. Os jogadores mostram quando estão focalizados naquilo que deve ser comunicado.

3. Sublinhe que quando o foco está completo, os jogadores na plateia podem ver o que está sendo comido, bebido, etc.

Os jogadores mostraram ou contaram?
Jogadores, vocês concordam com os jogadores na plateia?

Senhora Dona Sancha ★*

Descrição: O protagonista do jogo, o cabra cega, fica no centro da roda, com os olhos vendados. O coro, que forma uma roda com as mãos dadas, canta o primeiro verso, girando para a direita.

> Senhora Dona Sancha
> Coberta de ouro e prata!
> Descubra seu rosto
> Que nós queremos ver sua cara

O protagonista responde com o segundo verso, girando em direção oposta.

> Que anjos são esses
> Que vivem me rodeando
> De noite e de dia
> Padre Nosso Ave Maria

O coro responde com o terceiro verso, desfazendo a roda e estabelecendo relação com o protagonista, sem permitir que este toque os atuantes da roda.

> Somos filhos de um conde
> Bisnetos de um visconde
> Seu rei mandou dizer
> Para todos se esconder!

Quando um dos elementos do coro for "pego" pelo protagonista, este jogador passa a fazer o papel de cabra cega.

---

* O jogo tradicional americano foi substituído por este jogo tradicional brasileiro. A descrição do jogo incorpora princípios de trabalho com a relação coro/protagonista, presente na maior parte dos jogos populares. (N.da T.)

Identificando Objetos ★

Objetivo: Desenvolver a percepção de atributos dos objetos.

Foco: Em identificar um objeto pelo tato.

Descrição: Os jogadores ficam em pé no círculo. Um deles é chamado para o centro, e fica com as mãos para trás, de olhos fechados. O coordenador põe um objeto real na mão do jogador. Usando apenas o sentido do tato, o jogador deve identificar o objeto. Quando o jogador identificar o objeto, poderá olhar para ele. Então, outro jogador é chamado para o centro e recebe um novo objeto para identificar.

Notas: 1. Faça as perguntas sugeridas na instrução apenas se o jogador estiver perdido ao descrever o objeto.

2. Escolha objetos que são reconhecíveis, embora não usados todo dia (ficha de pôquer, carta de baralho, apontador de lápis, pentes, borracha, maçã etc.).

Para que serve?
É quente ou frio?
É feito de quê?

Dê vida ao objeto!
Use seu corpo todo!
Permita que o objeto ocupe o espaço!
Explore o objeto!
Manifestar emoções é contar!
Mostre!
Não conte!
Sinta o objeto com suas costas!

O foco era completo ou incompleto?
Os jogadores mostraram ou contaram o objeto para nós?
O objeto estava na cabeça dos jogadores ou no espaço?
Jogadores, vocês concordam?

ENVOLVIMENTO COM OBJETOS GRANDES

Objetivo: Criar uma ação por meio da utilização de objetos no espaço dentro de um ambiente.

Foco: No envolvimento físico com um objeto grande no espaço.

Descrição: Jogador individual ou grupo maior de jogadores trabalhando individualmente. Cada jogador seleciona e envolve-se com um objeto grande que causa complicação, emaranhado. Exemplos incluem: uma teia de aranha, cobra grande, galhos de árvore numa floresta, polvo, para-quedas, planta carnívora etc.

Notas: 1. Certifique-se de que o foco do jogador está no objeto e não em respostas emocionais ao envolvimento. Essa é uma diferença importante que aparece continuamente no trabalho.

2. A mesma regra é verdadeira para o combate em cena: os jogadores devem focalizar no objeto e não em respostas emocionais. Cenas de batalha são ensaiadas por coreógrafos que fazem com que os atores se concentrem em armas e não em seus sentimentos. Este foco torna uma luta mais convincente e menos perigosa para os atuantes.

Envolvimento Sem as Mãos

Objetivo: Trabalhar em grupo, criando uma ação, apesar das restrições.

Foco: Em mostrar e manipular um objeto sem usar as mãos.

Descrição: Dois ou mais jogadores. Os jogadores entram em acordo sobre um objeto animado ou inanimado. Os jogadores colocam o objeto entre eles em movimento sem usar as mãos.

Exemplos: Empurrando uma rocha, um carro, um tobogã, escalar montanhas (corda amarrada na cintura), erguendo uma tábua nas costas.

Notas: 1. Não deixe os jogadores escolherem objetos nos quais usualmente as mãos não são utilizadas, como por exemplo, amassar uvas com os pés, pois isto significa resistência ao foco.

2. Atente para a espontaneidade e as formas pouco usuais de movimentar o objeto.

3. Como um primeiro passo para este exercício, experimente algo que amarre todos os jogadores em conjunto, por exemplo, uma corrente de ferro.

Trabalhe junto com os parceiros!
Não use as mãos!
Trabalhe com o corpo todo!
Ombros!
Joelhos!
Cotovelos!
Pescoço!
Costas!
Movimente o objeto!

Eles mostraram o objeto ou contaram algo para nós?

O Que Está Além: Atividade

**Mostre! Não conte!
Deixe que seu corpo reflita o que acabou de acontecer!
Intensifique!**

Variação:
**Mostre! Não conte!
Deixe que seu corpo reflita qual atividade irá acontecer!**

Objetivo: Desenvolver comunicação não verbal.

Foco: Em comunicar a atividade que acaba de acontecer fora de cena.

Descrição: O jogador entra, caminha pela área de jogo e sai. Sem usar a fala ou atividade desnecessária, o jogador comunica em qual atividade ele esteve envolvido antes de entrar na área de jogo. Depois que a plateia adivinhou a atividade, outro jogador entra, comunicando uma outra atividade.

Variação: Em vez de comunicar o que acabou de acontecer antes de entrar em cena, o jogador comunica o que irá acontecer quando sair de cena.

Notas: 1. Mantenha a avaliação apenas no foco. A única coisa que interessa é o que acabou de acontecer ou está para acontecer.

2. Se este exercício for dado muito cedo, os jogadores podem escolher uma atividade simples (por exemplo: limpar a neve que está na calçada etc.).

3. Quando for repetido mais adiante, a atividade pode ser baseada em um relacionamento, como por exemplo uma briga com um amigo, um casamento, uma entrevista de emprego, más notícias.

4 Veja o comentário sobre mostrar e não contar, na introdução ao capítulo 13.

O que acabou de acontecer?
O jogador mostrou ou contou?
O que irá acontecer?

CAPÍTULO 10:

COMUNICAR ATRAVÉS DE PALAVRAS

A maioria dos jogos teatrais exige diálogo. Mas o medo da comunicação verbal pode ser muito grande.

Durante alguns dos jogos anteriores, quando as crianças estão se tornando parte de uma ação (como em *Parte de um Todo, Atividade*), certos jogadores podem estar pronunciando silenciosamente palavras. Neste caso, é bom dar a instrução "Compartilhe a sua voz". Os jogadores podem até mesmo perguntar: "Nós podemos falar?". Encoraje calmamente a fazê-lo, se assim desejarem.

Os jogos de blablação levam a voz a um outro nível de comunicação*. Os jogos seguintes focalizam a palavra.

Com o objetivo de evitar diálogo truncado entre jogadores inexperientes, o diálogo, que faz parte dos jogos, está relacionado com ao menos um dos outros focos fortes. Quando há estímulos múltiplos, a tensão/energia necessária para solucionar o problema é criada**. Dessa forma, os jogadores ficam tão empenhados em manter o foco que o diálogo flui naturalmente sem que o jogador tente forçosamente ser engraçado, mostrar esperteza, tristeza ou o que for. Com o tempo, os jogadores aprendem a confiar que, quando estão trabalhando com o foco, as palavras de que necessitam irão aparecer. Eles

Ao manter o foco em um jogo, o jogador não tem tempo para se preocupar com aprovação/desaprovação.

---
*. Ver capítulo 11: Comunicando com Sons.
**. Ver capítulo 12: Jogos com Estímulo Múltiplo.

não precisam pensar nelas. Nos jogos, assim como no dia-a-
-dia, as palavras podem ser usadas para dizer o que o ouvinte
quer ouvir e comunicar o que o ouvinte precisa saber.

Outras Habilidades Desenvolvidas Neste Capítulo

Podem ser encontradas nos capítulos 14, 15 e 16 sobre
mídia, construção de cenas e contação de histórias.

CALIGRAFIA GRANDE

Objetivo: Descobrir o poder de uma palavra ou frase.

Foco: Em escrever palavras tão grande quanto possível.

Descrição: Utilizando um quadro-negro, cada jogador, um por um, procura preencher o quadro-negro com uma palavra ou frase de sua preferência.

Nota: Não se preocupe com a ortografia ou caligrafia nesse exercício. Aqueles jogadores que focam mais atentamente em uma palavra ou frase serão provavelmente os que irão soletrá-la ou distorcê-la. Os jogadores são instruídos apenas a preencher um espaço o maior possível com a palavra ou frase.

Use o corpo todo para preencher o quadro-negro!
Escreva a palavra tão grande quanto puder!
Preencha o espaço todo com sua palavra!
Sinta a palavra!

O jogador preencheu o espaço? Ou poderia ter usado mais o quadro-negro?

CALIGRAFIA PEQUENA

Objetivo: Descobrir a existência independente de uma palavra ou frase.

Foco: Em escrever palavras ou frases tão pequenas quanto possível.

Descrição: O grupo todo trabalha individualmente em carteiras, cada jogador tem um pedaço de papel e um lápis com ponta fina. Mantendo a mão sem movimento, os jogadores pensam e escrevem palavras e frases favoritas tão pequenas quanto possível.

Notas: 1. Novamente, não se preocupe com a ortografia e/ou estilo de caligrafia. Os jogadores simplesmente procuram escrever as palavras bem pequenas.

2. Os alunos se divertem com esse exercício. Experimente-o por alguns minutos vez por outra! Caso os alunos fiquem frustrados, deixe o exercício imediatamente!

3. Esse exercício segue o mesmo princípio de uma bola numa corda, sem qualquer movimento evidente. O jogador pensa no movimento, e mesmo com a mão inerte, a bola começa a se mover para frente e para trás e em volta.

4. *Não-Movimento* é um aquecimento ideal para este jogo.

Escreva pequeno!
Pequeno!
Muito pequenino!
Deixe que seu corpo faça o trabalho!
Mantenha a mão parada e veja o que consegue!
Pense nas palavras e frases que está escrevendo!

Os jogadores mostram os papéis uns para os outros. As palavras escritas, muito, muito pequenas, podem ser lidas pelos outros?

Escreva normalmente!
Cruzem seus "tês"!
Olhos fechados!
Façam pontos nos seus "is"!
Quando terminarem, abram os olhos e vejam o que escreveram!
Mais uma vez!
Feche os olhos e deixe que sua mão escreva as palavras!
Cruzem os "tês" e façam pontos nos "is"!

Os jogadores cruzaram todos os "tês" e fizeram pontos nos "is"?
É possível ler cada palavra e frase?
Jogador, você consegue ler suas próprias palavras e frases?

CALIGRAFIA CEGA

Objetivo: Adquirir nova familiaridade com uma palavra ou frase.

Foco: Em escrever palavras ou frases sem olhar.

Descrição: O grupo todo sentado em carteiras, ou um por um no quadro-negro, fecha os olhos e escreve as palavras ou frases, sem olhar. Utilizando uma venda, faça o jogo ficar mais divertido.

Nota: Ortografia e caligrafia não são tão importantes quanto a habilidade de outros jogadores de ler as palavras ou frases.

ENIGMA ★

Foco: Em dramatizar uma palavra.

Descrição: Os jogadores são divididos em dois grupos, sendo que um deles sai da sala enquanto o outro escolhe um verbo a ser dramatizado. O grupo que saiu retorna e recebe uma palavra que rima com o verbo escolhido. Depois de consultar uns aos outros, os membros do grupo que retornou encenam o verbo que acreditam ser o correto. Caso estejam certos, o outro grupo aplaude, se não, devem balançar as cabeças. O grupo que adivinha continua a encenar verbos até que o correto seja descoberto, ao que este grupo escolhe um verbo para ser encenado pelo outro. Caso um grupo seja forçado a desistir, este grupo deve continuar a encenar uma nova palavra escolhida pelo outro grupo.

Variação: Um único jogador também pode ser enviado para fora da sala enquanto o grupo escolhe um verbo. Então, o jogador volta e depois que lhe for dita uma palavra que rima com o verbo escolhido, encena verbos até que adivinhe o correto.

Jogo dos Seis Nomes ★

Objetivo: Ajudar os alunos a se comunicarem rapidamente e com facilidade através de palavras.

Foco: Em nomear rapidamente seis objetos com a mesma letra inicial.

Descrição: Todos os jogadores, menos um, que fica em pé no centro, sentam-se em círculo. O jogador do centro fecha os olhos, enquanto os outros passam, um para o outro, um pequeno objeto. Quando o jogador no centro bate palmas, o jogador que foi pego com o objeto na mão deve permanecer com ele, até que o jogador no centro lhe dê uma letra do alfabeto (não deve ser feito nenhum esforço para esconder o objeto do jogador no centro). Então, o jogador que está com o objeto deve nomear seis coisas que iniciam com a letra sugerida pelo jogador no centro, enquanto o objeto dá a volta no círculo, passando de mão em mão. Caso o jogador não consiga nomeá-las enquanto o objeto dá a volta no círculo, ele troca de lugar com aquele que está no centro. Se o círculo for pequeno, o objeto pode dar duas ou três voltas.

Notas: 1. Esse jogo tradicional é útil como um aquecimento para acalmar um grupo.

2. Pode ser facilmente adaptado para necessidades curriculares quando coordenado com alguma memorização que os alunos estão exercitando: diga seis números divisíveis por quatro, seis partes do corpo, o nome de seis cidades do Brasil etc. Este jogo às vezes funciona melhor quando o professor toma a posição central.

3. Para crianças pequenas que não conhecem o alfabeto, peça para os jogadores nomearem pertences de uma determinada categoria: seis animais, seis frutas etc.

4. Para crianças muito pequenas, que não conhecem todas as correspondências entre letras/sons, peça para o jogador no centro dizer uma palavra e o jogador com o objeto dizer seis outras palavras que iniciam com o mesmo som.

Sílabas Cantadas ★

Objetivo: Dar aos jogadores um novo sentido de palavra falada.

Foco (para o jogador que sai da sala): Em perceber a palavra na cantiga.

Descrição: Os jogadores sentam-se em círculo. Um deles sai da sala enquanto os outros escolhem uma palavra, por exemplo: jabuticaba. As sílabas da palavra são distribuídas pelos jogadores no círculo. *Ja* fica com o primeiro grupo de jogadores, *bu* fica com o segundo grupo, *ti* fica com o terceiro grupo e assim por diante, até que todos os grupos tenham uma sílaba determinada. O grupo escolhe, então, uma melodia familiar (por exemplo: *Parabéns a Você* ou *Atirei o Pau no Gato* etc.). Os jogadores cantam continuamente a melodia, utilizando apenas a sílaba atribuída ao seu grupo. O jogador que saiu da sala volta para o jogo, caminha de grupo em grupo e procura compor a palavra utilizando tantas tentativas quantas forem necessárias. O jogo pode se tornar mais difícil, pedindo-se para que os jogadores troquem de lugar, depois que as sílabas forem atribuídas, dispersando, assim, os grupos. Todos os grupos devem cantar a sua sílaba a partir da mesma melodia simultaneamente.

Maria no Canto ★

Objetivo: Produzir momentos desequilibrados. Os jogadores necessitam interagir.

Foco: Em evitar tornar-se – deixar de ser – o pegador.

Descrição: O grupo todo permanece em pé em torno do perímetro do espaço de jogo, exceto um dos jogadores (a Maria), que fica em pé no centro. O lugar ocupado por cada pessoa é um "canto". O jogador do centro se aproxima de outro jogador e diz "Maria quer um canto!". A resposta à frase é "Fale com meu vizinho na porta ao lado!". O jogador que faz o papel de Maria continua este diálogo, dirigindo-se aos outros jogadores, enquanto procura ocupar um dos "cantos" deixados vagos pelos outros jogadores, cuja tarefa é trocar de lugar sem deixar que o jogador que faz Maria ocupe um dos cantos. O jogador excedente, neste caso, assume o papel de Maria.

Fulano Entra na Roda ★*

Descrição: Com as mãos dadas os jogadores formam um círculo e giram para a direita. Um dos jogadores permanece no centro e tira alguém da roda para dançar. O coro na roda canta os versos:

> Fulano entra na roda
> Tira o seu par pra dançar
> E agora, olha ele
> Ele é belo, ele é cor de canela

O jogador convidado para dançar escolhe um novo parceiro e assim por diante. Importante é dizer os nomes próprios dos jogadores convidados para dançar.

---

* O jogo tradicional americano foi substituído por este jogo tradicional brasileiro.

Pai Francisco ★*

Descrição: O ritmo da música é marcado com palmas. Com as mãos dadas os jogadores formam um círculo. Um dos jogadores permanece do lado de fora, representando o Pai Francisco. A roda canta os versos:

> Pai Francisco entrou na roda
> Tocando seu violão
> Da ra rão dão dão (bis)
> Vem de lá seu delegado
> E Pai Francisco vai pra prisão.

O jogador que ficou fora da roda aproxima-se bem da mesma, requebrando-se todo, enquanto a roda continua:

> Como ele vem
> Todo requebrado
> Parece um boneco
> Desengonçado

Então o jogador entra na roda e escolhe outro para ser o novo Pai Francisco.

---

* O jogo tradicional americano foi substituído por este jogo tradicional brasileiro

DAR E TOMAR (AQUECIMENTO) ★

Apenas um em movimento!
Continue a fluência de seu
movimento!
Pare quando outro jogador iniciar!

Objetivo: Ajudar os jogadores a estabelecer contato entre si.

Foco: Em ver e ouvir.

Descrição: Os jogadores formam um círculo. Um jogador pode iniciar um movimento. Quando este está em movimento, todos os outros jogadores devem parar (sem movimento). Qualquer jogador pode movimentar-se a qualquer momento, mas deve parar se outro jogador iniciar o movimento. Sons podem ser considerados como movimento se o grupo estiver de acordo com essa regra suplementar.

Notas: 1. "Parar!" é aqui utilizado em lugar de "Congelar!". Congelar é uma parada total enquanto parar é esperar para movimentar-se quando for possível.

2. Com crianças menores, inicie pedindo para cada criança trabalhar apenas com um movimento (por exemplo, andar).

DAR E TOMAR

Objetivo: Estar em estado de entendimento não verbal com o parceiro e, ao mesmo tempo, pronto para interagir com o outro grupo.

Foco: Em ouvir/escutar com o parceiro para saber quando dar e tomar.

Descrição: (Duas mesas, com duas cadeiras cada uma, são muito úteis para este exercício). Forme grupos de quatro. Cada grupo subdivide-se em duplas. Cada dupla (cada um sentado em uma mesa) mantém uma conversa em separado. Durante a conversa, cada dupla deve ouvir a outra de modo a saber quando dar e quando tomar o foco

Parte 1:
Mesa 1! Mesa 2 difusa!
Mantenham o relacionamento
enquanto ficam difusos!
Não congelem!
Sinta relaxamento no não
movimento!
Mesa 2! Mesa 1 fica difusa!

Parte 1: O professor anuncia "Mesa 1" e "Mesa 2" até que o jogo se torne claro para ambas as duplas. Estas devem iniciar suas conversas ao mesmo tempo. Quando a Mesa 1 é anunciada, a dupla 2 deve ficar difusa e dar foco para a dupla 1. Os jogadores devem entender que ficar difuso não é congelar. Os jogadores que estiverem na mesa fora de foco sustentam a ação, o relacionamento e a conversa silenciosamente em não movimento, mas ficam preparados para continuar ativamente quando chegar o momento de tomarem o foco novamente. Dê a instrução "Um! Dois! Etc." em ritmos variados até que as duplas compreendam. Depois siga para a parte 2.

Parte 2: Quando o ato de passar o foco para o outro grupo estiver compreendido, pede-se aos jogadores para continuarem suas conversas, dando e tomando o foco sem serem instruídos.

Parte 3: Continuando como acima, as duas duplas tentam tomar o foco uma da outra. A dupla que manter a atenção da plateia terá tomado o foco. Ambas as duplas colocam toda a energia em tomar o foco através de som, atividade etc.

Parte 4: Ambas as duplas dão e tomam o foco uma da outra, sem qualquer instrução específica.

Notas: 1. Os jogadores das duplas devem aprender a dar e tomar como se fossem um só grupo. Isto desenvolve habilidades de enviar e receber num nível não verbal.

2. Use *Dar e tomar* como instrução em outros jogos, quando os jogadores estiverem se movimentando e falando todos ao mesmo tempo, sem ouvir uns aos outros. Este jogo irá ajudar os jogadores a descobrir o foco em uma cena.

3. Veja o jogo que segue que é uma aplicação de *Dar e Tomar* com novo foco.

Parte 2:
Dê! Jogue o jogo!
Joguem como uma unidade!

Parte 3
Tomar! Tomar!
(Até que o foco seja tomado. A plateia saberá quando o foco foi tomado).

Parte 4
Por sua conta agora!
Dar e tomar!
Perceba quando dar!
Perceba quando tomar!
Jogue o jogo!

Dupla 1, vocês tiveram problemas para saber quando seus parceiros queriam dar?
Plateia, vocês poderiam dizer quando um dos membros da dupla não queria dar e o outro queria?
Jogadores, vocês tomaram o foco na parte 4, antes que a outra dupla tivesse dado?
Outra dupla, vocês concordam?
Plateia, vocês concordam?

(Apenas se necessário).
Dê quando alguém tomar!
Tome quando alguém der!
Permaneça com as palavras exatas
que estão sendo lidas em voz alta!
Apenas um jogador lê em voz alta!
Compartilhe sua voz!

A leitura em voz alta se tornou
fluente como se apenas uma única
pessoa estivesse lendo? Ou ela
foi interrompida e reiniciada e
repetida?

Focalize as cores na cena!
Focalize os sons!
Está ventando?
O céu está cinzento ou azul?
Compartilhe sua voz!
Focalize na maneira como se sente
no jogo!
Veja a si mesmo!
Intensifique o colorido!
Intensifique os odores!
Intensifique todos os estímulos
sensoriais!

A cena pareceu real? Vocês estavam
trabalhando junto com o narrador?

Dar e Tomar: Leitura

Objetivo: Ajudar os jogadores a prestar atenção total um ao
outro.

Foco: Em tomar a sua vez de ler em voz alta.

Descrição: Os jogadores são divididos em grupos com habilidades semelhantes de leitura. Lendo simultaneamente a
mesma passagem em silêncio, todos os jogadores do grupo dão a oportunidade de leitura em voz alta a qualquer
jogador que tomar a sua vez (de ler em voz alta). Apenas
um jogador por vez pode ler em voz alta. Os jogadores
tomam a oportunidade para ler em voz alta sempre que
possível. Não é permitido pular palavras ou repetir as últimas palavras daquele que leu antes.

Nota: Com todos os jogadores dando e tomando e alguns
jogadores pegando outros jogadores mesmo no meio da
palavra ou frase, esse exercício traz excitação para a leitura em voz alta.

Ver a Palavra

Objetivo: Estimular a percepção sensorial.

Foco: No evento que está sendo narrado.

Descrição: Um jogador fala sobre uma experiência pessoal
e descreve-a, como fazendo uma viajem, assistindo a um
jogo ou visitando alguém. Sem pausa, o jogador acentua
o foco de acordo com a instrução, mas não modifica deliberadamente a narrativa para buscar um novo foco.

Nota: A percepção é despertada no jogador por meio da instrução. Observe em que momento o jogador abandona a
palavra e se relaciona com a experiência. A voz se tornará
natural, o corpo irá relaxar e as palavras irão fluir. Quando o jogador não mais se esconder atrás das palavras, mas
focalizar o ambiente, a artificialidade e a voz empostada
irão desaparecer. Um evento passado tornou-se uma
experiência no tempo presente.

Fala Espelhada

Objetivo: Seguir o seguidor verbalmente, criando um diálogo.

Foco: Em refletir/espelhar as palavras de outro jogador em voz alta.

Descrição: Grupos de dois jogadores. Os jogadores permanecem um de frente para o outro, e escolhem um tema para conversar.

Parte 1: Um dos jogadores inicia a conversa em voz alta. O outro jogador reflete e espelha em voz alta as palavras do iniciador. Quando é dada a instrução "Troca!", os jogadores mudam de posição. Aquele que refletia torna-se o iniciador do discurso e fala em voz alta. As trocas devem ser feitas sem interrupção na fluência das palavras.

Parte 2: Depois de algum tempo não será mais necessário que o coordenador dê as instruções para as trocas. Os jogadores irão "seguir o seguidor" no discurso, pensando e dizendo as mesmas palavras simultaneamente, sem esforço consciente.

Notas: 1. Este jogo também pode ser realizado de forma que os jogadores espelhem o discurso um do outro em silêncio. Veja *Siga o Seguidor*.

2. A diferença entre repetir as palavras do outro e espelhar as palavras do outro deve ser percebida com o corpo todo (os sentidos) antes que o "siga o seguidor" possa acontecer. Quando o espelhamento verdadeiro acontece, o lapso de tempo entre o que inicia e o que espelha se torna muito curto, quase nada. Os jogadores se conectam um com o outro na mesma palavra e tornam-se uma mesma mente, abertos um para o outro.

3. Caso o tempo seja limitado, peça para os jogadores se reunirem em trios, sendo que um deles é o instrutor. Todos os grupos jogam ao mesmo tempo, em diferentes locais da sala.

4. Os iniciadores devem ser instruídos a evitar fazer perguntas. Caso uma pergunta seja feita, aquele que está espelhando deve refletir a pergunta, não responder.

Parte 1:

Pronuncie silenciosamente as palavras ditas pelo iniciador! Sem pausa! Sem espaço de tempo! Observe seu corpo ao espelhar a fala do parceiro! Troque o espelho! Mantenha a fluência das palavras! Troque o espelho! Perceba seu corpo ao refletir a fala de seu parceiro! Troca! Sinta suas pernas! Suas mãos! Seus ombros! Troca!

Parte 2:

Continue falando! Fique na sua! Mantenha o mesmo nível de atenção corporal! Sinta seus pés! Atenção corporal total no outro ao conversar! Ouça com seus ombros! Suas mãos! Seus dedos do pé! Compartilhe sua voz!

Jogadores, quando estavam refletindo a fala, como sentiram seus corpos?

(Para a parte 2) A resposta atenta ao corpo todo fez alguma diferença para vocês? Plateia, vocês concordam?

(Para a parte 1) Como os jogadores pareciam quando estavam espelhando a fala? E seus pés? Suas costas?

(Para a parte 2) A resposta com o corpo todo, ao conversar, fez alguma diferença na conversação mantida pelos jogadores?

**Mantenha o presente!
Verbalize os objetos que mostram o Onde!
Descreva os outros jogadores para nós!
Não emita opiniões!
Veja a si mesmo em ação!
Não dê informações!
Mantenha os objetos no espaço!
Use o diálogo quando ele aparecer!
Verbalize como suas mãos sentem a cadeira!
Não emita opiniões!
Isso é uma opinião!
Isto é um preconceito!
Uma suposição!**

Os jogadores permaneceram no Onde ou o Onde permaneceu na cabeça deles (dando informações sobre o personagem, julgamentos, opiniões, preconceitos)?
Jogadores, vocês concordam?
Havia mais coisas que poderiam ser verbalizadas?
Partes do Onde?
Partes da ação?

VERBALIZANDO O ONDE, PARTE 1

Objetivo: Tornar os jogadores mais conscientes de seu ambiente.

Foco: Em permanecer no Onde, verbalizando cada envolvimento, cada observação, cada relação dentro dele.

Descrição: Grupos de dois jogadores estabelecem Onde, Quem e O Que e sentam-se na área de jogo. Sem abandonar seus lugares, os jogadores realizam a cena verbalmente, descrevendo suas ações dentro do Onde e a sua relação com os outros jogadores. Os jogadores narram para si mesmos, não para os outros jogadores. Quando o diálogo for necessário, ele deve ser realizado diretamente com o outro jogador, interrompendo a narração. Toda verbalização é no tempo presente.

Exemplo: Jogador 1: "Amarro meu avental vermelho e branco em minha cintura e pego o livro de receitas com capa de tecido que está sobre a mesa. Sento-me à mesa e abro o livro, procurando uma receita...".

Jogador 2: "Abro a porta de tela e corro para a cozinha. Puxa, deixei a porta bater novamente! Oi, mamãe, o que tem para jantar?" (e assim por diante).

Notas: 1. Esse exercício pode ajudar a quebrar resistências e preconceitos dos jogadores.

2. Não passe para o próximo jogo (parte 2) até que os jogadores tenham compreendido o foco da parte 1 e este tenha trabalhado por eles.

3. A observação é geralmente impregnada de atitudes pessoais (passado) – ver alguma coisa por meio do faça/não faça, dos preconceitos, suposições etc., o oposto de ver simplesmente o que aí está. Apenas ver, aqui e agora, permite ao jogador, seja escrevendo ou falando, abrir portas dentro de si mesmo, que até então estavam cerradas. Permita que o invisível se torne visível. Deixe acontecer!

4. *Relatando um Incidente Acrescentando Colorido*, capítulo 15, é um excelente aquecimento para este jogo e o seguinte.

Verbalizando o Onde, Parte 2

Objetivo: Tornar visível o invisível.

Foco: Em reter a realidade física de *Verbalizando o Onde, Parte 1*.

Descrição: O mesmo grupo, depois de ter jogado *Verbalizando o Onde, Parte 1* sentado, agora se levanta e atua no mesmo evento (cena). Os jogadores não verbalizam mais suas ações como na parte 1, o diálogo é realizado apenas quando necessário.

Notas: 1. Se o foco da parte 1 do jogo tiver funcionado para os jogadores, o Onde agora deveria aparecer perceptível para todos os observadores (o invisível se torna visível).

2. Não é necessário que cada detalhe coberto pela narração faça parte da cena.

3. Se a parte narrativa desse exercício girar em torno daquilo que os jogadores estão pensando, em vez dos detalhes da realidade física ao redor dos jogadores, a parte 2 se tornará uma piada.

4. Observe a completa ausência de dramaturgia nessas cenas quando surge a improvisação verdadeira.

Mantenha o sentido físico do Onde – cheiros, cores, texturas ... comunique-o! Não conte!

Jogadores, a Verbalização do Onde, Parte 1 ajudou a dar realidade à situação em cena na Parte 2?
A atuação no evento ou cena se tornou mais fácil por causa da verbalização?
Jogadores na plateia, havia maior profundidade na atuação do evento ou cena?
Havia mais vida?
Maior envolvimento e relação?
Jogadores, vocês concordam?

CAPÍTULO 11:

Comunicando com Sons

As páginas que seguem contêm uma variedade de jogos para estimular e refinar habilidades de comunicação. Efeitos de som, blablação, percussão e som estendido agora serão acrescidos aos instrumentos de comunicação dos jogadores.

BLABLAÇÃO

Os jogos de blablação são extremamente válidos e devem ser experimentados durante as oficinas. Definido de maneira simples, blablação é a substituição de palavras por sons. Não deve ser confundida com linguagem confusa, em que palavras são invertidas ou mal pronunciadas a fim de subverter significado. Também não é um novo código como "Língua do P".

O significado de um som em blablação será compreendido somente quando o jogador se comunicar por ações, expressões ou tom de voz (é importante que o jogador descubra isto por si mesmo).

Desenvolver fluência por meio do discurso "assimbólico" traz consigo uma diminuição dos padrões das palavras que pode não acorrer facilmente para alguns jogadores. Demonstre a blablação antes de utilizá-la nos jogos.

Blablação é uma expressão vocal, acompanhando uma ação, não a tradução de uma frase em português.

Uma cena que não pode ser compreendida em blablação é muitas vezes nada mais do que piadas verbais, enredo ou verbalização no vazio. Blablação desenvolve a linguagem física, vital para a vida de cena, removendo as dependências das palavras para expressar significado.

Um professor escreveu-nos sobre sua sala de aula de ensino médio bilíngue: "As crianças estavam inquietas. Iniciei minha aula dirigindo-me a elas por meio da blablação ("Gallorusheo! Moolasay rallava plagee? Plinteetafringtion drub sicnta flu"). De repente começaram a dar muita risada. Eles não entenderam nada de minha blablação. Algumas crianças levantaram a mão. Pensei que me pediriam para explicar por que estava falando de forma tão estranha. Mas quando pedi que falassem, responderam em blablação fluente. Logo todos estavam dizendo alguma coisa. Nenhuma explicação foi necessária".

Pelo fato de a blablação substituir palavras por sons, a comunicação é colocada em um nível de experimentação direta tanto para os jogadores como para a plateia. O jogador que apresentar maior resistência à blablação geralmente é a pessoa que interage com os parceiros exclusivamente por meio da fala e mostra grande ansiedade quando lhe é pedido que permaneça em silêncio. Quando um aluno ansioso teve um *insight* na blablação, a professora observou: "Você está à vontade quando fala por blablação". Ao perguntar se também fica à vontade quando utilizava as palavras, ela pensou por um instante e depois respondeu: "Não, quando você utiliza palavras, as pessoas conhecem as palavras que está utilizando. Dessa forma, não necessita fazer nada para si!".

Blablação força o jogador a mostrar e não contar. Pelo fato de os sons serem inexpressivos, o jogador não tem como simular o significado. Ao fisicalizar o modo, o problema, a relação e o personagem tornam-se orgânicos. A tensão corporal é libertada, pois os jogadores precisam ouvir e observar com rigor se quiserem entender um ao outro.

Ideias, Termos e Frases Importantes Neste Capítulo

Comunicação não verbal: Algumas vezes, uma forma de estabelecer contato mais profundo do que o discurso (observe a redução de diálogos em bons filmes contemporâneos).

Assim como os jogos de espelho e os jogos com objeto no espaço, as séries de jogos com blablação desenvolvem a comunicação além do discurso.

Momentos de desequilíbrio: Oportunidades para ajudar os jogadores a perder atitudes de autoproteção.

Blablação! Inglês!... (ou Blablação! Português!...): Não dá tempo aos jogadores para pensar. Sem um lapso de tempo, os momentos de construção desequilibrada irão ocorrer.

BLABLAÇÃO: INTRODUÇÃO

Use tantos sons diferentes quanto possível!

Exagerem o movimento da boca!

Experimentem movimentos de mascar chiclete!

Variem o tom!

Mantenha o ritmo da fala usual!

Deixe a blablação fluir!

Objetivo: Introduzir as possibilidades da comunicação não verbal.

Foco: Em comunicar-se através da blablação.

Descrição: Blablação é a substituição de palavras por sons. A blablação é a expressão vocal que acompanha uma ação, não a tradução de uma frase em português. Peça para o grupo todo se virar para seus vizinhos e manter uma conversação como se estivessem falando uma língua desconhecida. Os jogadores devem conversar como se fizesse perfeito sentido.

Notas: 1. Antes de apresentar o conceito à sua sala, pratique a blablação com sua família ou seus amigos.

2. Mantenha a conversação até que todos participem.

3. Peça para que aqueles que ficam presos a um som monótono *dadada*, com poucos movimentos labiais, conversarem com aqueles que são mais fluentes em blablação.

4. Enquanto a maior parte do grupo ficará deliciada com sua habilidade de falar com os outros em blablação, alguns poucos ficarão presos à fala em função da comunicação e irão parecer quase paralisados, tanto física quanto vocalmente. Trate disso apenas casualmente e, em jogos teatrais com blablação subsequentes, a fluência do som e a expressão corporal se tornarão unas.

5. As séries de blablação podem ser utilizadas com uma série de outros jogos.

Havia uma variedade na blablação?

A blablação fluiu?

Foi percebido como uma conversação?

BLABLAÇÃO: ENSINAR

Objetivo: Comunicar-se sem palavras.

Foco: Em estabelecer contato.

Descrição: Grupos de três a dez jogadores. Cada grupo entra em acordo sobre Onde, Quem, O Que de forma que os jogadores estejam numa situação de ensinar/aprender.

Exemplos: 1. Quem: sala de aula do ensino fundamental, Quem: professor e alunos, O Que: aprendendo a ler; 2. uma classe de anatomia; 3. sala de aula de aeromoças (você pode querer que os alunos colaborem com as plantas-baixas como em *Jogo do Onde com Diagramas*).

Notas: 1. Ficará evidente quando a comunicação é clara e, quando, por outro lado, os jogadores assumem ou entram no lugar do outro.

2. Verbalização desnecessária ficará evidente quando há palavras incompreensíveis entre os jogadores.

3. Este jogo contém elementos de *Siga o Seguidor*.

Comunique-se com os alunos!
Alunos, trabalhem com o professor!

Os jogadores se comunicaram claramente uns com os outros?
Jogadores, vocês concordam?
Como as pessoas entendem umas às outras quando não falam a mesma língua?
Como você pediria informações, por exemplo, sobre uma rua em uma cidade japonesa?

Blablação: Vender

**Venda diretamente para nós!
Olhe para nós! Venda para nós!
Compartilhe a sua blablação!
Agora anuncie!
Anuncie para nós!**

O que estava sendo vendido ou demonstrado?
Houve variedade na blablação?
Os jogadores nos viram na plateia ou olhavam fixamente?
Houve uma diferença entre vender e anunciar?

Pense em uma situação histórica na qual as pessoas se comunicavam sem ter uma linguagem comum. Como os índios falavam com os colonizadores portugueses? Como os colonizadores explicavam de onde vieram?

Objetivo: Sentir a dificuldade em persuadir uma plateia.

Foco: Em comunicar a uma plateia.

Descrição: Um jogador, falando em blablação, vende ou demonstra alguma coisa para a plateia. Dê um ou dois minutos para cada jogador.

Notas: 1. Insista no contato direto. Se os jogadores fitam ou olham por sobre as cabeças da plateia, peça para anunciarem a sua mercadoria, até que a plateia seja realmente vista. Anunciar, tal como é feito nas feiras livres, requer contato direto com os outros.

2. Tanto a plateia como o jogador percebe a diferença quando o olhar fixo se transforma em ver. Quando isso acontece, aparece no trabalho uma profundidade maior, uma certa quietude.

3. Permita que um jogador utilize um cronômetro e informe quando o tempo de jogo está na metade e quando o jogo está no fim.

Blablação/Português

Objetivo: Criar um momento de desequilíbrio.

Foco: Na comunicação.

Descrição: Grupos de dois ou três jogadores e um instrutor. Para uma demonstração introdutória, o coordenador pode ser o instrutor. Os jogadores escolhem ou aceitam um assunto para conversar. Quando a conversa se tornar fluente em português, dê a instrução "Blablação!" e os jogadores devem mudar para a blablação até que sejam instruídos a retomar a conversa em português. A conversa deve fluir normalmente e avançar no que se refere ao sentido.

Notas: 1. *Blablação/Português* é ideal para desenvolver a habilidade de dar e receber instrução em todas as faixas etárias. Quando o jogo estiver entendido, divida o grupo em trios. Muitos grupos, cada qual com seu instrutor, podem jogar simultaneamente. Dê ao menos vinte minutos de jogo e indique a mudança de instrutor de forma que todos os membros do grupo tenham a oportunidade de ocupar a posição de instrutor.

2. Com relação à instrução, se a blablação se tornar penosa para qualquer jogador, mude imediatamente para o português durante algum tempo. Isto ajuda o jogador que está resistindo ao problema.

3. O momento de mudança deve acontecer quando os jogadores estiverem desatentos, no meio de um pensamento ou de uma frase. No momento de desequilíbrio, a fonte de novos *insights* – o intuitivo – pode ser aberta. O que estava oculto vem resgatá-lo.

4. Este e outros jogos de blablação são úteis em salas de aula bilíngues porque recriam, por meio do jogo, experiências pelas quais muitos alunos passaram.

Blablação!
Português!
Blablação!
Português!
(e assim por diante).

A conversa fluiu e teve continuidade?
A comunicação foi sempre mantida?
Jogadores, vocês concordam?

Eco

Deixem o som fluir através de cada um de vocês!
Deixe que o som desapareça lentamente na medida em que passa por vocês!
Cada linha é um corpo – um som – o eco!

Objetivo: Exploração de sons para agilidade verbal e sensorial.

Foco: Em assimilar e abaixar um som, sem deixar pará-lo.

Descrição: Dois grandes grupos. Os jogadores de um grupo ficam de pé um atrás do outro, formando uma coluna. As duas colunas ficam de frente uma para a outra como se estivessem jogando *Cabo-de-Guerra*. O primeiro jogador da coluna 1 fala uma palavra ou frase. Iniciando com o primeiro jogador da coluna 2, a palavra ou frase é repetida por cada jogador sucessivo da coluna 2, sem intervalo. Cada jogador deve assimilar a palavra ou frase e abaixar a intensidade do som, de forma que ele finalmente desapareça no final da linha. Então, o primeiro jogador da coluna 2 fala uma palavra ou frase para que a coluna 1 faça o eco e o jogo continua de um lado para outro entre as colunas como acima.

Plateia, cada jogador assimila a palavra sem fazer pausa?
O som fluiu como um eco?
Ele desapareceu como um eco?
O que o eco causa no ambiente natural?

Espelho com Som

Objetivo: Comunicar-se oralmente, mas não verbalmente.

Foco: Em espelhar os sons do parceiro.

Descrição: Duplas. Os jogadores sentam um de frente para o outro. Um jogador é o iniciador e emite sons. O outro jogador é o espelho e reflete os sons. Quando "Troca!" é anunciado, os papéis são invertidos. Aquele que refletia torna-se o iniciador e este se torna o espelho que reflete os sons do novo iniciador. Trocas constantes devem ser feitas sem pausa para não interromper a fluência do som.

Notas: 1. Os sons podem ser altos ou baixos, estendidos ou próximos. Variedade é desejável.

2. As duplas podem se reunir em diferentes lugares da sala e todos jogam este jogo simultaneamente enquanto o coordenador dá instruções a todos os grupos ao mesmo tempo.

3. Como variação, experimente o seguinte: divida o grupo em trios. O terceiro jogador torna-se o instrutor dos outros dois. A um comando do coordenador (novo instrutor), o papel de instrutor vai para um novo jogador.

4. Pode-se ouvir uma extensão desta ideia na música clássica e no jazz. Um tema ou ritmo é tocado por um instrumento e depois repetido, com variações, por outros.

Sem pausa!
Observe seu sentimento corporal/físico ao espelhar o som de seu parceiro!
Troque o espelho!
Mantenha o som em andamento!
Troca!
Troca!

Comunique-se com o outro jogador!
Não assuma nada!
Vocês não falam a mesma língua!
Comunique-se!
Não espere por interpretações!

Variação:
Dupla A, vocês falam a mesma linguagem!
Dupla B, vocês se compreendem uns aos outros!
Comuniquem-se com os estrangeiros!

O que estava acontecendo?
Onde os jogadores estavam?
Quem eles eram?
Houve comunicação direta ou vocês (os jogadores na plateia) estavam interpretando?
Jogadores, vocês concordam com a plateia?

Blablação: Língua Estrangeira

Objetivo: Comunicar-se fluentemente sem palavras.

Foco: Em comunicar-se com um outro que não fala a mesma língua.

Descrição: Duplas entram em acordo sobre Onde, Quem, O Que de forma que cada jogador fale uma língua própria, não compreendida por outro jogador. Ambos os jogadores usam apenas a blablação.

Exemplos: Pedindo um visto em um país estrangeiro; comprando alguma coisa em uma loja de roupa.

Nota: Os jogadores devem evitar a imitação do ritmo e tom de uma língua como francês, sueco ou alemão, por exemplo, ao trabalhar com a blablação.

Variação: Divida a sala em grupos de quatro e subgrupos de dois. Cada grupo de quatro jogadores decide Onde, Quem e O Que. Por exemplo, dois alunos estrangeiros solicitam informação em uma agência de turismo.

BLABLAÇÃO: INTÉRPRETE

Objetivo: Espelhar e comunicar-se com outros parceiros, usando blablação.

Foco: Em seguir o seguidor com blablação.

Descrição: Duplas. Um jogador fala uma língua estrangeira e enuncia um discurso ou conferência a uma plateia (os alunos da classe) em blablação. O segundo jogador entende a linguagem do primeiro, e é o intérprete para a plateia. O primeiro jogador espera que o intérprete traduza aquilo que havia dito para o português para a compreensão da plateia.

Variação: Grupos de três jogadores. Dois jogadores falam diferentes linguagens (ambos utilizam a blablação!). O terceiro jogador entende ambas as linguagens e atua como intérprete: o intérprete ouve o primeiro jogador e, voltando-se para o outro, traduz aquilo que foi comunicado para o português. O segundo jogador, então, responde, para a comunicação do primeiro jogador, em blablação, a qual o intérprete traduz para o primeiro jogador, usando novamente o português (os grupos podem entrar em acordo sobre Onde, Quem, O Que: uma casa comercial, uma ronda policial, contratando uma empregada, uma festa para diplomatas em visita etc.). A conversação continua entre os dois estrangeiros por meio do intérprete que fala somente português (também podem ser usados dois intérpretes).

Notas: 1. Esse exercício em blablação proporciona muito prazer para todos e foi utilizado publicamente por uma companhia de teatro de improvisação profissional.

2. Assim como outros exercícios nestas séries, este jogo é uma adaptação de outro jogo (*Siga o Seguidor*) usando a blablação. Muitas combinações como essa são possíveis.

3. Como há diálogo não verbal acontecendo, os jogadores que falam em blablação e seus intérpretes irão seguir o seguidor.

Siga o seguidor! Saiba o que está sendo comunicado!

Plateia, os intérpretes seguiram o seguidor com a blablação? Jogadores, vocês concordam?

Som Estendido

Sem palavras! Mantenham o som entre vocês!

Mantenha o corpo ereto!

Envie o soooommm!

Mantenha o som no espaço! Deixe o som aterrizar!

Estenda o sooommm!

Câmeeeeera leentaa!

Acelere o máximo que puder!

Velocidade normal!

Mantenha o espaço entre vocês!

Sooommmm eeestendiiiiidoo!

Dar e tomar!

Variação:

Aumente a distância!

Os jogadores mantiveram o som no espaço entre eles?

O som aterrizou?

Os jogadores deram e tomaram?

Objetivo: Intensificar e estender a experiência teatral, mostrando que o som (diálogo) ocupa espaço.

Foco: Em manter o som no espaço entre os jogadores e deixar que ele atinja o parceiro.

Descrição: Dois ou mais jogadores sentados a certa distância.

1.Todos os jogadores enviam um som para todos os outros jogadores.

2.Cada jogador envia um som para cada parceiro.

3.Dar e tomar, enviando um som para os parceiros de jogo.

Nota: Este jogo é útil durante os primeiros ensaios de um período de ensaios de uma produção.

CAPÍTULO 12:

Jogos de Estímulo Múltiplo

Os jogadores se tornam ágeis e alertas, prontos para enfrentar o novo ao responder a muitos acontecimentos simultaneamente.

Para sobreviver em nossa sociedade complexa, os indivíduos precisam lidar, integrar e trabalhar com uma variedade de dados incompletos. Seja dirigindo um carro ou apenas atravessando uma avenida, a atenção precisa estar necessariamente dividida. Ao mesmo tempo, tudo deve estar simultaneamente integrado, coordenado e selecionado para manter a harmonia, a unidade, o bem-estar e a segurança.

Embora a maioria dos jogos automaticamente envolva a manipulação de estímulos múltiplos, jogos específicos, particularmente, intensificam habilidades nesta área. Todos os jogos seguintes exigem que o aluno se torne mais receptivo e responda a muitos estímulos simultaneamente. Você poderá achar que estes jogos criam ansiedade nos jogadores, mas isto não acontecerá se praticados com espírito de aventura. Os jogadores irão construir uma capacidade crescente para lidar com uma multiplicidade de fenômenos. A instrução é responsável por manter o espírito de aventura que opera nestes jogos.

Frases Importantes neste Capítulo

"Dar e tomar!": Como *Siga o Seguidor*, sincroniza os jogadores quando enunciada com sucesso.

"Duas Cenas!": Cria dois centros, desvanece confusão.

Quanto Você Lembra?

Objetivo: Concentrar-se em duas atividades ao mesmo tempo.

Foco: Em ler e ouvir ao mesmo tempo.

Descrição: Forme duplas – um leitor e um locutor. O leitor começa a ler silenciosamente alguma história ou artigo de um livro ou revista, enquanto o locutor relata diretamente para o leitor algum incidente ou experiência vivida. O leitor deve focar tanto para o que está lendo como para aquilo que o falante está lhe contando. Antes de trocar os papéis, o leitor conta para o locutor o que leu e ouviu.

Notas: 1. Esse exercício pode ser feito com pares, trabalhando-se simultânea ou individualmente.

2. Para jogadores inexperientes, sugere-se que o assunto da leitura seja leve e razoavelmente fácil, tornando-se mais difícil e técnico na medida em que os jogadores adquiram confiança e habilidade.

(Para o leitor): você consegue se lembrar de tudo o que seu parceiro disse? Você consegue lembrar-se mais daquilo que leu ou daquilo que seu parceiro estava contando?

Conversação em Três Vias

Objetivo: Desenvolver alerta para informações vindas a partir de estímulos múltiplos.

Foco: Para o jogador do centro, manter simultaneamente duas conversas – em falar com um jogador enquanto ouve o outro. Para os jogadores das pontas, em manter uma única conversação com o jogador que está no centro.

Descrição: Três jogadores sentados. Um jogador (A) é o centro, os outros (B e C) sentam-se em cada lado de A.

lado	centro	lado
B	A	B

Os jogadores de cada lado (B e C) escolhem um tema e envolvem o jogador do centro em uma conversa como se o jogador do outro lado não existisse. O jogador do centro deve conversar com ambos os lados, fluentemente em ambas as conversas (respondendo e iniciando quando necessário),

Fale e ouça ao mesmo tempo!
Continue falando!
Jogue o jogo!
Deixe que as conversações prossigam livremente!
Compartilhe sua voz! Tome o seu tempo!
Não faça perguntas!
Não dê informações!
Não se volte para um parceiro até que esteja realmente se dirigindo a ele!
Fale e ouça ao mesmo tempo!

sem excluir nenhum dos dois jogadores. De fato, o jogador do centro mantém uma conversa com dois assuntos. E os jogadores dos dois lados conversam apenas com o jogador do centro (A). Não deve ser feita nenhuma tentativa de ouvir ou entrar na conversa do jogador do outro lado. Faça rodízio, até que todos tenham sido o jogador do centro. Para manter o desafio, perguntas simples como "O que você acha de...?" ou "Você gosta de...?" devem ser evitadas.

Notas: 1. Faça rodízio com os jogadores, e dê a instrução "Próximo!". Novos jogadores, um de cada vez, levantam-se e sentam-se em um dos lados, empurrando o jogador que estava ali para o centro, o do centro para o lado oposto e o jogador que estava do outro lado para fora do jogo*.

2. O jogador do centro não apenas responde para os jogadores que estão nas extremidades como também pode iniciar a conversação.

3. Perguntas simples sobre opiniões pessoais e informação são desencorajadas, já que elas criam um espaço de tempo para o jogador do centro, o que gera duas conversações separadas em vez de duas conversações a serem mantidas simultaneamente.

Os jogadores evitaram fazer perguntas?

O jogador A parou de ouvir um dos jogadores enquanto estava falando com o outro?

Os jogadores dos lados entraram na conversa um do outro?

O jogador do centro também deu início à conversa?

---

*. Quando o tempo é limitado, divida o grupo em jogadores e plateia. Então subdivida os jogadores em grupos de três. Todos os grupos se espalham e ocupam o espaço da área de jogo para praticar *Conversação em Três Vias* simultaneamente, sendo que os jogadores na plateia reúnem-se em torno de cada grupo para observar e fazer avaliações. Na metade do tempo, troque os grupos.

Escrever em Três Vias

Um! Três! Dois! Um! Dois! Três! Não faça pausa para terminar a frase! Vá direto para a outra coluna! Continue escrevendo! Não force para escrever corretamente as palavras! Não force em fazer letra bonita!

Objetivo: Aprender a concentrar-se em diversas coisas ao mesmo tempo.

Foco: Em escrever simultaneamente sobre três assuntos diferentes.

Descrição: Grupo todo, sentado em mesas ou carteiras. Cada jogador divide um pedaço grande de papel em três colunas, marcando 1, 2 e 3, respectivamente, com o nome de um assunto diferente no alto de cada coluna. Quando o instrutor fala o número de determinada coluna, o jogador imediatamente (sem pausa) começa a escrever sobre o assunto daquela coluna. Quando o número de outra coluna é chamado, o jogador para (mesmo que no meio da palavra) e imediatamente começa a escrever sobre o assunto daquela coluna. O coordenador deve alternar as colunas fortuitamente e, quando o jogo tiver terminado, o jogador deve possuir um papel com três diferentes ensaios ou histórias, ainda que não necessariamente completas.

Notas: 1. *Escrever em Três Vias* deve produzir crises ou um momento de desequilíbrio no qual o organismo só pode responder de imediato e com liberdade.

2. Você verá que esse jogo é ótimo para incorporar necessidades curriculares: escolhendo três tópicos que os alunos estão aprendendo, peça para que escrevam sobre esses temas.

3. Ao iniciar o trabalho com esse exercício, procure não apressar os alunos, mas também não vá de forma muito lenta a ponto de abrir espaços de tempo através dos quais os medos de escrever e soletrar se tornam censores do conteúdo. Depois de terminado o tempo do jogo, é possível dar um tempo adicional para fazer a edição de ortografia e reescrever com letra caprichada os produtos finais.

Variação: No jogo *Desenhar Objetos em Três Vias* os jogadores fazem desenhos em uma das colunas, sobre um dos tópicos. A cada vez que aquela coluna é chamada, eles fazem desenhos. As outras duas colunas continuam sendo utilizadas para escrever.

Jogo do Desenho de Objetos

Comunique!
Continue desenhando!
Esse não é um jogo!

Objetivo: Comunicar rapidamente um objeto por meio do desenho.

Foco: Em comunicar-se por meio de imagens.

Descrição: Divida a sala em dois grupos, formando duplas. Cada grupo deve ficar a uma distância igual do coordenador, que preparou uma lista de objetos. Cada grupo envia um jogador até o coordenador, que mostra aos jogadores de cada grupo a mesma palavra simultaneamente. Caso o grupo seja analfabeto, o coordenador cochicha a palavra para cada jogador. Os jogadores voltam correndo até seus respectivos grupos e comunicam a palavra desenhando o objeto para que seus parceiros possam identificá-lo. O primeiro grupo a identificar e falar em voz alta o nome do objeto ganha um ponto. Continue com um novo jogador de cada grupo e uma nova palavra até que todos os jogadores tenham tido a oportunidade de desenhar um objeto.

Notas: 1. A habilidade para desenhar não é importante desde que esse jogo implica em seletividade espontânea, que mostra quais alunos são capazes de transmitir rapidamente uma comunicação. Artistas no grupo terão muitas vezes dificuldades.

2. Os desenhos podem ser feitos na lousa com giz ou em rolos de papel com *crayon*.

3. Você notará que os pontos e a competição não serão importantes diante da excitação provocada pelo jogo.

4. Todas as faixas etárias adoram esse jogo. De tempos em tempos, permita que seus alunos tragam suas próprias listas e conduzam os jogos.

5. Em muitas civilizações, como na China ou no Egito antigo, os sistemas de escrita foram desenvolvidos de tal forma que cada palavra era representada por uma imagem. Ao jogarem este jogo os alunos imaginam estar inventando uma escrita.

Variação (para jogadores avançados): Use palavras abstratas (alegria, melancolia, triunfo, generosidade, energia etc.) Sinônimos contam como identificação correta.

CAPÍTULO 13:

MARIONETES

JOGANDO COM PARTES DO CORPO

Estes jogos são destinados a desenvolver um maior uso orgânico e integrado de pés e pernas. Também se constituem como introdutórios naturais para jogos de marionetes e teatro de sombra. Para realizar uma apresentação de marionetes em tempo curto de ensaio, peça para seus alunos realizarem o exercício *Apenas Mãos*. Depois disso, peça que façam o mesmo jogo com as meias nas mãos. As meias podem ser complementadas com cabelo, orelhas, barbas, chapéus ou o que for que intrigue os jogadores.

Caso queira realizar mais teatro de marionetes com seus atuantes, há muito material acessível em bibliotecas e livrarias sobre a história e a construção de teatro de bonecos (Ver Bibliografia B). Desde o mais simples boneco descrito acima, boneco de vara ou de sombra, até as sofisticadas marionetes de teatro Bunraku japonês, a introdução do teatro de marionetes na sala de aula pode ser muito produtiva, expandindo as noções dos alunos sobre a natureza do teatro.

Quando os jogadores solucionam os problemas de mostrar Onde, Quem e O Que com os pés, as mãos, ou apenas as costas eles terão percorrido um longo caminho no sentido de descobrir a utilização do foco com marionetes.

UMA RÁPIDA CORTINA NA SALA DE AULA

Uma cortina, tela ou pano é necessário para estes jogos*, devendo ser pendurada a uma altura que mostre os pés e as pernas dos jogadores ou – ao jogar *Apenas Mãos* – abaixada de forma que os atuantes possam erguer suas mãos sobre ela (também é possível jogar *Apenas Mãos* cortando fendas na cortina e pedindo que os atuantes passem suas mãos através delas).

Dois ganchos devem ser presos nas paredes, equidistantes a um canto. Devem ter a altura de dois metros acima do solo. Ligue-os por meio de uma corda ou arame (encerar a corda irá ajudar a mover a cortina com maior facilidade). Com um número adequado de lençóis costurados um ao outro, e complementados no alto com argolas de cortina simples, até mesmo o professor menos prendado nesta parte técnica pode criar uma cortina de fundo de cenário para o exercício das oficinas de jogos teatrais.

Esta mesma cortina, erguendo-se a parte de baixo, pode ser usada para *Apenas Pés e Pernas*. Dois ganchos adicionais, colocados a um ou dois metros próximos do chão, podem ser usados para pendurar a cortina mais abaixo, criando um palco visual para os jogos com bonecos e *Apenas Mãos* (ao determinar a altura da cortina para os bonecos, considere a posição dos atuantes que poderão realizar a apresentação de joelhos ou em pé).

A mesma cortina, quando iluminada com uma luz forte, pode tornar-se a tela de sombra para outros jogos. Assegure-se de que há espaço atrás da tela para os atuantes e seus bonecos na sombra.

---

*. Também é necessária para *Tela de Televisão* e *Tela de Sombra* que seguem.

PÉS E PERNAS N.1

Objetivo: Descobrir as possibilidades de comunicação apenas por meio de uma parte do corpo.

Foco: Em mostrar Quem e O Que e/ou atitude apenas por meio dos pés.

Descrição: Um por vez, cada jogador deve mostrar, sem falar, seja um Quem, um O Que ou atitude (impaciência, pesar etc.) usando apenas os pés e as pernas.

Notas: 1. Esse exercício, como outros que isolam as partes do corpo, ajudam os jogadores a fisicalizar a instrução utilizada em muitos desses jogos teatrais:

Sinta a raiva com os rins!

Ouça o som com as pontas dos dedos!

Sinta o gosto da comida descendo até os dedões do pé!

2. A frase "Veja com os dedões do pé!", por exemplo, ajuda os jogadores a transcender conceitos cerebrais de percepção e restabelecer a percepção com o organismo como um todo.

3. Os alunos podem ficar frustrados pelas limitações propostas por este jogo. Pode-se alertar que todas as artes cênicas delimitam a ampla escala do comportamento humano. Via de regra, cantores de ópera não dançam. Bailarinos não cantam ou falam em cena. Os esportes também delimitam os campos de atuação. O que aconteceria se um jogador de tênis jogasse com uma bola de futebol ou um futebolista jogasse com um tenista? O que aconteceria se um jogador de futebol levasse uma raquete de tênis para o campo?

Mostre quem você é com os dedões do pé!
Coloque toda energia em seus pés!
Não podemos ver seu rosto!
Coloque toda emoção em seus pés!

Qual atitude foi comunicada?
O que o jogador estava fazendo?
Os pés e as pernas mostraram ou contaram?
A expressão poderia ter sido mais forte?
Mais variada?

Pés e Pernas n.2

Intensifique!
Mostre-nos o que está acontecendo com os pés!

Objetivo: Colaborar com outro atuante, comunicando algo para uma plateia a despeito de movimento restrito.

Foco: Em comunicar apenas com os pés e as pernas.

Descrição: Uma tela ou cortina é montada como no jogo anterior. Dois jogadores escolhem um Onde, Quem e O Que. Não deve haver diálogo. Relacionamentos, emoções, Onde etc. devem ser comunicados apenas com os pés.

Exemplos: Jovens amantes em um banco no parque ou vendo um filme, uma mãe recusando um vendedor na porta.

Notas: 1. O número de jogadores pode ser aumentado quando o problema tiver sido solucionado em duplas.

2. Encoraje os jogadores a trabalharem descalços quando possível. Sabendo que seus pés estão expostos, os jogadores irão trabalhar com maior intencionalidade.

Quem eram os jogadores?
Onde estavam?
Que idade tinham?
A comunicação foi clara?
Havia variedade de movimentos?

Apenas Mãos

Objetivo: Isolar as mãos como instrumento expressivo do corpo.

Foco: Em mostrar Onde, Quem e O Que apenas por meio das mãos.

Descrição: Grupos de dois ou mais jogadores entram em acordo sobre Onde, Quem e O Que, os quais devem ser comunicados para a plateia apenas por meio das mãos.

Notas: 1. Os jogadores podem ficar escondidos da plateia, de forma que apenas as mãos e os braços sejam visíveis. Um palco de bonecos ou mesa com cortina é suficiente.

2. Para o jogo de sombras, um projetor de luz contra uma parede ou telão também podem ser usados, para que apareçam as silhuetas das mãos dos jogadores.

3. Adereços reais podem ser usados, mas não são essenciais.

4. A tendência para planejar uma história é forte nesse jogo. Os jogadores devem ser lembrados de deixar que o foco trabalhe por eles.

5. Alunos mais velhos podem se interessar se você mostrar que muitas formas de teatro propõem restrições ao atuante. Na tragédia grega e no Kabuki japonês os atores escondem os rostos com máscaras. O teatro de marionetes balinês (mostre-lhes uma fotografia se possível) é uma forma de arte altamente desenvolvida. O público aceita estas convenções rapidamente. Por exemplo, para operar um único boneco do Bunraku japonês há necessidade de três homens. Nenhum palco de marionetes esconde seus corpos. Ainda assim, depois de poucos minutos, todos os olhos se voltam apenas para o boneco.

Ria com os dedos!
Esfregue as mãos, não os ombros!
Ponha toda energia na ponta dos dedos!
Deixe que o foco nas mãos o movimente!
Deixe que sua face fique sem movimento!

Qual era o Onde, Quem, O Que dos jogadores?
Eles mostraram com as mãos?
Jogadores, vocês planejaram a história ou ela cresceu a partir do envolvimento com o Onde, Quem e O Que?
As mãos comunicaram sentimentos, idade, relacionamentos etc.?

Exercício Para as Costas

Mostre o sentimento com as costas! Não com o rosto!

Objetivo: Comunicar com o corpo todo.

Foco: Em mostrar um sentimento e/ou atitude com as costas.

Descrição: Um jogador escolhe uma atividade que exige estar sentado de costas para a plateia como, por exemplo, tocar piano, fazer lição de casa escrever uma carta etc. O jogador deve comunicar o sentimento e/ou atitude apenas com as costas.

Nota: Introduza este jogo pedindo para que dois jogadores fiquem de pé diante do grupo. Um olha de frente, o outro fica de costas para a plateia. Peça para o grupo listar as partes do corpo que podem ser usadas para comunicar. Peça para os jogadores movimentarem as partes nomeadas. De frente: testa, sobrancelhas, olhos, bochechas, nariz, boca, queixo, língua, dentes, ombros, peito, estômago, mãos e pés, joelhos etc. De costas: cabeça (partes imóveis), ombros, tronco (massa sólida), braços e mãos (movimentos limitados), cintura, calcanhares, costas das pernas (comparavelmente imóveis). Compare o número de partes móveis (comunicativas) do corpo quando estão de frente e de costas para a plateia.

O jogador mostrou com as costas?
Poderia ter havido maior variedade de movimento?
Ele comunicou
Quem ele era?
A idade?

Envolvimento Com o Corpo Todo

Objetivo: Testar (e demonstrar) a efetividade de jogos que focalizam partes do corpo.

Foco: No envolvimento da cabeça aos pés, com o corpo todo.

Descrição: Após qualquer jogo ou séries de jogos usando uma parte do corpo, divida o grupo. Jogue qualquer um dos jogos com Parte de um Todo acrescentando Onde/ Quem/ O Que. Esta instrução enfatiza outro aspecto do jogo.

Exemplos: Para Onde sugira um navio de pirata submerso que é visitado por mergulhadores. Para O Que experimente formigas removendo um granulo da boca de um formigueiro, uma nave espacial além do ponto de gravidade, trabalhando em um lava rápido para carros, inventando uma cura para gripe em um laboratório etc.

Notas: 1. Muitos maneirismos terão desaparecido. Por exemplo, jogadores que previamente faziam caretas irão perder esta limitação, em função destes exercícios.

2. O Onde/ Quem/ O Que pode ser idealmente tomado de algo que está sendo estudado em outra área de estudo.

MARIONETES

Movimente seu queixo como uma marionete! Os cotovelos! Joelhos! Sentados! Caminhando! Façam gestos como marionetes! Trabalhem junto com os parceiros!

Objetivo: Descobrir o amplo leque de possibilidades de expressão da marionete.

Foco: Em movimentar-se como marionetes.

Descrição: Dois ou mais jogadores em cada grupo entram em acordo sobre Onde, Quem, O Que. Os jogadores devem movimentar suas articulações e o corpo todo como se fossem marionetes. Onde, Quem, O Que não precisam estar ligados ao tema das marionetes. Por exemplo: um rapaz encontra uma garota num primeiro encontro.

Notas: 1. Onde, Quem e O Que não necessitam estar ligados ao tema de bonecos. Movimentos parecidos com os de bonecos são apenas o foco do jogo.

Os jogadores fizeram movimentos iguais aos de bonecos o tempo todo? Jogadores, vocês concordam?

2. Caso não seja possível fazer uma demonstração com um boneco real, reserve um tempo para uma rápida discussão sobre esse tipo de movimento antes de jogar.

3. Crianças mais jovens adoram este jogo.

PARTES DO CORPO – CENA COMPLETA

Mantenha o foco nas mãos, pés, costas (parte do corpo dada)! **Mostre com a parte do corpo** (a parte dada como foco)!

Objetivo: Desenvolver a facilidade em focalizar diferentes áreas do corpo como instrumento expressivo.

Foco: Nas partes do corpo (dadas pela instrução) dentro do Onde, Quem e O Que.

Descrição: Grupos de três ou quatro jogadores entram em acordo sobre Onde, Quem e O Que. Por vez, antes de entrar em cena, cada grupo recebe uma parte do corpo que deve ser focalizada. Os jogadores devem permitir que o foco naquela parte do corpo movimente-os pelo Onde, Quem e O Que, totalmente visíveis para os jogadores na plateia.

Os jogadores deixaram que o foco os movimentasse ou eles apenas acrescentaram a parte do corpo ao Onde, Quem e O Que? Jogadores, vocês concordam? O foco nas partes do corpo trouxe maior espontaneidade para o trabalho dos jogadores? Jogadores, manter o foco deu maior liberdade de resposta?

Notas: 1. Observe que muitos maneirismos irão desaparecer após essa série de exercícios. Por exemplo, jogadores que antes faziam caretas, em muitos casos, irão abandonar essa muleta como resultado desses exercícios.

2. Jogue este jogo depois que os alunos estiverem familiarizados com todos os jogos anteriores que isolam o movimento.

CAPÍTULO 14:

Jogando com Rádio, Televisão e Filme

O teatro de marionetes limita os instrumentos de expressão para determinadas partes do corpo (ver o capítulo anterior). Rádio e televisão impõem outras limitações. Filmes têm menos restrições, mas utilizam certas convenções para veicular ideias, desenvolver personagens e expressar atitudes.

Os exercícios seguintes não visam treinar os atuantes especificamente para estas mídias, mas sim focalizar as energias dentro das limitações de cada um deles. Os jogos de televisão restringem os atuantes a utilizar a parte de cima de seus corpos. Nos jogos de rádio os jogadores trabalham no problema da utilização apenas da voz para comunicar-se com a plateia. Eles devem estar aptos para selecionar aqueles elementos que irão permitir que a plateia veja a história "por meio de seus ouvidos". Outros jogos mostram a importância vital do equipamento de som, montagem etc. em televisão e filmes.

Nos jogos de rádio, as cenas acontecem atrás da cortina, já que estamos preocupados apenas com a voz. Caso não haja cortina, a plateia pode virar as costas para a área de jogo. Cada improvisação deve ter um ou dois jogadores que apenas abrem e fecham portas, movem cadeiras, tocam campainhas, fazem o som do vento etc. Efeitos de som não devem ser planejados, assim como o diálogo.

O foco desses jogos é mostrar Onde/ Quem/ O Que apenas por meio da voz (sem contar).

Um microfone e/ou amplificador são úteis para os jogos de rádio. Ainda mais importante é organizar uma mesa de som com sinos, campainha, uma porta, uma caixa com vidro quebrado, jornal, giz e lousa, um som etc. Você sempre encontrará um grupo de alunos que são hábeis em produzir efeitos de sons vocais.

Para um trabalho preliminar em todas as mídias, é recomendável uma breve discussão sobre rádio (a mais limitada das formas) para que os alunos possam esclarecer dúvidas sobre o que irão realizar. O problema de mostrar e não contar por meio dessa mídia é mais desafiador do que com televisão.

"Quando você ouve uma história no rádio, o que acontece?".

A resposta será eventualmente: "O ouvinte vê a história".

"E quando você faz uma peça no rádio, o que está tentando fazer?".

"Fazer com que a plateia veja a história em sua mente".

"Como pode ser mostrada uma sala de aula apenas com a utilização do som e da voz?".

"Fazendo sons que se ouvem em uma sala de aula".

"Dê mais exemplos".

"O giz poderia chiar na lousa. Alguém poderia usar o apontador de lápis". "Algumas carteiras poderiam ser empurradas". "Toca o sinal do lanche".

"Como podemos mostrar em um show de televisão ou em um filme que uma mulher e um menino são mãe e filho?".

"O menino poderia entrar e dizer – Oi... eu já voltei do mercado. Posso sair agora para brincar?".

Uma discussão irá estimular os jogadores a encontrar muitos sons especialmente pertinentes em uma sala de aula, cozinha ou sala.

RÁDIO

Objetivo: Aprender a selecionar aquilo que ajudará a plateia a experienciar a história "por meio de seus ouvidos".

Foco: Em mostrar Quem apenas por meio da voz e do som.

Descrição: Três ou mais jogadores entram em acordo sobre Quem. Cada atuante faz uma lista de características que ele vai procurar comunicar: idade, peso, temperamento, atitude etc. Os jogadores improvisam a cena apenas com a voz e os efeitos de som. Os jogadores na plateia devem fazer a sua própria lista de características na medida em que a ação progride. Quando o jogo termina, as listas são comparadas.

Notas: 1. Previna os atuantes sobre não assumirem o papel de narrador. Quando os alunos se esforçam em mostrar Onde e Quem, a narração não é necessária.

2. O foco pode ser mudado para mostrar Onde. Neste caso, a caracterização individual será menos importante e os sons de fundo serão mais elaborados.

3. Os exercícios de rádio e televisão não visam treinar o atuante especificamente para o rádio e a televisão, mas sim focar as suas energias dentro dos limites de cada mídia. *Rádio* deve ser jogado periodicamente para ajudar a solucionar problemas de atuação e história na produção.

Plateia, os atores nos mostraram Onde e Quem apenas através do som e da voz?

Coro Grego

Objetivo: Manter a ação de cena vocalmente.

Descrição: Escolha um jogo tradicional e peça para o coro cantar os versos que são interpretados pelos atuantes. Uma parte do coro também pode realizar efeitos de som como vento, pássaros etc.

Exemplos: Senhora Dona Sancha, Pai Francisco.

Nota: O coro grego clássico também dançava enquanto cantava e comentava a ação da peça.

Efeitos Sonoros vocais

Objetivo: Criar um ambiente utilizando sons.

Foco: Em tornar-se o ambiente (Onde) apenas por meio dos sons.

Descrição: Grupos de quatro a seis jogadores estabelecem o Onde e reúnem-se em torno de um microfone. Utilizando o som como uma parte de um todo, os jogadores tornam-se o ambiente escolhido (uma estação de trem, selva, porto etc.). Por não haver ações em cena, os jogadores podem estar fora da visão da plateia ou a plateia poderá fechar os olhos (caso esteja sendo utilizado um gravador, os jogadores podem permanecer à vista da plateia).

Notas: 1. O microfone deve ser erguido para o locutor e protegido com um pano contra os ruídos.

2. Uma gravação do trabalho de cada grupo tocada durante a avaliação ajuda a todos. Quando os jogadores reconhecem sua contribuição como parte do todo, o resultado é uma grande dose de entusiasmo.

3. Deixe que utilizem papel celofane para o crepitar do fogo, um canudinho num copo de água para reproduzir o som de água corrente etc. Estimule a variedade.

4. Este jogo (assim como *Leitura Coral*) é destinado para ser utilizado em uma sala de aula com microfone, embora também possa ser realizado sem microfone.

(Normalmente não é necessário)
**O som é seu parceiro de jogo!
Traga o Onde para dentro do espaço!
Dê ao som o seu lugar no espaço!
Cada som é parte do todo!**

Onde estavam os jogadores?
O Onde estava no espaço ou na cabeça dos jogadores?
Jogadores, vocês concordam?
(Pergunte para cada indivíduo)
Você era uma parte do todo?

Veneno ★

Objetivo: Tornar os atuantes atentos para a música.

Foco: Na música.

Descrição: Um piano ou som é adequado para fornecer a música. Os jogadores ficam em pé no círculo e passam um objeto de um para o outro enquanto a música toca. Aquele que estiver com o objeto quando a música parar é "envenenado" e sai do jogo. No entanto, o jogador "envenenado" pode tentar permanecer no jogo, passando o objeto para o próximo jogador, mesmo depois que a música for interrompida. Se o próximo jogador segurar o objeto, sai do jogo. Caso o grupo seja grande, quatro ou cinco objetos podem ser introduzidos em diferentes lugares do círculo para fazer com que o jogo aconteça com maior rapidez. Quando o círculo é reduzido a dez ou quinze jogadores, todos, menos um dos objetos, podem ser retirados.

Variação: Caso não haja piano ou som, o professor pode cantar uma música simples e familiar, virando de costas para os jogadores no círculo. O professor interrompe o canto abruptamente. Aquele que foi pego com o objeto agora se torna o condutor. O professor, por sua vez, se torna a orquestra. Agora o professor pode olhar para os jogadores que estão no círculo, enquanto o jogador "envenenado" canta, sem olhar para os jogadores no círculo. Cada novo condutor pode mudar a música. O condutor, por sua vez, interrompe o canto abruptamente. O jogador que for pego torna-se o condutor, e o condutor anterior se junta à orquestra. O jogo continua até que reste apenas um jogador.

Notas: 1. As crianças gostam de ser os cantadores. A variação deste jogo remove o sentimento de ter falhado ao ser pego e cria envolvimento total.

2. Este jogo tradicional é um jogo introdutório ideal para outros jogos que exigem um coro, como *Leitura Coral*.

Tela de Televisão

Objetivo: Para a plateia – introduzir os alunos às convenções da televisão.

Foco: Para os jogadores – na agilidade na troca de personagens, figurinos e conteúdo.

Descrição: Faça uma abertura grande em uma caixa de papelão ou construa uma tela de TV enorme dentro da qual os atuantes possam trabalhar. Organize uma vara com figurinos e uma mesa com adereços. Um grupo será composto de atuantes e o outro será a família (plateia). Os atuantes vão para detrás da tela. Os membros da família permanecem sentados em uma "sala", olhando para a tela, em torno da qual se reuniram. Cada membro da família enuncia o seu programa preferido, vai até a tela de TV e "liga o botão". Os atuantes devem mostrar o programa escolhido. Este jogo pode tornar-se mais divertido (e mais difícil) se os membros da família sussurrarem o nome do programa para os atores e o resto da família for obrigado a adivinhar qual é o programa. A família pode "mudar de canal" ou pedir um novo programa a qualquer momento. Os atuantes nunca sabem quando vão sair de cena.

Notas: 1. A parte técnica deve ser muito bem organizada, de forma que os atores de TV possam utilizar seus figurinos e adereços.

2. Depois de um tempo, troque os grupos para que todos os atuantes tenham a oportunidade de ser tanto atores como família.

3. As cenas, em sua maior parte, estarão centradas em momentos de programas de TV correntes.

4. O maior valor deste jogo é dar continuidade às discussões que aparecem a partir das questões para avaliação.

Plateia, como os atores fizeram com que vocês soubessem qual programa estavam assistindo? Eles mostraram quem eles eram com o corpo todo? Vocês conseguiram ver mais do que o rosto dos atores?

Como aparece a maior parte das pessoas na tela?

Como eles mostraram Onde estavam?

O horário do dia?

O tempo?

Você sempre sabe a hora do dia e a temperatura em um programa de TV?

Jogadores, vocês se sentiram intimidados pelo tamanho da tela? Em qual parte do corpo estava o seu foco?

Tela de Sombra (Montagem)

Objetivo: Explorar aquilo que pode ser comunicado apenas por meio da ação física (gesto).

Foco: Em trabalhar com as limitações impostas pela tela.

Descrição: O mesmo grupo que trabalhou com *Tela de Televisão*. Monte uma tela grande para sombra com três por três metros (veja a descrição em *Marionetes*). Tenha à mão um varal de figurino bem equipado e um caixote cheio de adereços. Neste jogo, os atuantes vão para detrás da tela e representam cenas da mesma forma como em *Tela de Televisão*, mas a família vê apenas as suas silhuetas. Quando os atores e a plateia se sentirem confortáveis com as limitações, peça que continuem jogando sem diálogo.

Notas: 1. Da mesma forma como no jogo anterior, o valor deste está na discussão provocada pelas perguntas durante a avaliação.

2. Os alunos podem não ter assistido a muitos espetáculos de sombra, mas eles talvez lhes sejam familiares à fotomontagem comumente usada em filmes de façanhas que utilizam ação, cenário e nenhum diálogo para contar a história.

Plateia, como vocês sabiam o que estava acontecendo?

O diálogo ajudou?

Era necessário?

Vocês viram alguma ação que não entenderam?

Jogadores, o que vocês estavam mostrando?

Plateia, como a ação poderia ter se tornado mais clara?

Vocês sempre ouvem atores falando no cinema?

Quando os atores no cinema não falam, como você sabe o que eles estão pensando?

Como você sabe o que eles querem? O que eles necessitam?

Siga o seguidor!
Não queira conduzir a cena!
**Jogadores em cena, não se
adiantem aos efeitos de som!**
**Efeitos de som, não se adiantem
aos jogadores!**
Siga o iniciador!
Siga o seguidor com o som!

Plateia, os efeitos de som e a atividade de cena formavam um todo?
Jogadores, vocês concordam?
Os efeitos de som contribuíram com a cena?
Como os efeitos de som são trabalhados em filmes e na televisão?
O que a música de fundo nos conta?

MESA DE SOM

Objetivo: Estabelecer um ambiente que acompanha a cena.

Foco: Em seguir o seguidor com efeitos de som.

Descrição: Grupos de seis ou mais jogadores entram em acordo sobre Onde, Quem e O Que. Metade do grupo irá atuar em cena, a outra metade deve ser reunida em um pequeno grupo e fazer todos os efeitos de som necessários para o jogo (caso seja possível ter um pequeno microfone, os jogadores podem utilizá-lo). Os jogadores em cena mantêm seu próprio diálogo. Os jogadores devem deixar que os efeitos de som e a atividade de cena fiquem conectados pelo seguindo o seguidor.

Notas: 1. Deixe que o grupo todo experimente tanto a posição em cena como os efeitos de som.

2. Você verá que seus alunos são muito versáteis com o equipamento vocal humano, produzindo uma variedade de efeitos de som. Portas são fechadas, um carro dá a partida, pessoas caminham, correm, batem em portas, o vento assopra, vidros são quebrados. A lista é infinita. Aquilo que for necessário para a ação de cena irá emergir.

Leitura Coral

Objetivo: Dar apoio para a ação de cena com sons ou outros efeitos.

Foco: Coro – em seguir o condutor; jogadores – em estabelecer Onde, Quem e O Que seguindo o seguidor; condutor – em manter a conexão entre o coro e os jogadores em constante progressão.

Descrição: Um grupo grande entra em acordo sobre Onde, Quem e O Que, sendo subdividido em três seções: os jogadores em cena, um condutor e um grupo que forma o coro. O grupo coral permanece em pé ou sentado em um dos lados da área de jogo. O grupo entra em acordo sobre vários efeitos de som necessários para a cena escolhida, e é subdividida em partes, como seções em uma orquestra, sendo que cada qual cria um tipo diferente de suporte audível (por exemplo, uma cena que se realiza na floresta pode incluir seções que contenham sons e pássaros, vento, animais selvagens, ecos, abelhas para criar o ambiente). Antes de iniciar, dê tempo ao condutor para praticar com a "orquestra", estabelecendo códigos para aumentar ou diminuir a intensidade dos sons, suspendendo ou abaixando os braços. Os jogadores em cena iniciam. O condutor lidera o grupo coral, fornecendo efeitos de som e estabelecendo a conexão entre os jogadores em cena e o grupo coral.

Notas: 1. *Efeitos Sonoros Vocais* e *Veneno* são jogos introdutórios para este jogo.

2. A presença de um condutor ajuda a eliminar a fragmentação. É necessário envolvimento intenso para manter o conjunto em movimento. Para tornar isto possível, pode ser necessário trocar o condutor durante o jogo. Isto pode ser feito sem interromper o jogo, dando a instrução "Novo condutor!".

3. Se possível, grave o trabalho do grupo e deixe-o ouvir após o jogo.

4. Embora associemos este tipo de divisão de trabalho com a mídia moderna, tem raízes profundas no teatro tradicional. Alguém que já tenha visto teatro japonês ou asiático ficará surpreso com a presença de músicos em cena que fornecem os efeitos de som e, às vezes, dizem as falas dos atores/dançarinos ou bonecos que fazem as cenas.

DUBLAGEM

Objetivo: Desenvolver a comunicação (não verbal) e intensificar a percepção sensorial dentro de um ambiente de mídia.

Foco: Em seguir o seguidor como se a voz de um jogador e o corpo de outro se tornassem um único jogador.

Descrição: Dois ou três jogadores (subgrupo A) escolhem jogadores do mesmo sexo para serem suas vozes (subgrupo B). Este grupo inteiro (subgrupo A e subgrupo B) estabelece Onde, Quem e O Que. Os jogadores que fazem a voz se reúnem em torno de um microfone com uma visão clara da área de jogo, onde os jogadores que fazem o corpo realizam Onde, Quem e O Que. Os jogadores que fazem a voz refletem a atividade de cena por meio do diálogo. Os jogadores que fazem o corpo movem os lábios como se estivessem falando, mas devem usar blablação silenciosa, sem balbuciar as palavras exatas. Os dois subgrupos seguem o seguidor com a voz e a ação. Peça para os jogadores trocarem de posição – quem fez a voz passa a fazer o corpo, e quem fez o corpo passa a fazer a voz. Continue com o mesmo Onde, Quem e O Que, ou escolha um novo.

Notas: 1. No início, os vários jogadores só se tornarão um único corpo e voz apenas por alguns momentos. Porém, quando a ligação for estabelecida, ocorrerá uma explosão de força entre os jogadores. Isto unirá todos os jogadores numa relação verdadeira. Dê dez minutos de tempo de jogo antes de trocar os grupos.

2. Se não ocorrer a ligação entre os jogadores e a voz seguir apenas os movimentos do corpo ou vice-versa, jogue várias vezes o jogo com espelho e os jogos com espaço, até que os jogadores experimentem o que acontece quando não iniciam, mas seguem o iniciador que, por sua vez, também está seguindo.

3. A instrução nasce daquilo que está emergindo. O instrutor não ordena, mas atua como um parceiro de jogo, explorando e intensificando o que vê emergir.

Sigam um ao outro!
Evite antecipar o que vai ser falado!
Reflita apenas aquilo que você ouve!
Movimente a sua boca com blablação silenciosa!
Não inicie!
Siga o seguidor!
Tornem-se uma só voz!
Um só corpo!

Jogadores, a voz e o corpo eram uma coisa só?
Plateia, vocês concordam?

4. Quando a voz se torna única com as ações dos jogadores em cena, eles se sentem como se estivessem realmente pronunciando as palavras. Os jogadores em cena não devem ser usados como bonecos pelos dubladores. Deve ser dado tempo para que a atividade de cena possa emergir.

5. Quando a dublagem funciona, dois jogadores experimentam uma união verdadeira, e é como se fossem uma única pessoa.

CAPÍTULO 15:

Desenvolvendo Material

Embora os jogos teatrais tenham valor inestimável na preparação de peças de teatro escritas, eles têm sido tradicionalmente associados com improvisação, contação de histórias e teatro de histórias. Este capítulo e aqueles que seguem contêm uma variedade de exercícios, comentários e jogos que levam os jogadores a realizar o salto da oficina para a apresentação pública.

Improvisação e teatro de histórias despertam as energias intuitivas dos jogadores em vez de subordiná-los aos ditames da dramaturgia e texto.

IMPROVISAÇÃO

Receber sugestões da plateia pode ser uma parte prazerosa do programa de teatro e rapidamente torna a plateia parte do jogo. Agilidade e rapidez em tornar-se um personagem, estabelecer um Onde e selecionar um problema de atuação são necessários para o sucesso da cena. Assim, todos estes jogos devem ser usados continuamente nas oficinas (os jogos com Quem são especialmente úteis). Muitos dos exercícios neste livro podem ser usados exatamente como são realizados nas oficinas, com ótimos resultados.

Os jogos seguintes mostram como as cenas podem ser construídas a partir de premissas muito simples.

Os jogadores devem construir uma ação ou problema e não uma piada, pois, caso contrário, muitas das sugestões da plateia fracassam na medida em que os jogadores lutam para ser "engraçados".

Compartilhe a sua voz! Mantenha os objetos no espaço – fora da cabeça!
Mostre!
Não conte!
Deixe que as qualidades do personagem o sustentem!
Seja parte do todo!
Tem mais um minuto de jogo!

BAÚ CHEIO DE CHAPÉUS

Objetivo: Criar rapidamente um personagem (Quem).

Foco: Na seleção rápida de figurinos para o jogo.

Descrição: Grupos de dois ou mais jogadores. Este jogo pode ser jogado de duas maneiras: os jogadores estabelecem Onde, Quem, O Que, e depois selecionam figurinos do baú para realizar a cena. Os jogadores também podem escolher peças de figurino ao acaso, deixando que estas sugiram as qualidades do personagem, estabelecendo o Onde, Quem, O Que a partir da seleção.

Notas: 1. Seu baú é simplesmente constituído dos muitos figurinos e adereços que você conseguir colecionar: velhos paletós, um chapéu de cozinheiro, uma boina de marinheiro, um cocar, elmos, xales, capas, cobertores, lençóis, asas de papel, rabos de animais, luvas, bengalas, óculos, cachimbos, guarda-chuvas etc. Pendure as roupas, lençóis e cobertores em cabides e coloque o baú ao lado. Velhas gravatas podem ser usadas como cintos, tornando possível usar roupas de qualquer tamanho.

2. Este jogo reflete uma velha tradição. No teatro na época de Shakespeare, as trupes de teatro eram compostas por apenas doze a dezesseis atores (todos homens e garotos). A maioria tinha que representar diversos papéis em uma única peça. A plateia distinguia os personagens a partir daquilo que estavam usando.

Exemplo: Em uma cena típica desenvolvida por crianças, os jogadores escolheram fazer os papéis de um Pássaro Rico, um Amante do Pássaro, um Explorador, uma Princesa, um Amigo, um Cachorro e uma Rainha. A história: o Explorador estava caçando com seu Cachorro pássaros na floresta. Ele caçou um Pássaro Rico e trouxe-o de volta para seu empregador, o Amante do Pássaro que o levou para mostrar à Rainha, à Princesa e seu amigo. O Cachorro que não gostava do Pássaro Rico, também o acompanhava.

Variações: 1. Uma vez que os jogadores selecionaram fortuitamente os figurinos à sua disposição, os jogadores na plateia determinam Onde, Quem, O Que da cena.

2. Em *Imagens de Animais*, um exercício que teve origem com Maria Ouspenskaya, os personagens devem ser todos animais (embora mantenham a fala e outras qualidades humanas). Um grande número de peças utilizou personagens como esses (do século XIX a farsa *Loves of a Cat* – Amores de Um Gato – até os musicais da Broadway como *Cats* – Gatos).

(Para os jogadores na plateia)
As peças de figurino ajudaram ou atrapalharam o Onde, Quem, O Que dos jogadores?
Jogadores, vocês concordam com os jogadores na plateia?

SÁTIRAS E CANÇÕES ★

Descrição: Situações que favorecem dramatizações, tais como pegar o ônibus para a escola de manhã cedo ou a hora do lanche são escritos em tiras de papel com cores diferentes. Estas tiras são a seguir cortadas em pedaços, misturadas em um chapéu e distribuídas para os jogadores que procuram seus grupos, identificados por meio das cores dos papéis. Quando todos os grupos estiverem reunidos, um jogador, atuando como mestre de cerimônias, chama os vários grupos para mostrarem as suas cenas. As canções podem ser substituídas por situações dramatizáveis e podem ser cantadas ou dramatizadas e cantadas simultaneamente. Ou a canção pode ser dramatizada por um grupo enquanto o outro grupo deve identificá-la.

No Mesmo Lugar

Objetivo: Treinar os jogadores no desenvolvimento de respostas imediatas a sugestões.

Foco: No desenvolvimento de uma cena pela combinação de informações.

Descrição: Cada jogador escreve em tiras individuais de papel um Onde, Quem e O Que, a hora do dia e o tempo climático. Estas tiras são reunidas em pilhas ou recipientes, de acordo com as categorias. Os jogadores se reúnem em grupos de quatro ou mais. Cada jogador pega uma tira da pilha de Quem e cada grupo pega uma tira de cada uma das outras pilhas. Cada grupo imediatamente improvisa a cena.

Variação: A plateia sugere verbalmente um Onde, Quem e O Que para um grupo de quatro a seis jogadores. O grupo prepara a cena de frente para a plateia que, dessa forma, toma parte no jogo.

Notas: 1. O método de escrever em tiras de papel para criar uma situação pode ser usado em muitos outros exercícios.

2. Plateias foram estimuladas pelo teatro improvisacional por aproximadamente meio século. Mesmo que uma sátira não apareça a partir da história, é divertido observar a energia liberada pelos atuantes no processo de solução dos problemas.

3. *Rádio* é um bom jogo introdutório para *No Mesmo Lugar.*

A cena foi montada rapidamente? Atuantes, o que poderia ter sido feito para acelerar o processo? Plateia, vocês tem outras sugestões?

CHARADAS

Objetivo: Desenvolver material dramático.

Foco: Em ocultar a palavra dentro de uma sequência de eventos (cenas).

Descrição: Forme grupos de quatro a seis jogadores. Cada grupo secretamente seleciona uma palavra como "catarata", "comumente" etc. e divide-a em sílabas. Cada grupo entra em acordo sobre Onde, Quem e O Que, e um evento (cena) é desempenhado para cada sílaba. Os jogadores na plateia procuram adivinhar a palavra apenas depois que todos os eventos (cenas) tiverem sido apresentados. Em momento algum a palavra ou sílaba pode ser mencionada verbalmente.

Variação: Em vez de permitir a escolha livre do evento (cena), o instrutor sugere temas específicos nos quais cada sílaba deve ser baseada (religioso, político, científico, notícias, histórico, etc.).

Notas: 1. Os jogadores não devem se preocupar com a pronúncia da palavra, mas sim com o sentido do som das sílabas: "catarata" pode vir a ser cata + rata ou ca + tara + ta.

2. Esse jogo desperta os jogadores para uma maior variedade de escolhas para o Onde, Quem, O Que.

3. Chapéus, capas etc. reunidos em um baú na sala de aula podem enriquecer muito esse jogo.

4. Esse jogo consome muito tempo já que cada grupo atua em um, dois ou três eventos (cenas). É recomendável pedir que um ou dois grupos façam o jogo durante uma semana e os outros nas semanas subsequentes.

5. Esse jogo é útil para abordar conteúdos de outras disciplinas no currículo escolar.

Qual era a palavra?
Qual era a primeira sílaba?
A segunda?
Jogadores, a palavra ou sílaba foi em algum momento verbalizada?

INTERPRETAÇÃO

A interpretação dramática de poemas curtos também pode ser utilizada em apresentações públicas. Textos desse tipo devem ser baseados em jogos de movimento rítmico e jogos com objeto no espaço. Os jogos cantados, neste livro, fornecem exemplos de como os textos podem ser ilustrados a cada linha através da ação de cena.

Mas poemas curtos também podem ser usados como base para a ação de cena, cenas ou pantomima. Neste caso, será mais interessante tanto para a plateia como para os atuantes que o texto seja lido e o atuante o utilize como premissa para a ação (dê a instrução: "Mostre! Não conte!").

Seguem-se dois exemplos de poemas utilizados com sucesso durante as oficinas de jogos teatrais. O primeiro é de Sandburg, o segundo de Dickinson. Veja a Bibliografia D, que remete a muitas outras fontes.

Neblina*

> A neblina chega
> A passos de gato
>
> Olha sentada
> Para o porto e a cidade
> Sobre ancas silenciosas
> E depois se afasta

Peça para que um grupo apresente as falas, sendo que cada jogador trabalha independentemente, interpretando o poema da sua forma.

Não sou ninguém**

> Não sou ninguém! Quem é você?
> Você também não é ninguém?
> Então somos uma dupla – não diga!
> Fomos banidos, você sabe.
>
> Que melancólico ser alguém!
> Quão público, como uma rã
> Dizer seu nome o dia todo
> A um pântano admirado!

Este é mais facilmente realizado com três a quatro jogadores:
a. Ninguém 1
b. Ninguém 2
c. Rá
(d. Pântano)

---

*   The fog comes/ On little cat feet// It sits looking/ Over harbor and city/ On silent haunches/ And then moves on.

** I'm nobody! Who are you?/ Are you nobody, too?/ Then there's a pair of us – don't tell!/ They'd banish us, you know// How dreary to be somebody!/ How public, like a frog/ To tell your name the livelong day/ To an admiring bog!

CONSTRUINDO UMA HISTÓRIA

Os jogos de construção de histórias focalizam, de início, a palavra (inicie esta sequência com os jogos de caligrafia como aquecimento e jogue alguns dos jogos de palavras no capítulo 10 antes de iniciar o trabalho com histórias). Os dois jogos seguintes também ajudam os jogadores a focalizar palavras.

Também é possível desenvolver uma história a partir de palavras escolhidas aleatoriamente. Peça para que os alunos façam uma coleção individual de fichas de vocabulário e use estas palavras para jogar. Ou então, antes da divisão em grupos, peça para cada jogador escrever meia dúzia de palavras ao acaso – palavras familiares, sobre tiras de papel ou cartolina. Cada jogador reúne suas tiras em um envelope. Grupos de três ou mais participantes se reúnem em áreas de jogo diferentes da sala e jogam simultaneamente. Os jogadores entram em acordo sobre o primeiro a abrir sua coleção de palavras de forma que os parceiros possam ver. Trabalhando juntos, arranjando e rearranjando as tiras com as palavras, os jogadores constroem uma história que inclua todas as palavras (como alternativa, os grupos amontoam um terço das tiras de cada um dos envelopes). Caso haja necessidade de palavras que façam ligações, os jogadores escrevem-nas em novas tiras de papel e as reúnem ao contexto. O professor deve simplesmente ir de grupo em grupo e ajudar os jogadores a soletrar e escrever novas palavras ou estimular a organização da história.

Quando a primeira história estiver completa, incluindo todas as palavras originais, o primeiro jogador escreve a história em um papel e reúne tanto as tiras originais como as novas em seu envelope. O próximo jogador mostra a sua seleção de palavras e o grupo procede como acima, construindo uma história.

Leia todas as histórias em voz alta.

SOLETRANDO ★

Objetivo: Uma abordagem diferente para a comunicação.
Foco: Em comunicar-se com outro jogador.
Descrição: O grupo todo é dividido em grupos de dois ou três. Eles devem manter conversação, soletrando as palavras.
Notas: 1. Continue enquanto os ânimos estão vivos e todos conversando com fluência. A excitação da ligação entre os parceiros irá surgir.

2. Depois que os jogadores estiverem familiarizados com o jogo, escolha uma pequena parte de um texto ou história a ser lida por soletração. Caso seu grupo julgue isso difícil não perca muito tempo.

Perceba que está soletrando!
Veja as palavras!

Quanto da conversação foi compreendida pelo ouvinte? Aquele que soletrava via as letras?

VOGAIS E CONSOANTES ★

Objetivo: Sugerir uma abordagem diferente para a palavra falada.
Foco: Em contatar as vogais ou consoantes de uma palavra tal como é falada.
Descrição: Seis ou oito jogadores formam um círculo. Cada jogador deve começar uma conversa silenciosa com o jogador do lado oposto (oito jogadores significam quatro conversas simultâneas). Os jogadores devem focalizar as vogais ou as consoantes, conforme a instrução, contidas nas palavras que falam, sem colocar ênfase ou mudar o jeito de falar. Mantendo a voz baixa, os jogadores devem afastar-se uns dos outros, abrindo o círculo o quanto o espaço permitir, e depois se aproximar conforme a instrução.
Notas: 1. Espere até que os jogadores estejam fisicamente atentos aos seus parceiros antes de orientá-los a se distanciarem uns dos outros.

2. Os jogadores podem abaixar suas vozes na medida em que se afastam. As conversas podem acontecer na forma de murmúrio, a uma distância de até vinte metros.

Parte 1:
Vogais!
Entre em contato, sinta, toque as vogais!
Deixe que as vogais toquem você!
Consoantes!
Fale normalmente!
Veja, sinta, foco nas consoantes!

Parte 2:
Afaste-se de seus parceiros!
Vogais!
Consoantes!
Fale mais baixo do que antes!
Abram o círculo o mais que puderem!
Vogais!
Consoantes!

Parte 3:

Aproxime-se!
Falem mais baixo ainda!
Vogais!
Consoantes!
Feche os olhos!
Continue falando!
Vogais!
Consoantes!
Fale mais baixinho ainda!
Volte para o pequeno círculo!
Vogais!
Consoantes!

Você teve a sensação de fazer
contato físico com a palavra falada?
A comunicação foi mantida o
tempo todo?

3. A instrução "Feche os olhos!" expõe aos jogadores o fato de não estarem fazendo leitura labial. O corpo todo, dos pés à cabeça, está envolvido com a palavra falada.

4. Peça para os jogadores pensarem nas palavras como sons aos quais dão forma através de padrões de palavras.

5. O coordenador pode, de um grupo para o outro, dar instruções para as diferentes conversações simultaneamente.

6. É recomendável que o coordenador experimente este jogo com amigos antes de utilizá-lo em sala de aula.

Construindo uma História

Objetivo: Ouvir e compreender as palavras de uma história com percepção plena.

Foco: Na atenção cinestésica (física) às palavras da história.

Descrição: Grande grupo sentado em círculo. O coordenador escolhe um jogador que iniciará uma história. A história pode ser conhecida ou inventada. Em qualquer momento da história, o coordenador aponta aleatoriamente para outros jogadores que devem imediatamente continuar, a partir de onde o último jogador parou, mesmo que seja no meio de uma palavra.

Exemplo: O primeiro jogador: "O vento soprava...", segundo jogador "... o chapéu caiu de sua cabeça". Os jogadores não devem repetir a última palavra previamente enunciada pelo contador.

Notas: 1. Para manter a energia individual em alta e o total envolvimento com o processo, o instrutor deve surpreender os jogadores fora de equilíbrio, no meio de um pensamento ou de uma frase. Regra opcional: o jogador que for pego iniciando com as últimas palavras do antecessor sai do jogo.

2. O pré-planejamento aliena os jogadores. Aponte isso para aqueles jogadores que não o compreendem. A espontaneidade surge apenas quando os jogadores permanecem com o momento da história que está sendo contada.

3. Muitos jogadores iniciando com *e* indica que o instrutor não está surpreendendo os jogadores e não está dando as dicas para que os jogadores permitam que a história os conduza.

4. Instrução suplementar: instrua os jogadores a contar a sua parte da história em "câââââmeeeeera muuuuitooo leeeentaa". Depois volte para a velocidade normal, acelerando as mudanças de um jogador para outro. Idealmente, a história deveria continuar até que se tenha a impressão de que há apenas uma voz narrando.

Mantenha a história em andamento! Permaneça com a palavra! Não planeje com antecedência! Em busca de uma história, uma voz! Mantenha as palavras no espaço! Compartilhe sua voz!

Os jogadores captaram a ideia para onde a história deveria caminhar ou permaneceram com as palavras na medida em que a história evoluía? Tivemos uma história contada a uma voz?

A história se manteve em construção – esteve em processo?

5. Permita que aqueles jogadores que têm dificuldade em encontrar palavras falem apenas algumas poucas de início, mas surpreenda esses jogadores retornando a eles para dizerem poucas palavras até que o medo de falhar seja dissipado e o jogador se torne livre para jogar.

6. Para rever os períodos de avaliação, sugerimos que seja feita uma gravação das histórias dos jogadores. Se não houver gravador, encontre alguém para tomar notas rápidas e digite as histórias dos jogadores que poderão ser retomadas em outro momento.

7. Esse jogo conduz a variações, como a que segue.

Variação: Quando os jogadores estiverem familiarizados com este jogo, peça que construam sentenças com uma palavra por vez ou uma palavra por jogador.

Construindo uma História: Congelar a Palavra no Meio

Objetivo: Apurar a percepção ao ouvir ou contar uma história.

Foco: Em continuar uma história a partir do meio da palavra.

Descrição: Cinco a quinze jogadores jogam cada um por vez no círculo. O primeiro jogador inicia a história e, quando quiser, congela no meio da palavra. O próximo jogador deve continuar a história, finalizando a palavra não terminada pelo jogador antecedente. O jogador não deve concluir a mesma palavra que o jogador antecedente tinha em mente. O novo final deve combinar com o início da palavra para formar uma nova palavra que dê continuidade à história. Uma vez que o grupo tenha se familiarizado com a variação acima, o próximo jogador pode ser apontado fortuitamente, em vez de seguir a ordem do círculo.

Nota: Esse jogo pode ser realizado por dois jogadores com tranquilidade e divertimento.

Não planeje com antecedência!
Busque uma história, uma voz!
Compartilhe sua voz!

Os jogadores foram capazes de continuar a história a partir do meio da palavra? Quantas vezes o próximo jogador finalizou a palavra que o jogador que o antecedeu tinha em mente?
Ou os jogadores criaram novas palavras a partir do início da palavra do jogador que os antecedeu?
As palavras completadas deram continuidade à história?

Construindo uma História: Leitura

Objetivo: Seguir uma história com atenção tanto com os olhos quanto com os ouvidos.

Foco: Em permanecer com as palavras que estão sendo lidas em voz alta.

Descrição: Grupos com leitores igualmente habilitados ou grupos de leituras regulares. Um grupo lê a mesma seleção ao mesmo tempo. O instrutor indica um jogador para iniciar a leitura em voz alta. Todos os jogadores devem acompanhar silenciosamente palavra por palavra, pois o instrutor irá alternar a leitura em voz alta de um jogador para outro fortuitamente. Cada novo leitor chamado não deve repetir a última palavra pronunciada pelo leitor prévio ou introduzir quaisquer novas palavras no texto.

Nota: Para manter o jogo desafiador e divertido para todos, mudanças de um jogador para outro devem ser solicitadas.

Compartilhe sua voz!
Olhe para a palavra!

Vocês notaram se alguma palavra foi repetida ou omitida?

Veja seu parceiro!
Deixe que seu parceiro o veja!
Contato através do olho!
Não espere para acrescentar a cor!
Veja a cor que você está ouvindo na história!
Fale diretamente para o seu parceiro! Compartilhe sua voz!

Jogadores, vocês acrescentaram tanto colorido quanto possível? Vocês modificaram a história de qualquer jeito ou acrescentaram àquilo que seu parceiro disse? Plateia, vocês concordam com os jogadores?

RELATANDO UM INCIDENTE ACRESCENTANDO COLORIDO

Objetivo: Acrescentar dimensões ao Onde, percebendo e descrevendo.

Foco: Em ver um incidente em cores na medida em que está sendo contado.

Descrição: Dois jogadores. A conta para B uma história simples (um incidente, limitado a cinco ou seis frases). B conta a mesma história, acrescentando tantas cores quanto possível.

Exemplo: A narra: "Eu caminhava pela rua e vi um acidente entre um carro e um caminhão em frente ao prédio da escola...". B re-conta: "Eu estava caminhando por uma rua cinzenta e vi um acidente entre um carro verde e um caminhão marrom, em frente à escola de tijolos vermelhos...".

Notas: 1. O objetivo do jogo é que o ouvinte veja o incidente por meio das cores no momento em que está ouvindo.

2. Outras qualidades podem ser acrescidas, além da cor (textura, odores, sons, formas) ou advérbios e adjetivos.

3. Mesmo que não tenham experiência literária, os alunos podem se interessar na forma como este jogo reflete o crescimento da tradição oral. Em muitas culturas, história é aquilo que é lembrado e repetido de geração em geração. Algumas vezes, as histórias foram escritas e se tornaram grandes obras da literatura. A *Ilíada* e a *Odisseia* de Homero são baseadas em tradições orais, assim como *Os Lusíadas*, de Camões.

CAPÍTULO 16:

Contação de Histórias e Teatro de Histórias

CONSTRUINDO CENAS MAIORES ATRAVÉS DOS JOGOS TEATRAIS

Contação de histórias e teatro de histórias são formas amplamente usadas na arte da representação que podem ser aplicadas com sucesso para contar histórias mais longas. Ambas utilizam a narração (e desta forma retornam à história mais antiga da apresentação dramática).

CONTAÇÃO DE HISTÓRIAS

Com um contador de histórias que fornece a narração, os alunos podem apresentar peças dramáticas mais longas. O contador de histórias narra, enquanto os jogadores encontram-se na área de jogo e seguem a sua direção (é sensato determinar a seleção ou composição da história a ser usada com uma semana de antecedência. Dessa forma, é possível desenhar retratos dos personagens e esboços do cenário, escolher figurinos e adereços. Os desenhos, sobretudo, irão estimular o contador de histórias a organizar o material).

A menos que o grupo seja muito grande, um contador de histórias por sessão é geralmente suficiente. A história não deve levar mais do que meia hora com crianças mais jo-

Contar histórias exige grande concentração e cooperação.

Contar histórias também é válido para crianças mais velhas e adultos. É uma forma de dar vida à literatura na sala de aula (uma lista de materiais para contar histórias e outros jogos teatrais podem ser encontrados na bibliografia).

É de importância vital que o contador de histórias faça a paráfrase do diálogo e dos personagens. Isto pode ser difícil de início, mas insistir neste ponto irá tornar as aulas de contar histórias muito mais interessantes.

Às vezes, depois de uma sessão de contar histórias, pode ser necessário pontuar alguns itens para trabalhar e escolher alguns exercícios específicos para os atuantes.

O contador de histórias torna-se o guia, aliviando a preocupação dos atuantes com o enredo.

vens, podendo durar menos tempo. O contador de histórias escolhe uma história conhecida ou inventa uma (muitas vezes, as crianças narram e representam uma história a partir de *Construindo uma História*, capítulo anterior).

(Para garantir que os jogadores fiquem atentos ao contador de histórias é aconselhável jogar *Siga o Seguidor* como aquecimento).

Uma vez que a história foi escolhida e preparada, o contador de histórias faz a distribuição de papéis e mostra os desenhos para o elenco. Utilizando qualquer um dos jogos com Onde como introdução, deixe que o contador de história estabeleça o Onde na área de jogo e peça para que os jogadores se familiarizem com o cenário.

Quando estiver pronto para iniciar, o contador de histórias posiciona-se em um dos lados da área de jogo e começa a ler ou recitar. Os jogadores dramatizam a história da forma como está sendo contada. Peças que dão certo podem ser apresentadas para uma plateia.

Este jogo tem valor especial para o jovem diretor aspirante de seis a oito anos, pois proporciona ao contador de histórias uma visão geral da representação teatral e uma compreensão dos problemas de integração dos diferentes elementos de uma cena. Como os diretores, os contadores de histórias logo descobrem que cada atuante deve ser tratado como um caso especial. Durante a narração de *João e o Pé de Feijão*, o gigante era um menino de seis anos que se comportava de forma muito passiva enquanto João lhe roubava todos os seus pertences. O contador de histórias, desejoso de conseguir uma resposta mais emocional do gigante, disse "O gigante estava muito bravo quando acordou e viu que seus ovos haviam sumido". O menino que estava em cena apenas abriu mais os olhos e olhou em torno calmamente. Isto não satisfez o contador de histórias, que tentou novamente: "E o gigante estava muito bravo e ele deu saltos". Nosso gigante tentou fazer isso, mas não agradou o narrador, que continuou: "O gigante estava mesmo muito bravo. Ele nunca havia ficado tão bravo antes e deu saltos e gritou e disse todo tipo de coisas rudes".

Então, para satisfação de todos os presentes, o gigante de seis anos berrou: "Ao diabo, quem roubou meus ovos?".

Contação de Histórias

Objetivo: Integrar teatro e narrativa.

Foco: Na história.

Descrição: O contador de história pode ser um membro do grupo ou alguém de fora (o professor pode ser o contador de história a primeira vez ou até a segunda, mas sua função é dirigir, sentando-se próximo ao contador de história para ajudá-lo a manter todo o elenco e a equipe técnica trabalhando juntos). O contador de história vem para a aula com uma narrativa ou poema preparado. Ele deve ter uma lista com os personagens da história e o texto deve ser marcado por pausas onde será necessário maior ação de cena. O contador de história distribui os papéis dos personagens da história ou poema para os atuantes. Uma equipe técnica (para controlar a iluminação e/ou adereços e cenário) também é definida (Caso o contador de história seja um elemento do grupo, a preparação não deve ser longa. Mas se ele for alguém de fora, deixe que o professor distribua os papéis). Caso o contador de história tenha preparado pinturas ou biografias dos personagens, eles são mostrados ou lidos para o elenco e a equipe técnica.

O contador narra a história para os atuantes em cena. Para evitar que os atuantes fiquem apenas em pé no mesmo lugar e o contador de histórias fique papagaiando, assegure-se de que os atuantes receberam o texto pronto ou foram instruídos sobre o que fazer exatamente. Por exemplo, os atuantes têm pouco espaço para a ação quando o contador lê: "Então a mãe disse 'Eu te amo João' e o menininho a abraçou". O melhor seria narrar: "Então a mãe disse ao menininho que o amava e ele ficou feliz novamente".

Siga o seguidor! Veja a palavra!

Plateia, quais partes da história vocês gostaram mais?
Qual pareceu mais real?
Por quê?
Os personagens fizeram o que vocês esperavam que fizessem?
Jogadores, vocês se sentiram mais próximos dos personagens?

Contador de história, os atuantes o surpreenderam dizendo ou fazendo coisas que você não havia imaginado?

Jogadores, vocês gostariam que houvesse mudanças na história? Onde?

Plateia, vocês concordam com as mudanças no enredo que os jogadores estão recomendando? Como vocês reescreveriam a história?

Paul Sills escreveu em Story Theater: "Todos os objetos nas apresentações do Story Theater são encontrados ou feitos de espaço; aquilo que os identifica é mostrado para a plateia através da maneira como os jogadores dão forma e manipulam o espaço".

Notas: 1. Veja os comentários no parágrafo 2, acima. Pode ser difícil para o contador de histórias, de início, dar espaço aos atuantes para inventar o seu próprio diálogo e ação. Mas uma vez que este ponto seja esclarecido, contar histórias se tornará muito mais excitante. Veja os exemplos abaixo.

2. A *Commedia dell'Arte* é uma forma italiana que influenciou muito Molière. Não inclui um contador de histórias, mas tem personagens fixos (Scapino, Pantalone, Colombine etc.) representados por atores que improvisam, cena a cena, peças inteiras a partir do esboço de um enredo. O grande dramaturgo do século xx, Pirandello, também esteve interessado nesta forma.

3. Veja também jogos relacionados como *Leitura Coral*.

TEATRO DE HISTÓRIAS

O Teatro de Histórias incorpora a narração do contador de história em cenas dramáticas. É uma forma simples e eficiente de apresentar mitos, lendas e contos de fadas sem adereços, cenário elaborado ou conhecimento de efeitos técnicos sem sacrificar valores teatrais. Os jogadores usam o movimento corporal e objetos no espaço para encenar a história. Adereços e cenários mínimos (ou nenhum) são usados. Teatro de Histórias é, por isso, uma forma ideal para trabalhar em sala de aula.

Na representação, os atuantes são ao mesmo tempo personagens e contadores de histórias, trabalhando em um espaço aberto simples, criando cenários com efeitos vocais e iluminação mínima, utilizando apenas ocasionalmente cubos ou rampas para dar forma a um cenário. No Teatro de Histórias, o sentido de tempo e espaço é promovido pela narração e pelo diálogo dos atuantes.

Uma apresentação de Teatro de Histórias é assim: no início de João e o Pé de Feijão um jogador vem ao palco e fala diretamente com a plateia.

João: Há muito tempo atrás havia um menino com o nome de João.

(À medida que o atuante está falando, ele se torna o personagem João. Continuando a narração).

Certo dia, João caminhava procurando a sua vaca, Malhada.

(João continua se movimentando pela área de jogo, mostrando para a plateia onde ele está. *Revezamento do Onde, Onde com Adereços de Cena* ou *Mostrando o Onde através de Objetos* e outros jogos com Onde são instrumentos de ensaio úteis neste momento).

Sills disse também: "O jogador mostra a cena ao mostrar os adereços, pela maneira como respondem à madeira escura ou ao palácio brilhante na história, empurrando galhos como se o espaço tomasse forma ou abrindo cortinas, carregando pesos etc. Um dos prazeres próprios ao Story Theater é quando o invisível se torna visível".

João: (Continuando a narração, com personagem).
João continua a procurar Malhada por toda parte.

Mãe: (Entra e inicia a narração para os jogadores na plateia). A mãe de João estava procurando por seu menino, pois tinha algo muito importante para lhe contar.

(Procurando João).

Malhada: (Enquanto se passa o diálogo acima, Malhada entra, passeando pela área de jogo). Muuuu, muuuuu

Mãe: (Encontrando João) João, nós precisamos vender Malhada.

(Malhada se aproxima de João, que acaricia sua orelha).

João: Por que precisamos fazer isto, mãe?

Mãe: Nós somos muito pobres, meu filho, e Malhada parou de dar leite e sem leite para vender não temos como ganhar dinheiro.

João: Mãe, mas como vamos vender Malhada?

(João transforma o palco nu em uma fazenda, moldando feno a partir da substância do espaço, alimentando a vaca.

Mudanças no Onde podem ser feitas facilmente através da narração. Por exemplo:)

João: (Narrando e fisicalizando) Assim foi João, levando Malhada cabisbaixo para a estrada quando de repente...

Vendedor de Feijão: (Narrando) Ele foi cumprimentado por um velho esquisito que disse...
(Diálogo) Bem meu jovem, de onde você vem com essa bela vaca?

João: Estou indo para a feira vender nossa vaca.

A combinação entre narração e diálogo continua até o final da história.

Como fundamentação teórica para contação de histórias e teatro de histórias, conte histórias para o seu grupo como parte de seu treinamento teatral. Deixe que as próprias crianças contem as histórias. As histórias podem ser usadas como parte regular nas oficinas de jogos teatrais, e podem eventualmente guiar a seleção de histórias para apresentações ao público.

Os seguintes passos podem conduzir a uma cena completa.

A. Encontre uma história a ser desenvolvida.

B. Familiarize a sala com a história. Leia-a em voz alta. Peça para os alunos a lerem em turnos. Jogue *Dar e Tomar: Leitura*; utilize *Construindo uma História* para recontar a história. Divida o grupo em duplas e peça para os jogadores contarem a história um ao outro, utilizando *Fala Espelhada* ou *Vogais e Consoantes*.

Se os jogadores sugerirem acréscimos ou mudanças na história, seja flexível. Alterações são muitas vezes melhorias.

C. Explore o Onde. O que os jogadores estão vendo na história? Peça para os jogadores contarem a história uns para os outros utilizando *Relatando um Incidente Acrescentando Colorido* e *Verbalizando o Onde*. Assim que os jogadores virem cada aspecto do Onde em todos os eventos da história, faça um inventário de todas as coisas que os jogadores veem. O sentido do Onde se tornará muito rico.

D. Faça a distribuição de papéis para a história. Isto pode ser feito apenas pelo coordenador ou pela divisão de papéis entre os alunos. Para acomodar um grupo grande, você precisará de duas ou mais histórias. Selecione a equipe técnica que se encarregará de efeitos de som (ver *Leitura Coral* e *Efeitos Sonoros Vocais*).

E. Deixe que todos os jogadores auxiliem no desenvolvimento de um esqueleto da peça. O que segue poderá servir de exemplo:

OS TRÊS PORQUINHOS (ESQUELETO)

1. Uma Mãe Porco muito pobre envia seus três filhos ao mundo para procurar as suas fortunas.
2. O primeiro porquinho ganhou palha de um camponês e construiu uma casa de palha.
3. Eis que chega um lobo, derruba a casa de palha e expulsa o porquinho (O primeiro e segundo porquinho são devorados em algumas versões).
4. O segundo porquinho ganhou um pedaço de madeira de um cortador de madeira e construiu uma casa de madeira.
5. Eis que chega o lobo, derruba a casa de madeira e expulsa o segundo porquinho.
6. O terceiro e mais esperto dos porquinhos ganhou tijolos de um pedreiro e construiu uma casa de tijolos.
7. Eis que chega o lobo e tenta derrubar a casa. Como falhou, tentou outros truques para entrar, mas sem sucesso. Ele decide descer pela chaminé.
8. O terceiro porquinho acende a lenha na lareira para manter o lobo afastado.
9. A chaminé é quente demais para o lobo que desiste e vai embora (Em muitas versões, o lobo sucumbe dentro de uma caçarola no fogão do terceiro porquinho).
10. O terceiro porquinho procura a mãe (e os irmãos ou irmãs que restaram) e eles vivem felizes para sempre na casa de tijolo.

Os súditos do Rei são os animais. Peça para cada aluno escolher um animal para representar e descobrir as causas de sua recusa.

F. Você pode formalizar um script neste momento ou não. A narrativa que cada jogador irá pronunciar, a partir do ponto de vista de seu personagem, poderá ser encontrado (na maioria das vezes) no texto da história. Também o diálogo pode ser normalmente encontrado no texto, mas deixe de lado todas as rubricas como "Ela disse" (Observe que são raros os contos de fadas que exigem uma fala particular. Tradicionalmente, por exemplo, o gigante de João e o Pé de Feijão diz "Fee--fi-fo-fum...", mas nenhum diálogo especial é conferido para João e sua mãe).

G. Inicie o trabalho com a história. Pergunte aos jogadores:
– Quais efeitos de som vocal podem ser usados?
– Haverá necessidade de figurinos?
– Os jogadores podem se tornar objetos físicos como árvores, casas, flores etc.?

Histórias adicionais particularmente úteis para Teatro de Histórias incluem os seguintes de Grimm, Esopo, Andersen e outros (veja a Bibliografia para consultar as fontes).

Os Três Ursos
Rumplestiltskin
Rapunzel
A Raposa e as Uvas

Os alunos também devem ter a liberdade de encontrar seu próprio material.

Lendas populares um pouco mais complexas também podem ser usadas como base para as cenas. Eis um esqueleto para a lenda africana "O Tambor do Rei", com algumas sugestões para ação:

O TAMBOR DO REI (ESQUELETO)

1. O Rei convocou um encontro com todos os seus súditos. Eles levaram semanas até chegar.
2. O Rei disse que eles precisavam encontrar um caminho para se reunirem mais rapidamente.

3. Anansi a aranha, o Conselheiro do Rei, sugeriu que um tambor real fosse criado para sinalizar os encontros.

4. Indo para uma floresta muito distante, os animais organizaram-se em grupos para criar o tambor. Mas o macaco não trabalhou. Saiu para procurar morangos, cantando uma canção. Anansi viu-o, mas não disse nada.

Deixe os alunos escolherem os grupos com os quais querem trabalhar e o tipo de trabalho que irão realizar: cortar árvores, escavar, decorar o tambor

5. Quando o tambor estava pronto, o Rei anunciou uma cerimônia de boas-vindas no palácio.

6. Mas o tambor tinha que ser trazido a muitas milhas de distância e ele era grande e pesado. Ninguém queria carregá-lo. O leopardo insistiu que o leão devia fazer as honras, o leão ofereceu o emprego para o antílope, o antílope recomendou o elefante, e assim por diante.

Quais canções o macaco e os animais poderiam cantar?
Divida o foco aqui: animais trabalhando; Anasi e o macaco estão todos em cena.

7. Anansi sugeriu que o tambor fosse carregado pelo mais preguiçoso dos animais. Ninguém protestou, mas, um por um, os animais se voltaram para o macaco.

8. O macaco recusou firmemente.

9. O porco espinho e vários outros animais apontaram que o nome do macaco não havia sido mencionado.

Use câmera lenta neste momento. Cria suspense e torne a situação mais engraçada.

10. Anansi, a aranha, disse que o macaco tinha se apresentado como voluntário, considerando que era o mais preguiçoso.

11. Quando o tambor do Rei foi trazido ao palácio para a cerimônia de boas-vindas foi o macaco quem o carregou.

Deve haver canto aqui novamente; deixe os animais iniciarem a cerimônia.

CAPÍTULO 17:

ATUANDO COM ENVOLVIMENTO DA PLATEIA

Aprender a valorizar o papel da plateia deve tornar-se parte do treinamento teatral. Muitas vezes, a plateia é vista como um bando de curiosos a ser tolerado ou um monstro sem cabeça sentado para fazer julgamentos. Na realidade, a plateia deveria ser o membro mais reverenciado no teatro. Sem uma plateia, não há teatro.

Todos os trabalhos com jogos teatrais até aqui foram criados para serem realizados com parceiros que fazem a função de plateia. Isto é intrínseco ao treinamento com jogos teatrais. Permite fruir todo o processo criativo do teatro. Ajuda a compreender que a plateia deve ser envolvida no processo. Durante a apresentação, a plateia é o último raio que completa a roda. Ninguém deve tirar vantagem da plateia para glorificação própria ou exibicionismo. Se isto acontecer, tudo o que foi trabalhado por você e seus jogadores ficará dissipado. Por outro lado, quando o conceito de compartilhar com a plateia é compreendido, os jogadores farão excelentes apresentações.

A frase "Esqueça a plateia!" é, muitas vezes, usada por diretores como um meio para ajudar os alunos-atores a relaxar em cena. Mas é impossível atingir essa atitude. O ator não deve esquecer a plateia, da mesma forma como não deve esquecer seu texto e os parceiros de jogo.

BRINCANDO DE CASINHA

As crianças são capazes de descobrir a natureza da realidade do palco por si mesmas. Depois que um grupo de

Improvisar uma situação em cena tem, como cada um dos jogos, sua própria forma de organização.

crianças de seis a sete anos experimentou o prazer de brincar de casinha no palco, ocorreu o seguinte debate.

"Vocês estavam brincando de casinha ou fazendo uma peça?".

"Estávamos fazendo uma peça".

"Qual é a diferença entre brincar de casinha no quintal do fundo de sua casa e brincar de casinha aqui?".

"Aqui temos um palco".

"Aqui vocês também chamam de brincar de casinha?".

"Não. Aqui nós chamamos de peça".

"O que mais tem aqui além de um palco?".

"Uma plateia".

"Por que uma plateia vem ver uma peça?".

"Eles gostam... é divertido".

"Vocês brincaram de casinha aqui para divertir a plateia?".

"Não".

"Por que não?".

"Nós não compartilhamos a nossa voz e não a tornamos mais interessante para eles".

"O que vocês podiam fazer para torná-la mais interessante?".

"Nós poderíamos brigar ou mostrar todos querendo ver TV ao mesmo tempo ou algo assim" (observe que, com o tempo, as crianças aprendem que o conflito não é a única forma de tornar interessante a atividade de cena. Muitos adultos acreditam nisso).

"Eu gostaria de perguntar novamente. Vocês estavam brincando de casinha agora há pouco ou vocês estavam mostrando uma peça sobre uma casa?".

"Nós estávamos brincando de casinha".

"Vocês acham que poderiam voltar para o palco e mostrar uma peça sobre uma família em uma casa? Em lugar de brincar de casinha, mostrar a maneira como se comportam em casa. Vocês poderiam mostrar onde estão, quem vocês são e o que estão fazendo ali?".

"Sim".

A cena foi feita novamente, mantendo-se toda a diversão do primeiro jogo e acrescentando o esforço real dos jogadores em "tornar mais interessante para a plateia". A espontaneidade e charme da brincadeira de fundo de quintal foi mantida, acrescida da conquista de compartilhar sua experiência com a plateia. A criança também pode aprender a não fingir e sim tornar real a ação. Perguntou-se a um grupo de crianças de oito a onze anos por que era necessário que tornassem os eventos em cena reais para a plateia, em vez de fazer de conta. "Quando você faz de conta não é real e a plateia não consegue ver".

Crianças podem aprender a mágica teatral de "tirar coelhos de uma cartola".

COMPREENDENDO A PLATEIA

Durante as oficinas com crianças mais jovens, a transformação do jogo dramático subjetivo em realidade de cena objetiva caminha com mais lentidão do que com alunos mais velhos. Em muitos casos, as crianças não estão ainda maduras o suficiente para participar de longos períodos de avaliação, havendo uma maior dependência do professor – uma dependência que não pode ser interrompida abruptamente.

Todos os alunos atores, jovens e velhos, devem aprender que o palco é o palco e não uma extensão da vida. Ele tem sua prória vida e os jogadores concordam para para jogar.

Separando o jogo dramático da experiência teatral que poderá ser incorporada, as crianças aprendem a diferenciar entre fazer de conta (ilusão) e seus próprios mundos do cotidiano. Esta separação não está implícita no jogo dramático. O jogo dramático e a vida real são, muitas vezes, confundidos pelos mais jovens e também por muitos adultos.

Introduza o conceito de plateia para os alunos, engajando-os em um debate.

"Você gosta de ler ou de ouvir histórias que lhe são contadas?".

"Sim".

"O que você faz enquanto sua mãe lhe conta uma história?".

"Nós ouvimos... escutamos".

"O que você ouve?".

"Você ouve a história".

"O que você quer dizer por 'ouvir a história'? O que você ouve?".

"Você ouve o que está acontecendo na história".

"Vamos supor que sua mãe estivesse lendo para você a história *Os Três Ursos*. O que você ouve na história?".

"Você ouve a respeito do urso e do mingau de aveia.

"Como sabe que está ouvindo uma história sobre *Os Três Ursos*?".

"Porque as palavras dizem que você está ouvindo esta história".

"Agora vem a parte importante: Como você sabe o que as palavras estão contando?"

"Você pode ver".

"O que você vê? As palavras?".

"Não!" (rindo muito, as crianças lhe dirão). "Você vê os três ursos, é claro!".

Continue o debate sobre "ver as palavras". Depois conte uma história às crianças. "Uma vez há muito tempo, havia um menininho e uma menininha que viviam em uma casa amarela em cima de um morro verde. Toda manhã uma pequena nuvem cor de rosa flutuava perto da casa ..." (etc.). Pergunte às crianças o que viram. Mantenha-o como um debate em grupo. Peça que descrevam a cor do vestido da menininha, qual o tipo de telhado da casa etc. Mantenha este debate enquanto o nível de interesse for alto e depois siga para o próximo ponto.

"Qual é a primeira coisa que sua mãe faz quando vai ler uma história?".

"Ela entra em meu dormitório... ela senta... ela diz 'Só cinco minutos!'".

"E depois, o que ela faz?".

"Ela lê a história".

"Como ela faz isso?".

"Ela lê do livro!" (agora os jovens jogadores têm certeza que possuem um professor "bobo" que não sabe as coisas mais simples).

"Agora pensem forte. Qual é a primeira coisa que ela faz antes de começar a ler, depois de ter sentado e ter entrado no dormitório?".

"Ela abre o livro!".

"É claro! Ela abre o livro! Seria possível ler a história se sua mãe não abrisse o livro?".

"Claro que não!".

"No teatro também temos uma história. E também precisamos abrir o livro antes de começar. Só que no palco nós abrimos a cortina. Ou acendemos todas as luzes. Ou simplesmente dizemos a palavra: 'Cortina!' Como começa geralmente a história?".

"Era uma vez, há muito tempo atrás...".

"Você quer dizer que acontece em algum lugar?".

"Sim".

"Em geral, há pessoas na história?".

"Sim, pessoas e animais".

"As pessoas na história dos três ursos são chamados personagens quando os levamos ao palco. Agora, assim como sua mãe abre o livro e começa com: "Era uma vez há muito tempo atrás... nós vamos mostrar os ursos e a casa. Em vez de vê-los em sua cabeça como quando lhes contam as histórias, vocês vão vê-los em cena".

"Quando sua mãe conta uma história ela fica sussurrando de forma que vocês não possam ouvi-la? Ela lê de um outro aposento da casa?".

"Claro que não! Ela lê a história de forma que possamos ouvi-la".

"Pois se não pudesse ouvir, você não teria prazer. Não é verdade?".

"O teatro tem pessoas que são como vocês, quando ouvem as histórias que sua mãe lhes conta. O teatro tem uma plateia. Eles são nossos convidados. A plateia quer ter prazer com a história que está vendo e ouvindo. E da mesma forma como sua mãe compartilha com vocês o 'Era uma vez há muito tempo atrás...' e os personagens (Quem) no livro e o que está acontecendo com eles (O Que) também, os atores

O tipo de discussão anterior dá ao professor uma oportunidade de trazer o conceito que está por trás de instruções como "Compartilhe! e "Mostre! Não conte!" nas oficinas. No entanto, resultados imediatos não serão alcançados.

precisam compartilhar a história que estão representando no palco com a plateia. E mostrar tudo a ela: onde estão, quem são eles e o que estão fazendo".

"A plateia senta-se e apenas ouve da mesma forma que você faz quando está escutando uma história?".

"Não, a plateia olha. É como ver TV".

"Sim, a plateia olha para aquilo que vocês estão fazendo e vê os personagens se movendo e fazendo coisas, falando um com o outro. A maneira de fazer com que a plateia tenha prazer é mostrar tanto quanto vocês podem e compartilhar com eles tudo o que fazem aqui em sua área de jogo".

Lembre-se, levará algum tempo até que os jogadores se tornem confortáveis com uma plateia. Os jogos seguintes ajudarão a perder o medo da plateia.

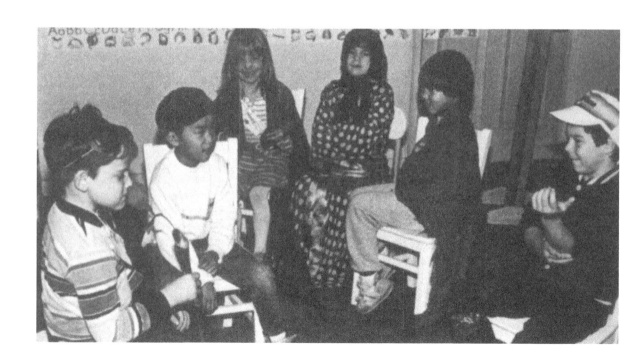

Contato através do Olhar

Objetivo: Fazer com que os jogadores vejam uns aos outros.

Foco: Em estabelecer contato direto pelo olhar com os outros jogadores e dirigir o olhar para o adereço ou área de cena à qual está sendo feita referência.

Descrição: Dois ou mais jogadores. Entram em acordo sobre Onde, Quem e O Que.

Exemplo: Maria entra na sala para visitar João. João: "Olá, Maria!" (contato através do olhar com Maria). "Você não quer entrar?" (contato através do olhar com a sala). Maria: "Olá, João!" (contato através do olhar com João). "Aqui está o livro, eu disse que traria". (contato através do olhar com o livro). "Você o quer?" (contato através do olhar com João).

Variação: Para ajudar os atores a "projetar", peça que focalizem em estabelecer contato com cada membro na plateia.

Nota: Para atingir a energia intensificada ou o foco, sugira que os olhos dos jogadores façam um close, como uma câmera. Fazendo isto no momento do contato através do olhar é bom, embora possa parecer exagerado. Com o tempo, os atuantes irão aprender a integrar o contato através do olhar sutilmente em todo o seu trabalho.

Veja!
Venda!
Ensine!

Eles solucionaram o problema? Houve uma maior concentração de energia durante o contato através do olhar?

PREGÃO

Faça o pregão!
Intensifique!
Mais forte!

Objetivo: Quebrar as barreiras entre os jogadores e a plateia.

Foco: Em comunicar-se com a plateia.

Descrição: Um jogador. O jogador deve vender ou demonstrar algo. Uma vez feito o seu discurso, o jogador deve repeti-lo, agora em forma de pregão para a plateia, ou seja, fazendo contato visual direto com os jogadores na plateia.

Notas: 1. Veja as notas para *Blablação: Vender.*

2 Os jogadores na plateia irão reconhecer que o vendedor precisa estar envolvido com eles para comunicar e fazer com que respondam emocionalmente.

3. Alunos que têm experiência com educação do consumidor ficarão particularmente interessados neste jogo. Como respondemos para assédios no consumo? Talvez uma abordagem mais "fria" faça com que o produto a ser vendido se torne mais atraente? Que tipo de abordagem funciona melhor?

Qual foi a diferença entre os dois discursos?
O que fez com que a venda tornasse o jogador mais intenso?

PLATEIA SURDA

Comunique!
Não conte, faça!
Mostre para nós!

Objetivo: Desenvolver comunicação física.

Foco: Em comunicar uma cena para uma plateia surda.

Descrição: Dois ou mais jogadores. Entram em acordo sobre Onde, Quem e O Que. Os jogadores na plateia tampam seus ouvidos ao observar a cena. Os jogadores fazem a cena normalmente, usando tanto diálogo quanto ação.

Variação: Peça para que a plateia feche os olhos em vez dos ouvidos.

Notas: 1. Como os jogadores na plateia, os jogadores percebem a necessidade de mostrar e não contar.

2. A falta de vida em uma cena na qual os atuantes apenas falam em vez de jogar se torna evidente mesmo para os mais resistentes.

3. Se os atuantes estiverem conscientes de que alguns jogadores na plateia fecham os ouvidos enquanto outros fecham os olhos, irão tentar atingir ambos os grupos, percebendo a importância da comunicação com o corpo todo.

A cena tinha vida?
Você conseguiu entender o que estava acontecendo, mesmo que não pudesse ouvir os atores?

Saídas e Entradas

Objetivo: Desenvolver resposta ativa para a vida da cena.

Foco: Em fazer saídas e entradas para atingir envolvimento total com os parceiros de jogo.

Descrição: Grupos de quatro, cinco ou seis jogadores estabelecem Onde, Quem e O Que. Cada jogador faz tantas saídas e entradas quanto for possível, porém cada saída ou entrada deve ser enquadrada de maneira que os jogadores em cena estejam totalmente envolvidos com a entrada ou saída do jogador. Se os jogadores entrarem ou saírem sem o total envolvimento dos parceiros, os jogadores da plateia podem interromper e dizer "Volte! Vá para fora! Você não entrou!".

Notas: 1. Recursos como gritar, bater os pés, pular etc. podem chamar a atenção para o jogador que está chegando, mas não para o envolvimento com o Onde, Quem e O Que, necessário para a continuidade do jogo (processo). No entanto, se os jogadores em cena dão atenção, e estão envolvidos com a saída ou entrada do jogador, nenhuma ação é barrada, não importa quão fantástica ela seja. Por isso, se a saída ou entrada envolve Onde, Quem e O Que, os jogadores podem entrar engatinhando, dançando, sair voando ou entrar com um simples "oi!".

2. *Saídas e Entradas* devem deixar organicamente clara a diferença entre chamar a atenção (um jogador isolado) e estar envolvido (parte do todo).

3. Tarefa para casa: peça para os jogadores prestarem atenção em como, muitas vezes, as pessoas (incluindo eles mesmos) ficam mais satisfeitas com a atenção do que com o envolvimento.

4. Deve haver foco intensificado nas entradas e saídas dos jogadores, mesmo que seja por um momento breve. É a agudeza em acentuar estes detalhes que dá à cena claridade e brilho.

Mantenha o movimento de cena!
Não planeje as saídas!
Espere o momento certo!
Sustente a atividade!
Jogue o jogo!
Deixe que as saídas (entradas) surjam do Onde, Quem e O Que!

Quais foram as saídas e entradas que tiveram envolvimento verdadeiro e quais tentaram apenas chamar a atenção?
Jogadores, vocês concordam?

CAPÍTULO 18:

APRESENTAÇÃO PÚBLICA

Apresentações públicas, quando as crianças estiverem preparadas, irão elevar o seu nível de compreensão e desenvolver suas habilidades. No entanto, não dê este passo prematuramente. Esteja certo de que os jogadores integraram seu treinamento nas oficinas e irão compartilhar o seu jogo com uma plateia de estranhos. Mesmo crianças de ensino fundamental podem aprender a manipular os instrumentos do teatro com sensibilidade, trabalhando com você e seus parceiros para apresentarem-se publicamente.

De tempos em tempos, promova uma oficina regular na sala de aula para visitas de estranhos como uma plateia informal. Esta apresentação aberta é particularmente recomendada para crianças mais jovens. Se o foco for mantido pelos jogadores durante as oficinas regulares, será mais fácil sustentar o jogo diante de suas famílias e amigos.

Nestas apresentações instantâneas peça para as crianças jogarem um jogo tradicional com cantigas como *Três Mocinhos de Europa* ou *A Carrocinha Pegou*. Eles permitem até mesmo a utilização de figurinos simples e estão repletos de elementos dramáticos que divertem tanto os jogadores quanto a plateia.

Certa vez, em um jogo no qual uma loja de brinquedos era um cenário importante, crianças de seis anos foram convidadas para representar as bonecas. Foi realizada uma

Os jogadores devem entender que a platéria faz "parte do jogo" e não meramente objetos em exposição.

Observar a solução de um problema no jogo teatral é muito interessante para a plateia. Os jogos teatrais foram apresentados por companhias de teatro profissionais em Chicago, Los Angeles, Nova York e outros centros teatrais por décadas.

pesquisa sobre os personagens pelos jovens atuantes. Um casal de bonecas foi trazido para a sala e as crianças acharam que elas se movimentavam sem articulação nos membros. Na aula de movimento, eles trabalharam na solução do problema de agir como se fossem bonecas. Elas brincaram de "loja de brinquedos" durante semanas antes de ensaiar com todo o elenco de crianças mais velhas (que tinham de onze a quinze anos). Quando as crianças que representavam as bonecas foram trazidas para os ensaios, pareciam atores veteranos. A única coisa que tinham a fazer era trabalhar com os jogadores mais velhos.

Foram construídos espaços para as bonecas, nos quais as crianças podiam sentar-se durante a apresentação. Foi-lhes dito que, caso uma agulha em seus figurinos os espetasse, poderiam tirá-la. Elas podiam também retirar o cabelo que porventura lhes caísse nos olhos e espirrar ou tossir se for necessário. Havia apenas um foco: deveriam se mover como bonecas, não importando o que acontecesse.

Um dos momentos mais encantadores da apresentação aconteceu quando eles menos esperavam – quando um nariz necessitava ser coçado ou quando caía um chapéu. Muitos adultos ficaram impressionados com a desenvoltura das crianças, com a falta de afetação e com os movimentos de bonecas. Eles se surpreenderam com a "atuação" destas criancinhas.

Depois da apresentação, a pequena boneca que falava (de seis anos de idade) foi louvada pelas crianças na plateia. Até mesmo alguns adultos se reuniram em torno dela comentando "Ela não é uma gracinha! Ela é uma pequena atriz!". O elogio teria sido o suficiente para virar a cabeça de muitas pessoas mais velhas, mas a pequena apenas agradeceu ao grupo e, virando-se para outro jogador, perguntou "Você acha que eu sustentei o foco?".

Esta abordagem com o jogo teatral, para o processo de ensino/aprendizagem de teatro na sala de aula, ajudará os jogadores a se tornarem tão concentrados fisicamente com a liberdade e as limitações do teatro e sua responsabilidade para com a plateia que não haverá necessidade para a proposição tradicional de "ignorar a plateia".

DESENVOLVENDO A PEÇA ESCRITA

As seguintes notas são dirigidas ao professor que deseja realizar a apresentação de uma peça escrita. Mesmo que a peça que você escolheu para ser apresentada for criada por você e seu grupo a partir de histórias e poemas durante as oficinas de jogos teatrais, as crianças irão querer levar as cópias para "decorar suas falas" em casa. No entanto, a abordagem de jogos teatrais no treinamento teatral exige total integração de corpo e mente, palavras e ações. Portanto, recomendamos fortemente que os textos permaneçam na sala de aula de forma que as falas sejam aprendidas no contexto.

ESCOLHENDO A PEÇA

É difícil estabelecer critérios para a escolha de uma peça. No entanto, há algumas questões específicas que o professor deveria se colocar antes de tomar a decisão final:

1. Quem será a plateia?
2. Quais são as habilidades de meus atuantes?
3. Tenho uma equipe técnica capaz de manipular os efeitos que a peça exige?
4. É uma peça com a qual eu sei lidar?
5. A peça responderá ao meu trabalho com ela?
6. É de bom gosto?
7. Poderá fornecer uma experiência nova, provocar pensamento individual e, portanto, trazer enriquecimento para a plateia?
8. Vale a pena encenar a peça?
9. A peça é teatral?
10. Será uma experiência criativa para todos?
11. Será divertido fazê-la? Irá funcionar?

Durante o período de ensaios, pergunte-se constantemente:

1. Como pode ser clarificado o objetivo do dramaturgo?
2. Os maneirismos individuais dos atuantes estão impedindo o caminho?
3. A cena deveria ser enriquecida visualmente com marcações mais objetivas ou efeitos e adereços mais originais?
4. As cenas de coletivos estão sendo trabalhadas com pouca eficiência?
5. Deveríamos executar mais jogos?

O HORÁRIO PARA ENSAIO

O horário para ensaios pode ser dividido em três períodos. O primeiro período é para estabelecer o trabalho de base. O segundo período é para desenvolver o tema da peça e o terceiro período é para o polimento.

O diretor deve pensar no tema como um fio que faz a ligação entre todas as partes de uma produção.

O tema de uma peça é o fio condutor tecido em cada pequena seção – cada "batida" do jogo ou cena. Ele se mostra por meio do mais simples gesto do jogador e nos últimos retoques de um figurino. Algumas vezes, observando e ouvindo, é uma simples palavra ou frase que provoca a compreensão; outras, é apenas um sentimento não verbal que se desenvolve lentamente. O diretor pode encontrar o tema antes de iniciar os ensaios ou também durante os ensaios. O período de ensaios deve ser estruturado como segue:

Não imponha um tema, em desespero, sobre uma peça. O aleatório pode ser um tema.

O PRIMEIRO PERÍODO DE ENSAIO

Leituras de Mesa

A .O diretor lê o texto em voz alta (opcional).
B .A peça é dividida em partes.

C . Todos leem suas falas em voz alta. Pronúncia e erros tipográficos são limpos (Não tenha medo de dar instruções durante a leitura).

D . Nova leitura, utilizando *Vogais e Consoantes.*

E . Nova leitura utilizando *Soletrando.*

F . Nova leitura dando a instrução "Câmera lenta!" para sublinhar momentos críticos no texto.

G . Nova leitura corrida, sem interrupção.

Depois de duas ou três leituras de mesa como essas aqui esboçadas, o grupo já deverá estar relaxado, familiarizado com o texto e uns com os outros, dentro de um clima de ânimo antecipado. Todos entram no espírito do jogo, livre de tensões.

Quando os jogadores percebem que decorar as fala, interpretar o texto, criar o personagem etc. não são exigidos de início, um grande alívio ficará evidente.

Ensaios Corridos

Utilize portas, escadas etc., mantendo os cenários genéricos. Caso esteja trabalhando em uma peça com figurinos, dê algumas sugestões aos jogadores sobre o que irão vestir, se uma saia arqueada ou um terno com gravata. Dê instruções durante os ensaios, quando necessário: "Compartilhe o quadro de cena! Compartilhe a sua voz! Vogais! Cââmee-eeraaa leeentaaa!". A partir dos problemas que começam a emergir irão surgir os jogos teatrais que serão realizados na sua próxima oficina. Embora sua seleção de um jogo esteja baseada nas necessidades especiais de um ou dois atuantes, todos irão se beneficiar.

Aquilo que se denomina interpretação começa a emergir através de uma abordagem holística do ensaio, a partir do trabalho emergente feito pelo diretor, pelos atuantes e pelo dramaturgo.

Marcação de Cena

Marcação é essencialmente a coreografia do movimento de cena. Tão simples como isso possa parecer, a movimentação dos atores durante uma peça pode ser muitas vezes bastante arriscado. O diretor não pode controlar totalmente

Marcação é a integração do quadro de cena, uma composição em movimento.

Embora, às vezes, seja necessário dar uma direção de cena para o ator, a marcação deve tornar-se uma resposta orgânica na vida da cena. O seguinte diálogo foi mantido com um jogador de dez anos:

"Por que você subiu para a boca de cena naquele momento?".

"Porque você me mandou".

"Isto não é mecânico?".

"Sim"

"Por que foi incumbido de ir até a boca de cena?".

"Eu vim para cá de forma que Tomas pudesse entrar".

"E por que você não podia esperar por ele onde estava?".

"Não fazia parte da cena que estava acontecendo naquele momento".

"Como você pode ficar fora de cena e ao mesmo tempo fazer parte do quadro de cena?".

"Eu coloco meu foco em ouvir Tomas entrando".

os lugares onde os atuantes ficarão ou como entram e saem de cena. A marcação deve facilitar o movimento, enfatizar e intensificar o pensamento e a ação, fortalecer os relacionamentos e sublinhar conflitos. Enquanto o ator for dirigido constantemente na mecânica do movimento de cena e não compreender que o movimento de cena só pode crescer a partir do envolvimento e inter-relação, ele só se lembrará de convenções e, portanto, não estará apto a movimentar-se naturalmente.

Jogadores com muitos meses de treinamento em oficinas estarão aptos a traduzir quaisquer instruções dadas pelo dramaturgo e diretor em ação de cena necessária. Jogar *Quadro de Cena* como um aquecimento para os ensaios neste momento da produção pode ser muito útil.

Onde (O Cenário)

É essencial que os jogadores entrem no cenário (o campo de jogo) e não apenas passem por ele. Nesta parte do período de ensaios, utilize a blablação e os jogos com Onde para ajudar os jogadores a estabelecer contato com seu ambiente de cena.

Dar e Tomar (Aquecimento) também é muito útil durante os ensaios para ajudar os jogadores a ouvir e escutar seus parceiros de jogo.

O SEGUNDO PERÍODO DE ENSAIOS

O Ensaio Relaxado

Quando as falas foram aprendidas, o ensaio descontraído dá perspectiva para os atuantes. Os jogadores devem ficar deitados no chão de olhos fechados e respirar com grande ênfase na expiração. Caminhe entre eles, erguendo um pé ou uma mão, para assegurar-se de que o relaxamento muscular é completo. Os jogadores, então, dizem as falas de olhos fechados focalizando na visualização do palco, dos outros atuantes e deles mesmos em cena. Calmamente, lembre os atuantes de não pronunciarem silenciosamente as palavras dos outros, mas apenas escutá-las, para manter o foco na visão do palco com os olhos fechados. Quando apropriadamente trabalhado e preparado, isto será divertido para todos. O trabalho de cena melhorará e os últimos sinais de ansiedade irão desaparecer.

Improvisações Gerais em Torno da Peça

Quando for necessário provocar os jogadores para além das falas do texto e intensificar relacionamentos, improvisações gerais podem ser muito úteis. Improvisações gerais parecem inicialmente não ter relação direta com a peça escrita. Elas são utilizadas para dar compreensão sobre os personagens que estão interpretando, para "ver as palavras" e atingir o foco para a cena. *Ver a Palavra* é útil para improvisações gerais em torno do texto, bem como a maioria dos jogos com Onde e Quem.

Ensaios Corridos

O ensaio corrido é especialmente válido para o diretor com pouco tempo de ensaio. É simplesmente um ensaio da peça sem interrupções de qualquer ordem. Não o interrompa de forma alguma. Tome notas e trabalhe com os atuantes em outro momento.

Biografias

Por volta do final do segundo período de ensaios, peça para os jogadores fazerem biografias de seus personagens.

Uma biografia escrita por uma menina de quatorze anos, uma fantasia imaginada por ela, afirmava que ela e o vilão tinham ido à escola juntos quando criança e que ela o havia amado muito. Embora isto logicamente teria sido impossível no contexto social da peça, este envolvimento emocional deu maior profundidade ao seu relacionamento com o vilão. A plateia nunca soube desta história.

Esta tarefa ocasionalmente pode trazer novas visões para um atuante que parece estar alcançando lugar nenhum com alguma parte. Uma biografia é tudo sobre o personagem que está sendo representado: escolaridade, pais, avós, comida favorita, principais ambições, amores, ódios, como se diverte, como passa as suas noites. Depois acrescente o que levou o personagem à situação de cena imediata. Não permita discussões sobre as biografias. Simplesmente aceite-as como são e utilize-as como material de referência, caso e quando a necessidade aparecer. Não deve haver análises por escrito até que o jogador esteja entrando no personagem – não cedo demais.

O TERCEIRO PERÍODO DE ENSAIOS

Este é o período de polimento. A pedra preciosa já foi cortada e avaliada e agora deve ser colocada em seu lugar. O melhor é introduzir ensaios de iluminação no terceiro período, quando a encenação tem forma e fluência. O ensaio de iluminação permite tempo específico para trabalhar com uma cena mais problemática que não tenha sido solucionada durante os ensaios regulares.

O Ensaio Corrido Especial

Não há erros em cena no que concerne à plateia, pois ela não conhece o texto nem a ação da peça. Assim, o jogador nunca precisa deixar que a plateia saiba quando algo está errado.

O ensaio corrido especial deixa o elenco totalmente à vontade. Em ensaios corridos da peça (antes do ensaio com figurino) diga ao elenco que, no caso de uma quebra de qualquer ordem (risadas, falas esquecidas etc.) por qualquer um dos atuantes, todos – o elenco todo – devem dar cobertura e manter a cena em andamento. Caso isto não seja possível, todos voltam para o início do ato. Se, por exemplo, um jogador tiver uma quebra já no final do segundo ato e ninguém deu cobertura a isto, o diretor calmamente enuncia "Iniciem com o segundo ato, por favor!", e os atuantes voltam.

Depois de alguns "novos inícios" você verá o elenco colocar uma bem merecida pressão no culpado pela quebra. Lembre-se que todos são igualmente responsáveis por manter o jogo em andamento e devem dar cobertura aos parceiros no caso de surgir algum problema. Ao mesmo tempo proporcionará uma maior segurança para o jogador saber que, seja lá o que ocorrer em cena e seja qual for a crise ou o perigo que acontecer, o grupo virá em socorro para o bem-estar da peça.

O ensaio corrido especial é a mais plena expressão da experiência em grupo do trabalho. O jogador deve ser muito disciplinado, pois agora é diretamente responsável pelo grupo.

O ensaio corrido especial é muito excitante para os atuantes e mantém todos alertas para o momento em que for necessário dar cobertura a um parceiro. Depois de um ou dois ensaios, a apresentação continuará mesmo que caia o teto.

A Apresentação

A apresentação promove a fruição de todo o processo criativo realizado ao preparar a peça. Durante a apresentação, fique longe dos bastidores. Tudo deve ser tão bem organizado de forma que transcorra calmamente sem você. Os jogadores irão crescer em estatura durante a apresentação, caso estejam preparados adequadamente. Em particular, a caracterização falsa e desonesta e os relacionamentos se tornarão aparentes.

O palco é o raio X no qual toda estrutura secreta se mostra. Quando a peça é apresentada de forma frouxa, é como se os ossos estivessem fracos e isto será visto como uma fratura mostrada pelo raio X.

As oficinas e os ensaios podem não produzir completamente atores experientes em sua primeira apresentação, mas cada qual se sentirá bem à sua maneira.

Caso os atuantes decidam interromper o ensaio corrido, lembre-os de que a sua última apresentação é a primeira da plateia. O divertimento deve nascer da apresentação em si, não a partir de truques simplórios entre os parceiros.

CAPÍTULO 19:

APRIMORANDO A CRIANÇA ATUANTE

O que estamos tentando fazer acontecer é a aceitação do invisível como uma premissa para a conexão entre os jogadores e a plateia, sendo que esta conexão é a comunicação real.

AÇÃO INTERIOR

O conceito que está por detrás da ação interior pode ser exposto sem problemas para as crianças, mas é melhor não introduzi-lo até que elas tenham passado por várias improvisações e contação de histórias. Abaixo segue um exemplo de como lidar com o conceito de ação interior quando o grupo estiver pronto.

Você sabe o que sua mãe está sentindo quando você volta da escola? Se você quiser sair para brincar e precisar perguntar por sua permissão, você sabe se sua mãe está de bom humor?

Mesmo a menor criança concordará, lembrando.

Como você sabe?

"Pelo jeito como ela olha... pelo jeito como age".

Alguém de vocês gostaria de vir para cá e mostrar uma mãe que está bem-humorada? Embora crianças pequenas raramente trabalhem sozinhas, pode ser ocasionalmente uma excelente experiência para elas. Escolha um dos voluntários.

O jovem atuante escolhido vai para o palco e se torna a "mãe bem-humorada". Quando ele ou ela tiver terminado, ou discuta a apresentação com o grupo ou deixe que outros subam individualmente e trabalhem com este problema. A plateia de alunos prestará muita atenção.

Agora peça para as crianças ficarem sentadas quietinhas e pensarem sobre as suas famílias.

Você em geral sabe quando alguém da sua família está preocupado?

"Sim".

Peça que mostrem. Quando ficar claro que o grupo compreende que as pessoas tendem a mostrar aquilo que estão sentindo, então explique o problema de atuação conforme segue.

Vocês vão jogar um jogo que se chama o-que-você-está--sentindo. Cada um de vocês irá para a área de jogo por si mesmos; você estará em algum lugar esperando por alguém. Enquanto vocês esperam, estão pensando em algo. Quando você está pensando, nós da plateia devemos descobrir o que você está pensando.Você pode estar esperando por alguém que está atrasado. Ou você pode estar sozinho em uma vizinhança estranha, um pouco amedrontado. Ou você pode estar esperando por alguém que vai levá-lo a uma festa maravilhosa. Nós devemos adivinhar o seu pensamento interior.

Depois que o pensamento interior de cada um for comunicado para a plateia, reúna todas as crianças em uma sala de espera de uma estação de trem, por exemplo. Agora, os jogadores irão trabalhar pensando na mesma coisa que pensaram anteriormente, quando estavam trabalhando a sós (caso a classe seja muito grande, divida os alunos, metade como atuantes, e a outra metade como jogadores na plateia e depois troque as posições).

Quando este trabalho é apresentado de forma que as crianças consigam compreendê-lo em termos de sua própria experiência, surgirá ação interior interessante. Encoraje as crianças a realizar o jogo de ver "como as pessoas se sentem por dentro" também fora da sala de aula. Elas irão gostar de observar a família e os amigos e saber o que estão pensando.

Os jogos nas próximas duas sessões, "Trabalho de Cena" e "Contato" isolam alguns aspectos da apresentação e ajudam os jogadores a ampliar suas habilidades. Mas as últimas duas sessões, "Conflito" e "Desempenho de Papéis" contêm notas de advertência no sentido de distanciar improvisação e vida real.

TRABALHO DE CENA

QUADRO DE CENA

Objetivo: Reconhecer que qualquer parte de você é tudo de você.

Foco: Na criação em grupo.

Descrição: Os jogadores se movimentam pelo espaço cênico. Quando você disser "Quadro de cena!", os jogadores devem parar imediatamente. Caso alguma parte de alguém ou de todos os jogadores não estiver visível para a plateia, continue a dar a instrução "Quadro de cena!". Os jogadores, então, fazem instantaneamente aquilo que for necessário para tornar visível o que está faltando. Alguns irão se ajoelhar, outros levantar os braços, apresentar cotovelos. Muitas formações interessantes e aleatórias irão surgir.

Variações:1. Quadro de cena em movimento contínuo: o grupo fica em movimento constante, sendo que todos mantêm-se visíveis o tempo todo.

2. Os jogadores se movimentam pelo espaço cênico. O instrutor chama um jogador pelo nome. Todos os outros jogadores seguem este jogador até que "Pare!" seja enunciado. Repita com outros jogadores.

3. Dois grupos; um deles observa. Quando o quadro de cena estiver congelado, os jogadores na plateia deduzem um Onde, Quem e O Que a partir da posição dos jogadores.

Quadro de cena!
Continue!
Quadro de cena!
Continue!

Variação n.1:
Quadro de cena!
Quadro de cena!

Variação n.2:
(Nome do jogador): *Pare!*
(Nome de outro jogador): *Pare!*

Variação n.3:
Plateia, como chegou a estas conclusões?
Jogadores, como o quadro de cena interferiu no que a plateia observou?

SUSSURRO DE CENA (AQUECIMENTO) ★

**Relaxem os músculos da garganta!
Procurem abrir a garganta!
Acrescentem sons!
Dois! Quatro! Seis! Oito!
Busquem o som a partir da ponta
dos pés!**

Foco: Em relaxar os músculos da garganta e colocar toda energia corporal no sussurro de cena audível.

Descrição: O grupo todo permanece sentado com os pés no chão. Os jogadores devem falar alto, procurando abrir suas gargantas tanto quanto possível. Na medida em que os músculos da garganta relaxam, os jogadores devem acrescentar sons vocais à fala. Quando instruídos, os jogadores devem repetir palavras simples e números ou rimas, usando o sussurro de palco. Por exemplo: Um, dois! Feijão com arroz! Três, quatro, feijão no prato! Cinco, seis, falar chinês! Sete, oito, comer biscoito!

Notas: 1. Um sussurro de cena não é um sussurro verdadeiro, pois deve ser compartilhado com a plateia e significa atuar através de um sussurro. Quando feito adequadamente, a voz deve ser ressonante.

2. Caso apareçam bloqueios, interrompa este exercício por algum tempo.

De onde nasceu a energia para o sussurro de cena?

SUSSURRO DE CENA

**Abra sua garganta!
Use o corpo todo!
Sussurre desde a ponta dos pés!
Não é apenas um sussurro... é um
sussurro de cena!
Compartilhe seu sussurro de cena
com a plateia!
Foco no sussurro de cena!
Sussurro de cena!**

Objetivo: Desenvolver momentos dramáticos.

Foco: Em sussurrar com projeção de voz e garganta aberta.

Descrição: Grupos de dois ou mais jogadores escolhem um Onde, Quem e O Que, os quais os jogadores precisam sussurrar um para o outro. Por exemplo: ladrões no banheiro, amantes brigando em uma igreja. Antes de começar a cena, os jogadores podem permanecer sentados por alguns segundos na área de jogo.

Notas: 1. Como esse exercício exige muita energia física para solucionar o problema, essa liberação provoca situações de cena divertidas ou vinhetas teatrais instantâneas. Quando o foco é mantido no sussurro de cena, esse exercício quase sempre produz experiência teatral.

2. Citar "Um minuto!" pode intensificar o esforço do grupo.

Os jogadores apenas falaram baixinho ou usaram o sussurro de cena?

3. Lembrete: quando os jogadores ficarem atraídos pelo diálogo interessante ou humor desenvolvido no evento (cena) devido à resposta da plateia, instrua-os a voltarem para o foco: "Sussurro de cena!".

Jogadores, vocês deixaram que o foco trabalhasse por vocês? Plateia, vocês concordam?

Sacudindo o Barco/Compartilhando o Quadro de Cena

Objetivo: Ensinar marcação autoiniciada pelos jogadores.
Foco: No quadro de cena.
Descrição: Divida a classe em dois ou três grandes grupos. Cada grupo entra em acordo sobre Onde, Quem e O Que e escolhem um jogo teatral familiar (os mais indicados são *Quem Sou Eu?* ou *Baú Cheio de Chapéus*). Os jogadores devem pensar no palco ou área de jogo como um pequeno barco ou canoa no mar. Discuta o que acontece com um barco quando todos os passageiros ficam sentados de um só lado. Pergunte para os jogadores se há momentos em cena que queremos sacudir o barco. Acrescente ao jogo teatral escolhido a regra adicional: quando for dada a instrução "Balance o barco!", os jogadores devem deliberadamente desequilibrar o espaço do palco e quando for dada a instrução "Compartilhe o quadro de cena!", os jogadores devem equilibrar o quadro de cena. Todo movimento deve ser integrado com Onde, Quem e O Que.

Balance o barco!
Encontre um jeito de sacudir o barco!
(depois de algum tempo)
Compartilhe o quadro de cena!
Não balance o barco!

Notas: 1. A instrução "Você está sacudindo o barco!" ou "Compartilhe o quadro de cena!" pode ser dada em qualquer jogo teatral e encoraja a marcação de cena autoiniciada, responsabilizando todos os jogadores pelo quadro de cena.

2. Quando necessário em outros jogos teatrais, daqui para frente, "Você está sacudindo o barco!" ou "Compartilhe o quadro de cena!" deve ser dado para o grupo todo e não para um jogador, pois dessa forma todos os jogadores podem ver a si mesmos por meio da relação física com os parceiros e atuar dentro do quadro de cena como um todo.

CONTATO

O contato pode ser feito pelo toque físico direto, por adereços ou pelo foco no olhar.

Algumas vezes, assistimos peças atuadas por crianças que permanecem em pequenas áreas – com medo de tocar, olhar diretamente ou mesmo ouvir umas às outras. Contatos intensos entre os jogadores, quando uma mão realmente segura o braço do outro ou quando um olhar encontra outro olhar, torna a produção mais viva, mais sólida. A plateia pode sentir quando o contato real foi feito. Dê instruções nesse sentido durante todo o período de oficinas.

Invista o tempo de ensaio na realização de cenas da peça como exercícios de contato

O contato pode intensificar cenas altamente dramáticas. Aqui, os atuantes não podem escapar para dentro do diálogo ou personagem, mas devem permanecer e ser vistos. Isto obriga todos os jogadores a fazer escolhas mais sofisticadas de movimentação de cena.

CONTATO

Objetivo: Forçar todos os jogadores a utilizar seus recursos internos. Dar variedade à atividade de cena. Ajudar os jogadores a verem e serem vistos.

Foco: Em fazer contato físico direto a cada novo pensamento ou frase no diálogo.

Descrição: Dois ou mais jogadores estabelecem Onde, Quem e O Que. Cada jogador deve fazer contato físico direto (tocar) com seu parceiro cada vez que uma nova frase ou pensamento é introduzido. A cada mudança no diálogo deve ser feito um contato físico direto. Os jogadores são responsáveis pelos seus próprios diálogos e contatos. Comunicações não verbais (acenos, assobios, dar de ombros etc.) podem ser aceitos. Se o contato não puder ser feito, não deve haver diálogo (como uma surpresa para os jogadores, acrescente regras mais desafiadoras conforme instruções nas partes 2 a 4).

Notas: 1. Os jogadores resistem ao contato devido ao medo de se tocarem. Isto é verificado pela irritação em procurar variedade, de cutucões, empurrões, contato por meio de adereços de cena, utilizando apenas contato eventual e limitado (batendo nos ombros etc.) Volte para os exercícios anteriores, enfatizando relacionamentos, movimentos corporais e substância do espaço.

2. Se os jogadores não deixarem que o foco trabalhe por eles, irão recair em improvisações irrelevantes, irão cutucar uns aos outros em vez de fazer contato verdadeiro e, como resultado, teremos a invenção de atividade inútil. Utilize as instruções das partes 2, 3 e 4 quando os jogadores menos esperarem, para variar o contato.

3 Sugira que os jogadores façam contato não verbal com um membro de sua família ou amigo, sem deixar que o outro o saiba. Discuta as várias respostas que os jogadores receberam.

Parte 1:
Contato! (Todas as vezes que o jogador falar sem tocar)
Varie o contato!
Fique em silêncio se não puder estabelecer o contato!
Utilize toda a área de jogo!
Jogue o jogo!

Parte 2:
Não faça contato duas vezes no mesmo lugar!

Parte 3:
Não utilize as mãos! Não faça contato com as mãos!

Parte 4:
Não faça contato com os pés!

Houve maior envolvimento entre os jogadores por causa do contato? Houve variedade de contato? O contato surgiu do Quem ou ele foi mecânico?
Jogadores, vocês mantiveram o foco quando fizeram contato ou vocês estavam preocupados apenas com a atividade de cena?

CONFLITO

O conflito não deve ser introduzido nos jogos até que todos os jogadores sejam capazes de usar o foco para criar relacionamentos. No trabalho inicial, desta autora, com crianças ficou evidente que os jogadores muitas vezes usavam o conflito para produzir ação. Os jogadores envolvidos com o foco são capazes de conectar e relacionarem-se uns com os outros, tornando possível a ação física. Caso os jogadores estejam absorvidos apenas com a história, o conflito é, às vezes, inevitável. Mas isto não é sempre necessário. Energia e ação de cena são gerados pelo simples processo de jogar um com o outro.

Quando o conflito é dado cedo demais, o envolvimento ocorrerá entre os próprios jogadores, gerando cenas emocionais subjetivas, batalhas verbais e até empurrões e agressões.

DESEMPENHO DE PAPÉIS

Muitas pessoas que trabalham com *teatro na educação* defendem a utilização do desempenho de papéis na sala de aula, no entanto, quando utilizado para solução de conflitos deveria ser deixado nas mãos de terapeutas clínicos. Eles são treinados para lidar com as emoções e memórias mal digeridas que, às vezes, podem surgir durante as sessões de desempenho de papéis.

Para educadores que pensam no desempenho de papéis como uma simples oportunidade para os jovens assumirem personagens das aulas de estudos sociais ou literatura, os jogos com Onde, Quem e O Que são bastante úteis.

Os jogos teatrais oferecem muitas oportunidades para experimentar diferentes pontos de vista. Mas eles não devem infringir a privacidade do jogador. Quando os jogadores trabalham com o foco, estão atuando a partir do momento, vivendo a si mesmo e cada um dos outros, presentes no momento do jogo.

CAPÍTULO 20:

Eliminando Qualidades de Amador

Muitos de nós já assistimos a espetáculos de crianças ou adultos amadores onde, além de um vislumbre esporádico de graça natural ou um momento fugaz de espontaneidade, pouco ou mesmo nada havia que redimisse a apresentação. Os atores podiam estar até "expressando a si mesmos", mas eles o faziam às custas da plateia e da realidade teatral. Esta sessão caracteriza algumas das assim chamadas qualidades "amadorísticas" de atores jovens e inexperientes.

O ATOR AMADOR

1. Tem medo intenso do palco.
2. Não sabe onde colocar as mãos.
3. Tem movimento de cena desajeitado – balança de cá para lá, move-se pelo palco sem objetivo.
4. Lê rígida e mecanicamente as falas; esquece as falas.
5. Sua expressão é pobre; apressa sua fala.
6. Geralmente repete a fala que leu erradamente.
7. Repete em voz baixa as palavras de seus parceiros enquanto estas estão sendo pronunciadas.
8. Não cria atividade e movimentação de cena.
9. Não tem o sentido do tempo.
10. Perde o curso de ação; é insensível ao ritmo.

11. "Emociona-se" com as falas em vez de falar com os parceiros.

12. "Quebra" a cena.

13. Não projeta voz ou emoções.

14. Não sabe aceitar a direção.

15. É dependente da mobília e dos adereços.

PREPARANDO O JOGADOR PARA O PALCO

1. O medo do palco é o medo do julgamento. O ator tem medo da crítica, de ser ridículo, de esquecer suas falas etc. Isto pode ser superado por uma compreensão orgânica das frases "Compartilhe com a plateia! Mostre, não conte!".

2. A maioria dos atores imaturos usa apenas a boca e as mãos. Quando os alunos aprendem a atuar com o corpo todo (fisicalizar), o problema de onde colocar as mãos desaparece. Na realidade, nunca mais aparecerá, depois que os alunos-atores compreenderem a ideia do foco.

3. O movimento desajeitado de cena é geralmente o resultado de direção de cena imposta. Quando o ator está fazendo esforço para recordar, em vez de permitir que o movimento surja da realidade de cena, sua movimentação será fatalmente desajeitada. Qualquer exercício de envolvimento com o objeto ajudará aqui.

4. A leitura mecânica é resultado da não criação de realidade. A recitação de palavras torna-se mais importante para o ator do que a compreensão de seu significado e dos seus relacionamentos. Elas permanecem meras "palavras" em vez de transformarem-se em "diálogo". Veja os capítulos 10 e 11.

5. Falas lidas erradamente e depois repetidas, palavra por palavra, são exemplos de memorização mecânica, que massacra definitivamente a espontaneidade. O treinamento mecânico (decorado) é também a causa de muitas outras qualidades amadorísticas. A capacidade de enfrentar uma

crise no palco deve tornar-se uma segunda natureza, mesmo para o ator mais jovem. Por meio do treinamento, ele pode aprender a improvisar e solucionar qualquer problema – o diálogo mal lido ou falas esquecidas.

6. A expressão pobre e a fala apressada geralmente são resultantes da falta de compreensão, por parte do ator, de que a plateia é um elemento integral do teatro.

7. A memorização prematura leva os atores a sussurrar as palavras do outro. Isto ocorre quando se permite que atores jovens levem o texto para casa, onde eles memorizam tudo o que está escrito.

8. A capacidade para criar atividade e movimentação de cena e marcação interessantes só pode surgir da compreensão dos relacionamentos e envolvimentos em grupo.

9. O sentido de tempo teatral pode ser ensinado. O tempo é o reconhecimento do outro dentro da realidade teatral.

10. As falhas em sentir o ritmo (assim como o tempo) acontecem quando um ator é insensível à plateia e aos parceiros. Os exercícios visam desenvolver esta sensibilidade.

11. A atuação declamatória ou "emocionada" resulta do isolamento e da utilização subjetiva do palco. É egocêntrica e exibicionista, pois o ator é incapaz de relatar as palavras para os parceiros e, portanto, para os sentimentos internos que os provocaram.

12. Quando os atores "quebram" ou saem do personagem em cena, eles perderam a visão dos relacionamentos internos da peça e também do foco.

13. A projeção inadequada é causada pelo medo ou pela negligência da plateia como parceiros.

14. A incapacidade para aceitar direção, muitas vezes, se origina da falta de objetividade ou comunicação inadequada entre o ator e o diretor. O ator pode não estar ainda livre o suficiente para assumir sua responsabilidade perante o grupo. *Tela de Televisão* e *Contação de Histórias* proporcionam ao aluno uma perspectiva dos problemas de direção.

15. Quando o ator se move com hesitação no palco, arrastando-se de uma cadeira para outra, ou movimentando-se

sem objetivo pelo palco, ele está demonstrando medo de ficar exposto à plateia. Este é o problema central do teatro amador. Dar ênfase nos exercícios de interação em grupo e compartilhar com a plateia serão de grande utilidade.

Nenhum dos jogos deste livro é destinado a eliminar problemas individuais. O efeito dos jogos é cumulativo e irá solucionar os problemas acima e outros, antes de aparecerem. Depois de familiarizados com os jogos, os atuantes irão descobrir que as habilidades, técnicas e espontaneidade necessárias no teatro irão se tornar rapidamente e para sempre suas.

APÊNDICE 1:

Sequências de Oficinas

(A primeira delas, com comentário, pode ser encontrada no capítulo 1. As que seguem foram organizadas em ordem da mais simples até a mais avançada. Onde não há listagem de jogos de aquecimento, escolha aquele que mais lhe agrada).

SEQUÊNCIA N.2
(preparando um espetáculo de bonecos)

	Jogos Tradicionais (aquecimentos e envolvimentos)	Jogos Teatrais
Oficina n.1	Jogo de Observação ★ Quem Iniciou o Movimento? ★	Extensão da Visão Três Mudanças Espelho Quem é o Espelho?
Oficina n.2	Movimento Rítmico Jogo de Observação ★	Substância do Espaço Jogo de Bola É Mais Pesado Quando Está Cheio Parte de um Todo, Objeto
Oficina n.3	Dar e Tomar (Aquecimento) ★ Jogo dos Seis Nomes ★	Parte de um Todo, Atividade Parte de um Todo, Profissão Que Idade Tenho? O Que Faço para Viver?

	Jogos Tradicionais	Jogos Teatrais
Oficina n.4	IDENTIFICANDO OBJETOS ★ OBJETO MOVE OS JOGADORES	MOLDANDO O ESPAÇO EM GRUPO ACRESCENTAR UMA PARTE
Oficina n.5	VENENO ★	BLABLAÇÃO (INTRODUÇÃO) BLABLAÇÃO/ PORTUGUÊS BLABLAÇÃO: ENSINAR
Oficina n.6	CAÇA-GAVIÃO ★	ESPELHO SIGA O SEGUIDOR ESPELHO COM SOM CONSTRUINDO UMA HISTÓRIA
Oficina n.7	EU VOU PARA A LUA ★ BATENDO ★	RELATANDO UM INCIDENTE ACRESCENTANDO COLORIDO CONSTRUINDO UMA HISTÓRIA
Oficina n.8		SUBSTÂNCIA DO ESPAÇO MOLDANDO O ESPAÇO (INDIVIDUAL) REVEZAMENTO DO ONDE JOGO DO ONDE PLAYGROUND
Oficina n.9	DAR E TOMAR (AQUECIMENTO) ★ A CARROCINHA PEGOU ★	PÉS E PERNAS N.1 APENAS MÃOS (Utilize bonecos de meia para ilustrar uma história favorita. Você pode pedir para os atuantes escolherem personagens e decorar seus bonecos de meia para caracterizar os personagens).
Oficina n.10		CORO GREGO (Utilize um jogo cantado Bom Dia Minha Senhorinha, Senhora Dona Sancha etc. e ilustre com bonecos). BONECOS

SEQUÊNCIA N.3

(Construindo espírito de grupo)

	Jogos Tradicionais (aquecimentos e envolvimentos)	Jogos Teatrais
Oficina n.1	FILA ÚNICA ★ TRÊS MUDANÇAS ★ QUEM INICIOU O MOVIMENTO? ★	ESPELHO SIGA O SEGUIDOR QUEM É O ESPELHO?
Oficina n.2	BATATINHA FRITA ★ TRÊS MOCINHOS DE EUROPA ★	CABO-DE-GUERRA PULAR CORDA PLAYGROUND
Oficina n.3	SÍLABAS CANTADAS ★	BLABLAÇÃO: ENSINAR BLABLAÇÃO/PORTUGUÊS
Oficina n.4		SENTINDO O EU COM O EU PARTE DE UM TODO, ATIVIDADE PARTE DE UM TODO, PROFISSÃO PARTE DE UM TODO, OBJETO
Oficina n.5		SENTINDO O EU COM O EU VENDO ATRAVÉS DE OBJETOS TOCAR E SER TOCADO/VER E SER VISTO PARTE DO TODO, RELACIONAMENTO QUEM SOU EU?
Oficina n.6	PEGADOR COM EXPLOSÃO ★ CÂMERA LENTA/ PEGA E CONGELAR ★	REVEZAMENTO DO ONDE JOGO DO ONDE COM DIAGRAMAS ACRESCENTANDO UMA PARTE
Oficina n.7	DAR E TOMAR (AQUECIMENTO) ★ (Este pode ser expandido para várias sessões)	RELATANDO UM INCIDENTE ACRESCENTANDO COLORIDO CONSTRUINDO UMA HISTÓRIA CONTAÇÃO DE HISTÓRIAS
Oficina n.8	VENENO ★	BLABLAÇÃO (INTRODUÇÃO) BLABLAÇÃO/ PORTUGUÊS (Ver notas para instruções ao aluno no capítulo 1)

	Jogos Tradicionais	Jogos Teatrais
Oficina n.9	Dar e Tomar (Aquecimento) ★	Pés e Pernas Apenas Mãos Envolvimento com o Corpo Todo
Oficina n.10	Enigma ★	Baú Cheio de Chapéus (Contação de Histórias)

SEQUÊNCIA N.4

(Para jogadores com experiência)
(Jogos de aquecimentos e envolvimentos podem ser acrescentados pelo professor. Muitas oficinas incluem material que pode durar duas, três ou mais sessões para serem completadas com seu grupo).

	Jogos Tradicionais (aquecimentos e envolvimentos)	Jogos Teatrais
Oficina n.1	IDENTIFICANDO OBJETOS ★	JOGO DE BOLA VENDO UM ESPORTE: LEMBRANÇA QUE IDADE TENHO?
Oficina n.2		QUE HORAS SÃO? O QUE FAÇO PARA VIVER? QUEM ESTÁ BATENDO? JOGO DE OBSERVAÇÃO
Oficina n.3		CONVERSAÇÃO EM TRÊS VIAS
Oficina n.4		SIGA O SEGUIDOR SENTINDO O EU COM O EU ESPELHO COM SOM FALA ESPELHADA
Oficina n.5	DAR E TOMAR (AQUECIMENTO) ★	CALIGRAFIA PEQUENA CALIGRAFIA CEGA CALIGRAFIA GRANDE CONSTRUINDO UMA HISTÓRIA
Oficina n.6		EFEITOS SONOROS VOCAIS MESA DE SOM
Oficina n.7	SUSSURRO DE CENA (AQUECIMENTO) ★	ECO SOM ESTENDIDO SUSSURRO DE CENA

	Jogos Tradicionais	Jogos Teatrais
Oficina n.8		SIGA O SEGUIDOR
		DUBLAGEM
		CHARADAS
Oficina n.9		QUEM SOU EU?
		JOGO DO QUEM
Oficina n.10		SUBSTÂNCIA DO ESPAÇO
		MOLDANDO O ESPAÇO EM GRUPO
		QUADRO DE CENA
		SACUDINDO O BARCO/ COMPARTILHANDO O QUADRO DE CENA
Oficina n.11	ONDA DO OCEANO ★	O QUE ESTÁ ALÉM: ATIVIDADE

SEQUÊNCIA N.5

	Jogos Tradicionais (aquecimentos e envolvimentos)	Jogos Teatrais
Oficina n.1	PEGADOR COM GOLPE ★ FILA ÚNICA ★	SENTINDO O EU COM O EU CAMINHADA NO ESPAÇO N. 1 TOCAR E SER TOCADO/VER E SER VISTO (Na medida em que os jogadores se movimentam pelo espaço, peça para que cada um diga o seu nome ao passar por outro jogador).
Oficina n.2	TRÊS MUDANÇAS ★	SUBSTÂNCIA DO ESPAÇO MOLDANDO O ESPAÇO (INDIVIDUAL) PLAYGROUND CABO-DE-GUERRA
Oficina n.3	JOGO DOS SEIS NOMES ★	ESPELHO SIGA O SEGUIDOR ESPELHO COM SOM FALA ESPELHADA
Oficina n.4	CACHORRO E OSSO ★ QUEM INICIOU O MOVIMENTO? ★	EFEITOS SONOROS VOCAIS TELA DE TELEVISÃO
Oficina n.5	PEGADOR COM EXPLOSÃO ★ CÂMERA LENTA/PEGAR E CONGELAR ★ JOGO DE OBSERVAÇÃO ★	QUEIMADA JOGO DE BOLA
Oficina n.6	BATATINHA FRITA ★	MOLDANDO O ESPAÇO EM GRUPO CABO-DE-GUERRA PLAYGROUND

	Jogos Tradicionais	Jogos Teatrais
Oficina n.7	TRÊS MOCINHOS DE EUROPA ★	CAMINHADA NO ESPAÇO N.2 (Peça para os jogadores cantarem os seus nomes como na Oficina n.1) BLABLAÇÃO: INTRODUÇÃO BLABLAÇÃO: VENDER
Oficina n.8		EXTENSÃO DA AUDIÇÃO BLABLAÇÃO: VENDER (REPETIR) BLABLAÇÃO/ PORTUGUÉS
Oficina n.9	RUAS E VIELAS ★ RUAS E VIELAS: VARIAÇÕES ★	REVEZAMENTO DO ONDE JOGO DO ONDE
Oficina n.10		Séries do Onde, capítulo 9
Oficina n.11		Séries do Quem, capítulo 9
Oficina n.12		Séries do O Que, capítulo 9, ou Séries Parte de um Todo, capítulo 7

SEQUÊNCIA N.6

	Jogos Tradicionais (aquecimentos e envolvimentos)	Jogos Teatrais
Oficina n.1	CÂMERA LENTA/ PEGAR E CONGELAR ★ TRÊS MUDANÇAS ★	ESPELHO QUEM É O ESPELHO? SIGA O SEGUIDOR
Oficina n.2	REVEZAMENTO COM OBJETO ★ JOGO DOS SEIS NOMES ★	SIGA O SEGUIDOR ESPELHO
Oficina n.3	BATATINHA FRITA ★ EU VOU PARA LUA ★	SUBSTÂNCIA DO ESPAÇO JOGA DE BOLA PLAYGROUND OU PULAR CORDA
Oficina n.4	RUAS E VIELAS ★	QUEIMADA SUBSTÂNCIA DO ESPAÇO MOLDANDO O ESPAÇO EM GRUPO CABO-DE-GUERRA ENVOLVIMENTO COM OBJETOS GRANDES
Oficina n.5		CAMINHADA NO ESPAÇO N.1 ★ TRANSFORMAÇÃO DE OBJETOS PARTE DE UM TODO, ATIVIDADE PARTE DE UM TODO, PROFISSÃO PARTE DE UM TODO, RELACIONAMENTO QUEM SOU EU?
Oficina n.6		PARTE DE UM TODO, OBJETO REVEZAMENTO DO ONDE JOGO DO ONDE COM DIAGRAMAS JOGO DO ONDE
Oficina n.7	SÍLABAS CANTADAS ★	BLABLAÇÃO: INTRODUÇÃO BLABLAÇÃO/ PORTUGUÊS (Utilize instruções dos alunos)
Oficina n.8		ESCREVER EM TRÊS VIAS CONVERSAÇÃO EM TRÊS VIAS VOGAIS E CONSOANTES

	Jogos Tradicionais	Jogos Teatrais
Oficina n.9		Sentindo o Eu com o Eu
		Siga o Seguidor
		Espelho com Som
		Fala Espelhada
Oficina n.10	Enigma ★	Charadas
		Jogo do Desenho de Objetos

SEQUÊNCIAS DE OFICINAS 283

SEQUÊNCIA N.7

	Jogos Tradicionais (Aquecimentos e envolvimentos)	Jogos Teatrais
Oficina n.1	Três Mudanças ★ Quem Iniciou o Movimento? ★	Espelho Siga o Seguidor
Oficina n.2		Substância do Espaço Joga de Bola Queimada Cabo-de-Guerra Playground
Oficina n.3	Sílabas Cantadas ★	Blablação: Introdução Blablação: Vender
Oficina n.4		Sentindo o Eu com o Eu Extensão da Audição Caminhadas no Espaço n. 1 e 2 Parte de um Todo, Atividade Parte de um Todo, Profissão Parte de um Todo, Objeto
Oficina n.5		Sentindo o Eu com o Eu Tocar e Ser Tocado/Ver e Ser Visto Caminhadas no Espaço N. 1, 2 e 3 Parte de um Todo, Relacionamento Quem Sou Eu?
Oficina n.6	Pegador com Explosão ★ Câmera Lenta/ Pegar e Congelar ★	Revezamento do Onde Jogo do Onde com Diagramas Acrescentar uma Parte
Oficina n.7	Dar e Tomar (Aquecimento) ★	Relatando um Incidente Acrescentando Colorido Construindo uma História (e variações)
Oficina n.8	Veneno ★	Jogo do Desenho de Objetos Blablação/ Português

	Jogos Tradicionais	Jogos Teatrais
Oficina n.9	DAR E TOMAR (AQUECIMENTO) ★	PÉS E PERNAS N.2 EXERCÍCIOS PARA AS COSTAS APENAS MÃOS (Utilize bonecos de luvas para começar a construir histórias)
Oficina n.10	ENIGMA ★	CONTAÇÃO DE HISTÓRIAS (usando bonecos)

SEQUÊNCIA N.8

(Uma longa sequência com sessões breves)

	Jogos Tradicionais (Aquecimentos e envolvimentos)	Jogos Teatrais
Oficina n.1		ESCREVER EM TRÊS VIAS (utilize a variação com desenho) QUANTO VOCÊ LEMBRA? CONVERSAÇÃO EM TRÊS VIAS ESCREVER EM TRÊS VIAS
Oficina n.2		ESPELHO SIGA O SEGUIDOR ESPELHO COM SOM FALA ESPELHADA
Oficina n.3	DAR E TOMAR (AQUECIMENTO) ★	CALIGRAFIA PEQUENA CALIGRAFIA CEGA CALIGRAFIA GRANDE CONSTRUINDO UMA HISTÓRIA
Oficina n.4		EFEITOS SONOROS VOCAIS LEITURA CORAL
Oficina n.5	SUSSURRO DE CENA (AQUECIMENTO) ★	ECO SOM ESTENDIDO SUSSURRO DE CENA
Oficina n.6		SIGA O SEGUIDOR DUBLAGEM
Oficina n.7		TELA DE TELEVISÃO TELA DE SOMBRA (MONTAGEM)
Oficina n.8	DAR E TOMAR (AQUECIMENTO) ★	DAR E TOMAR DAR E TOMAR: LEITURA
Oficina n.9		QUEM SOU EU? JOGO DO QUEM MOSTRANDO O QUEM ATRAVÉS DE UM OBJETO MODIFICANDO A EMOÇÃO

Jogos Tradicionais	Jogos Teatrais
Oficina n.10 (várias sessões)	CAMINHADAS NO ESPAÇO N. 1, 2 E 3 CAMINHADA NO ESPAÇO CEGO
Oficina n.11	SUBSTÂNCIA DO ESPAÇO MOLDANDO O ESPAÇO EM GRUPO
Oficina n.12	QUADRO DE CENA
Oficina n.13	BLABLAÇÃO: LÍNGUA ESTRANGEIRA BLABLAÇÃO: INTÉRPRETE
Oficina n.14	SÍLABAS CANTADAS SOM ESTENDIDO
Oficina n.15	ESPELHO COM SOM FALA ESPELHADA VER A PALAVRA SOLETRANDO DAR E TOMAR: LEITURA
Oficina n.16 NÚMEROS RÁPIDOS ★	CONTATO CONTATO ATRAVÉS DO OLHAR PLATEIA SURDA PREGÃO SAÍDAS E ENTRADAS
Oficina n.17	ONDE COM ADEREÇOS DE CENA ONDE SEM AS MÃOS
Oficina n.18	EXPLORAÇÃO DE UM AMBIENTE AMPLO MOSTRANDO O ONDE SEM OBJETOS ONDE ESPECIALIZADO
Oficina n.19	ONDE COM AJUDA ONDE COM OBSTÁCULOS ONDE COM AJUDA/OBSTÁCULO

Jogos Tradicionais	Jogos Teatrais

Oficina n.20

DAR E TOMAR: LEITURA
SOLETRANDO
VER A PALAVRA
VERBALIZANDO O ONDE N.1 E 2
SUBSTÂNCIA DO ESPAÇO
TRANSFORMAÇÃO DE OBJETOS
CAMINHADA NO ESPAÇO N.1
CAMINHADA NO ESPAÇO CEGO
NÃO-MOVIMENTO

Oficina n.21

APÊNDICE 2:

Extensão e Sequência de Habilidades*

Movimento

	Música e Movimento Rítmico	Movimento Energético	Consciência Corporal
Elementar	Onda do Oceano (3) Passa Passa Três Vezes (3) Movimento Rítmico (3) Caça-Gavião (6) A Carrocinha Pegou (8) Senhora Dona Sancha (9) Fulano Entra na Roda (10) Pai Francisco (10) Veneno (14) Sátiras e Canções(15)	Revezamento com Objeto (2) Pegador com Golpe (2) Pegador com Explosão (2) Ruas e Vielas (2) Ruas e Vielas: Variações (2) Maria no Canto (10)	Câmera Lenta/ Pegar e Congelar (3) Sentindo o Eu com o Eu (4) Cabo-de-Guerra (5) Pés e Pernas n.1 (13) Apenas Mãos (13) Envolvimento com o Corpo Todo (13) Marionetes (13)
Avançado	Onda do Oceano (3) Movimento Rítmico (3) Veneno (14)	Revezamento com Objeto (2) Pegador com Golpe (2) Pegador com Explosão (2) Ruas e Vielas (2) Ruas e Vielas: Variações (2)	Câmera Lenta/ Pegar e Congelar (3) Não-Movimento (3) Sentindo o Eu com o Eu (4) Caminhada no Espaço n.2 (4) Caminhada no Espaço n.3: Esqueleto (4) Cabo-de-Guerra (5) Queimada (5) Pés e Pernas n.1 (13) Pés e Pernas n.2 (13) Apenas Mãos (13) Exercícios para as Costas (13) Envolvimento com o Corpo Todo (13) Marionetes (13) Partes do Corpo Cena Completa (13)

*Os números entre parênteses indicam os capítulos nos quais os jogos podem ser encontrados. Os jogos estão categorizados através de maior ênfase, e listados na ordem em que aparecem.

EXTENSÃO E SEQUÊNCIA DE HABILIDADES 289

PERCEPÇÃO E EXPRESSÃO

Observação /Concentração/ Memória	Consciência Sensoria	Imitação/Refletir	
Batatinha Frita (2) Fila Única (6) Eu Vou para a Lua (6) Três Mudanças (6) Jogo de Observação (6) Quem Iniciou o Movimento? (6) Batendo (9) Quem Está Batendo? (9) Caligrafia Grande (10) Conversação em Três Vias (12)	Tocar e Ser Tocado/ Ver e Ser Visto (4) Extensão da Visão (6) Vendo através de Objetos (6) Vendo um Esporte: Lembrança (6) Ouvindo o Ambiente (6) Cachorro e Osso (9) Identificando Objetos (9) Eco (11) Relatando um Incidente Acrescentando Colorido (15)	Espelho (8) Quem é o Espelho? (8) Siga o Seguidor (8) Espelho com Som (11)	Elementar
Números Rápidos (2) Batatinha Frita (2) Magia Negra (6) Escrita Egípcia (6) Três Mudanças (6) Jogo de Observação (6) Quem Iniciou o Movimento? (6) Caligrafia Grande (10) Caligrafia Pequena (10) Caligrafia Cega (10) Quanto Você Lembra? (12) Conversação em Três Vias (12) Escrever em Três Vias (12) Jogo do Desenho de Obejtos (12) Construindo uma História: Congelar a Palavra no Meio (15) Construindo uma História: Leitura (15)	Tocar e Ser Tocado/ Ver e Ser Visto (4) Caminhada no Espaço n.1 (4) Caminhada no Espaço: Cego (4) Extensão da Visão (6) Vendo através de Objetos (6) Vendo um Esporte: Lembrança (6) Extensão da Audição (6) Ver a Palavra (10) Som Estendido (11) Relatando um Incidente Acrescentando Colorido (15)	Espelho (8) Quem é o Espelho? (8) Siga o Seguidor (8) Fala Espelhada (10) Espelho com Som (11) Dublagem (14)	Avançado

ELEMENTOS DRAMÁTICOS

	Cenário	Enredo	Caracterização

Elementar	Onde com Adereços de Cena (9)
	Revezamento do Onde:
	  Construindo um
	  Cenário (9)
	Que Horas São? (9)
	Exploração de um Ambiente
	  Amplo (9)
		Tela de Televisão (14)
		Tela de Sombra (14)
		Construindo uma História (15)
		Contação de Histórias (16)
			Que Idade Tenho? (9)
			O Que Faço para Viver? (9)
			Quem Sou Eu? (9)
			Jogo do Quem (9)
			Baú Cheio de Chapéus (15)

Avançado	Jogo do Onde com Diagramas (9)
	Onde com Adereços de Cena (9)
	Revezamento do Onde:
	  Construindo um Cenário (9)
	Exploração de um Ambiente
	  Amplo (9)
	Onde sem as Mãos (9)
	Mostrando o Onde sem
	  Objetos (9)
	Onde com Ajuda (9)
	Onde com Obstáculos (9)
	Onde com Ajuda/Obstáculo (9)
	Onde Especializado (9)
		O que Está Além (9)
		Tela de Televisão (14)
		Tela de Sombra (14)
		Construindo uma História (15)
		Contação de Histórias (16)
			Que Idade Tenho? (9)
			Quem Sou Eu? (9)
			Jogo do Quem (9)
			Mostrando o Quem através de um
			  Objeto (9)
			Baú Cheio de Chapéus (15)

EXTENSÃO E SEQUÊNCIA DE HABILIDADES 291

TRABALHO DE EQUIPE

Som & Diálogo	Desempenho de Papéis	Colaboração	

Jogo dos Seis Nomes (10)
Sílabas Cantadas (10)
Blablação: Introdução (11)
Blablação/Português (11)
Rádio (14)
Coro Grego (14)
Efeitos de Sonoros Vocais(14)
Leitura Coral (14)
	Parte de um Todo, Atividade (7)
	Parte de um Todo, Profissão (7)
	Parte de um Todo,
	  Relacionamento (7)
	Aeroporto (9)
		Nó (2)
		Moldando o Espaço em Grupo (5)
		Pular Corda (5)
		Envolvimento em Três ou Mais (5)
		Acrescentar uma Parte (5)
		Parte de um Todo, Objeto (7)
		Dar e Tomar (Aquecimento) (10)
		Sacudindo o Barco/
		Compartilhando o Quadro de
		  Cena (19)
			Elementar

Jogo dos Seis Nomes (10)
Sílabas Cantadas (10)
Blablação: Introdução (11)
Blablação/Português (11)
Rádio (14)
Coro Grego (14)
Efeitos Sonoros Vocais (14)
Mesa de Som (14)
Leitura Coral (14)
Soletrando (15)
Vogais e Consoantes (15)
Sussurro de Cena
  (Aquecimento) (19)
Sussurro de Cena (19)
	Parte de um Todo, Atividade (7)
	Parte de um Todo, Profissão (7)
	Parte de um Todo,
	  Relacionamento (7)
	Aeroporto (9)
	Dar e Tomar (10)
		Nó (2)
		Moldando o Espaço em Grupo (5)
		Envolvimento em Três ou Mais (5)
		Acrescentar uma Parte (5)
		Parte de um Todo, Objeto (7)
		Dar e Tomar (Aquecimento) (10)
		Dar e Tomar: Leitura (10)
		Quadro de Cena (19)
		Sacudindo o Barco/
		  Compartilhando o Quadro de
		  Cena (19)
			Avançado

CRIATIVIDADE

	Dramatização	Pantomima	Improvisação
Elementar	Envolvimento em Duplas (5) Encontrar Objetos no Ambiente Imediato (5) É Mais Pesado Quando Está Cheio (5) Três Mocinhos de Europa (9) Blablação: Ensinar (11)	Substância do Espaço (5) Moldando o Espaço (Individual) (5) Jogo de Bola (5) Playground (5) Objeto Move os Jogadores (5) O Que Estou Comendo? Saboreando? Cheirando? Ouvindo? (9) Envolvimento com Objetos Grandes (9) Envolvimento sem as Mãos (9)	
Avançado	Envolvimento em Duplas (5) Encontrar Objetos no Ambiente Imediato (5) É Mais Pesado Quando Está Cheio (5) Envolvimento com o Ambiente Imediato (9) Modificando a Emoção (9) Enigma (10) Verbalizando o Onde, Parte 1 (10) Verbalizando o Onde, Parte 2 (10) Blablação: Vender (11) Blablação: Língua Estrangeira (11) Blablação: Intérprete (11) Charadas (15) Pregão (17) Plateia Surda (17)	Substância do Espaço (5) Moldando o Espaço (Individual) (5) Jogo de Bola (5) Playground (5) Transformação de Objetos (5) Dificuldade com Objetos Pequenos (5) Objeto Move os Jogadores (5) Envolvimento com Objetos Grandes (9) Envolvimento sem as Mãos (9)	Trocando os Ondes (9) Jogo do Onde (Cena) (9) No Mesmo Lugar (15) Contato através do Olhar (17) Saídas e Entradas (17) Contato (19)

APÊNDICE 3:

Bibliografia

A. MATERIAL SUPLEMENTAR E FONTES
PARA O PROFESSOR

BARLIN, Anne Lief. *The Art of Learning through Movement.* Los Angeles: Ward Ritchie Press, 1971. Vários tipos de movimentos e gestos rítmicos são enfatizados neste livro. Mas o desenvolvimento da imaginação é o objetivo destes exercícios.

BARNFIELD, Gabriel. *Creative Drama in Schools.* London: Macmillan Education Ltd., 1968. Baseado em experiências na Inglaterra, este livro oferece muitas sugestões específicas para aplicação em sala de aula. Há listas de situações, movimentos para serem experimentados e cenários a serem usados. Há também sugestões para a utilização de música e dança para o *creative drama*.

BAUER, Caroline Feller. *Handbook for Storytellers.* Chicago: American Library Association, 1977. Embora a ênfase seja na contação de histórias, as histórias são muitas vezes uma motivação para o *creative drama*, de forma que esse livro pleno de informações constituindo-se como um instrumento valioso para o professor. Há também uma sessão sobre *creative drama* na qual há muito boas sugestões para desenvolver os sentidos, a utilização de pantomima e improvisações para iniciantes.

BLACKIE, Pamela; BULLOUGH, Bess; NASH, Doris. *Drama.* New York: Citation Press, 1972. Um volume com atividades para crianças pequenas.

CARLSON, Berenice Wells. *Let's Pretend It Happened to You.* Nashville: Abingdon Press, 1973. Este livro contém histórias e uma visão geral de como utilizar *creative drama* com grupos de crianças pequenas. Fornece material para atividades, histórias, discussão e planejamento, dramatização de histórias e avaliação. Uma boa fonte de iniciação.

CHAMBERS, Dewey. *Storytelling and Creative Drama.* Dubuque, Iowa: William C. Brown, 1970. Há uma descrição muito clara sobre como ajudar crianças a dramatizar uma história. O professor de sala de aula poderá desejar reduzir o estágio de planejamento, mas os princípios básicos apresentados são bons e há muitas sugestões específicas. Este livro também será útil para o professor que deseja contar uma história em vez de fazer a sua leitura antes de iniciar a atividade dramática.

CHEIFITZ, Dan. *Theatre in My Head.* Boston: Little, Brown & Co., 1971. O livro é uma descrição da prática com um grupo de crianças de oito a onze anos.

CRANSTON, Jerneal. *Dramatic Imagination.* Eureka, California: Interface California Corporation, 1975. Exercícios sensoriais e de imaginação, trazendo uma perspectiva do *creative dramatics* e muitas histórias para serem dramatizadas, apresentadas por este professor experiente. Há mais de cem exercícios bem explicados e vinte planos de aula, os quais podem ser integrados com o currículo.

CULLUM, Albert. *Push Back the Desks.* New York: Citation Press, 1967. Este livro lida com *creative drama* bem como outras abordagens criativas para envolver os alunos.

GILBERT, Anne Green. *Teaching the Three R's through Movement Experiences.* Minneapolis, Minnesota: Burgess Publishing Co., 1977. Embora alguns dos exercícios possam perder impacto dramático no esforço de relacioná-los com o currículo, há vários exercícios curtos para a sala de aula. Há mais atividades de aquecimento e motivacionais do que planos de aula. Não há material suficiente para construir um programa de *creative drama*, mas o livro contém material suplementar útil.

HEINIG, Ruth; STILLWELL, Lyda. *Creative Drama for the Classroom Teacher.* Englewood Cliffs, N.J.: PrenticeHall, 1981. Uma fonte para o desenvolvimento de um programa de *creative drama* na sala de aula. Cobre desde simples atividades como jogos até pantomimas, criação de diálogo para cenas e dramatização de histórias. Excelente bibliografia.

HODGSON, John; RICHARDS, Ernest. *Improvisation.* New York: Grove Press, 1974. Este livro contém muitas sugestões práticas com exemplos sobre como utilizar a improvisação com ou sem texto para ajudar os alunos a tornar-se mais expressivos e livres com a linguagem.

JENNINGS, Sue. *Remedial Drama.* New York: Theatre Arts, 1974. Embora focalizado no desenvolvimento de atividades dramáticas com deficientes, esta exploração sensível do *creative drama* tem inúmeras aplicações com qualquer grupo. O livro é uma descrição e registro da experiência da autora. Fornece informações excelentes.

KELLY, Elizabeth Y. *The Magic If:* Stanislavski for children. Baltimore: National Educational Press, 1973. Orientado em direção à apresentação de espetáculos, este livro fornece muitos exercícios imaginativos a serem usados no contexto do *creative drama.* Há bom material para o desenvolvimento da consciência sensorial e imaginação, concentração e comunicação.

KEYSELL, Pat. *Motives for Mime.* London: Evans Brothers, Ltd., 1975. Keysell vai além da mímica para incluir muitos exercícios de imaginação e exercícios de construção de controle interno, sequencialmente expostos do mais simples ao mais complexo. Fácil de compreender e utilizar.

LAZARUS, Joan. *Theatre Arts Discoveries*: a leader's guide to informal drama activities. Madison, Wisconsin: Department of Continuing Education in the Arts, University of Wisconsin – Madison, 1986. Esta publicação é elaborada como um guia para coordenadores sem treinamento formal de atividades dramáticas. Utiliza uma abordagem de *aprender fazendo* e guia o coordenador passo a passo no planejamento de atividades. Há uma sessão que inclui planos de aula, ideias para improvisação e sugestões para teatrohistória. Há vídeos que podem ser adquiridos.

LOWNDES, Betty. *Movement and Creative Drama for Children*. Boston, Mass.: Plays, Inc. Uma coleção de exercícios e jogos teatrais desenvolvidos em escolas básicas na Inglaterra. O livro enfatiza a consciência sensorial e o movimento mimético, mas há também uma discussão sobre o desenvolvimento psicológico da criança pequena.

MCCASLIN, Nellie. *Act Now! Plays and Ways to Make Them*. New York: S.G. Phillips, 1975. Embora não seja dirigido para o *creative drama*, este livro contém muitos excelentes exercícios de aquecimento bem como sugestões para atividades dramáticas. Será especialmente útil para o professor que deseja preparar uma peça para apresentação com seus alunos. Há ideias para iluminação, adereços, cenários, maquiagem, figurinos, bonecos e como escrever a própria peça.

_____. *Children and Drama*. New York: David McKay, 1975. Uma antologia escrita por vários especialistas na área. Trata-se de um livro mais teórico do que prático que dá ao professor uma perspectiva e compreensão sobre o que é o *creative drama* e a sua importância.

_____. *Creative Drama in the Classroom*. New York: Longman, Inc., 1984. Um livro útil com muitas sugestões práticas sobre como fazer com que as atividades dramáticas funcionem em sala de aula. Há material sobre movimento, imaginação e improvisação com ênfase em como elaborar peças. A bibliografia também é válida.

ROSENBERG, Helene S.; PINCIOTTI, Patricia. *Creative Drama and Imagination*: transforming ideas into action. New York: Holt, Rinehart & Winston, 1986. Este livro inicia-se com a apresentação dos elementos básicos do *creative drama* e fornece uma perspectiva sucinta, acompanhada por ilustrações. A segunda metade contém uma série de atividades.

SCHER, Anna; VERAL, Charles. *One Hundred Plus Ideas for Drama*. London: Heinemann Educational Books, 1981. Um livro prático escrito por um líder em *creative drama* inglês. Descrições concisas de jogos, exercícios verbais, aquecimentos, mímica e movimento, bem como dicas úteis sobre concentração, disciplina e coordenação de grupo.

SCHWARTZ, Dorothy; ALDRICH, Dorothy, eds. *Give Them Roots and Wings*. Washington, D.C.: American Theatre Association, 1972. Aulas de *creative drama* fáceis de acompanhar, preparadas por líderes na área. Há atividades que lidam com movimento e pantomima, sensibilização, caracterização, improvisação, diálogo e vocalização. Traz uma introdução sobre a importância do *creative drama*.

SIKS, Geraldine Bram. *Drams with Children*. 2nd ed. New York: Harper & Row, 1983.

SIKS, Geraldine; DUNNINGTON, Hazel Brain, eds. *Children's Theatre and Creative Dramatics*. Seattle: University of Washington Press, 1961. Uma coleção eclética de artigos sobre teatro infantil e *creative drama* por líderes na área. Embora seja provavelmente de valor limitado para não iniciados será valiosa referência para aqueles que querem aprender mais.

SILLS, Paul. *Story Theater*. New York: Samuel French, Inc., 1971. Estas peças são talvez muito difíceis para crianças. Mas fornecem os melhores exemplos de contos de fadas e lendas adaptadas para apresentações. Esta coleção, apresentada em Nova York nos inícios da década de setenta foi um grande sucesso.

SPOLIN, Viola. *Improvisation for the Theatre*. Evanston, Ill.: Northwestern University Press, 1963. (*Improvisação para o Teatro*. São Paulo: Perspectiva, 1979). O livro mais completo sobre improvisação. Muitos jogos teatrais podem ser utilizados na sala de aula com crianças mais velhas para construir habilidades de concentração e comunicação. Uma sessão especial é dedicada ao teatro realizado com crianças.

_____. *The Theater Game File*. St. Louis: Cemrel, Inc., 1975. (*O Fichário de Jogos Teatrais*. São Paulo: Perspectiva, 2001). Jogos teatrais oferecidos em forma de fichário.

_____. *Theater Games for Rehearsal*. Evanston, Ill.: Northwestern University Press, 1985 (*O Jogo Teatral no Livro do Diretor*. São Paulo: Perspectiva, 2004). Fornece diretrizes para jogos improvisacionais que visam habilidades e concentração. Cada jogo inclui um objetivo bem definido e o foco, descrição completa e sugestões para instruções e comentários para a avaliação. O livro visa a produção de grupos de teatro, mas também é válido para todos aqueles interessados em jogos teatrais.

STEWIG, John. *Informal Drama in the Elementary Language Arts Program*. New York: Teachers College Press, 1983. Este livro muito útil explica o que, por que e como do *creative drama*, desenhando uma abordagem sequencial que pode ser aplicada pelo professor. O livro é escrito claramente e traz detalhes ilustrativos.

_____. *Spontaneous Drama*: a language art. Columbus, Ohio: Charles E. Merrill, 1973. Guia útil para o professor que deseja usar o *creative drama* como linguagem artística. Bons exemplos de um educador que conhece as crianças e o *creative drama*.

Stewig oferece uma abordagem que auxilia em experiências de atividades dramáticas espontâneas, incluindo material para ser desenvolvido, segmentos para debates e discussões e avaliação.

TYNAS, Bill. *Child Drama in Action* (A Practical Manual for Techers). Toronto, Ontario: Gage Educational Publishing, 1971. Um bom começo para o iniciante. O professor logo desejará abandonar o escrito e acrescentar ideias próprias na medida em que forem aparecendo, particularmente para crianças maiores.

WAGNER, Betty Jane. *Dorothy Heathcote (Drama as a Learning Medium)*. Washington D.C.: National Education Association, 1976. Uma descrição do trabalho da grande professora inglesa. Poderá ser difícil para aqueles sem experiência em *creative drama* colocar a abordagem de Heathcote na sala de aula, mas elementos dela podem ser usados para incrementar compreensão conceitual e solução de problemas. A filosofia sublinha situações em que os alunos se tornam personagens da literatura ou do cotidiano contemporâneo com o objetivo de refletir suas experiências.

WARD, Winifred *Playmaking with Children from Kindergarten to High School*. New York: Appleton-Century-Crofts, 1957. Um clássico em teatro com crianças, com ênfase particular em contação de histórias por uma das grandes professoras na área. Ver também do mesmo autor *Creative Drama with and for Children*, Washington: Office of Education, 1960, e *Stories to Dramatize*, Anchorage, Ky.: Anchorage Press, 1957.

WAY, Brian. *Development through Drama*. Atlantic Highlands, N. J.: Humanities Press, 1972. Uma excelente introdução ao *creative drama*. Há muitas ideias para serem experimentadas. O livro fornece uma boa fundamentação para o professor.

WHITTAM, Penny. *Teaching Speech and Drama in the Infant School*. London: Ward Lock Educational, 1977. Traz planos de aula claros e sugestões para integração curricular, histórias e poemas para dramatizar e muita informação prática.

ZAVATSKY, Bill; PADGETTS, Ron, eds. *The Whole Word Catalogue 2*. New York: McGraw-Hill, 1977. Esta coleção de ensaios visa o ensino da escrita, mas é também uma excelente abordagem para estimular a criatividade das crianças.

ZISKIND, Sylvia. *Telling Stories to Children*. New York: H.W. Wilson Co., 1976. Uma boa perspectiva de técnicas para contar histórias, com bons exemplos de histórias a serem adaptadas.

B. UMA LISTA BREVE DE BONS LIVROS SOBRE BONECOS

BAIRD, Bil. *Art of the Puppet*. Boston: Plays, Inc., 1966.

BATCHELDER, Marjorie. *The Puppet Theater Handbook*. New York: Harper & Brothers, 1947.

COLE, Nancy. *Puppet Theatre in Performance*. New York: Wm. Morrow, 1978.

CUMMINGS, Richard. *101 Hand Puppets*. New York: McKay, 1962.

HANFORD, Robert Ten Eyck. *The Complete Book of Puppets and Puppeteering*. New York and London: Drake, 1976.

JENKINS, Peggy Davison. *The Magic of Puppetry*. Englewood Cliffs, N. J.: Prentice-Hall, Inc., 1980.

PEYTON, Jeffrey; KOENIG, Barbara. *Puppetry:* a tool for teaching. New Haven: P.O.Box 270, 1973.

MCCASLIN, Nellie. *Puppet Fun*. New York: McKay, 1977.

ROSS, Laura. *Puppet Shows Using Poems and Stories*. New York: Lothrop, Lee & Shepard, 1970.

C. HISTÓRIAS, LENDAS, FÁBULAS E JOGOS

AESOP, *Fables of Aesop*. New York: Penguin, 1964. As grandes fábulas são complexas. Jogadores mais velhos, capazes de incorporar as complexidades do comportamento animal (e humano), irão ter prazer em utilizá-las como ponto de partida para as suas performances.

ANDERSEN, Hans Christian. *The Nightingale*. New York: Harper & Row, 1965. Um imperador descobre que as "coisas reais" são muito mais importantes do que a imitação barata. Há papéis para todos como cortesãos ou cidadãos.

ASBJORNSEN, Peter C.; MOE, Jorgen E. *The Three Billy Goats Gruff*. New York: Harcourt Brace Jovanovich, 1957. As histórias clássicas dão oportunidade para muitas possibilidades de movimento quando as crianças fazem o papel de cabras, árvores e grama, o rio etc.

BLAKE, William. *Songs of Innocence and of Experience*. Qualquer edição. A linguagem da maioria destas canções, e os sentimentos de algumas delas, torna estes poemas inacessíveis. Mas alguns poemas como "Laughing Sound", "Spring", "The Tyger" podem ser fascinantes para alunos mais velhos.

BOYD, Neva L. *Handbook of Games*. New York: Dover Publications, 1975. A fonte mais completa da coleção de Boyd, que pesquisou uma vida inteira, reunindo e formulando jogos populares.

BROWN, Marcia. *Stone Soup*. New York: Scribner´s, 1947. Para pensar! Os soldados sabem fazer sopa com pedra. As crianças gostam de ouvir esta história deliciosa e fazer o papel de camponeses e soldados.

BULFINCH, Thomas. *Bulfinch´s Mythology*. 2 ed. rev. New York: T.Y. Crowell, 1970. Aventuras e excitação perpassam esta coleção.

CARLE, Eric. *The Very Hungry Caterpillar*. New York: World Pub. Co., 1972. Excelente para crianças bem pequenas explorarem movimento e natureza.

CHILDCRAFT. *The How and Why Library:* stories and fables. Chicago: Worldbook-Childcraft International, Inc., 1979. Material rico de histórias de animais e fábulas, histórias de fadas e muito mais.

COURLANDER, Harold. *The Hat Shaking Dance and Other Ashanti Tales from Ghana.* New York: Harcourt Brace Jovanovich, 1957. Anansi, a aranha, que travessa, é sempre encontrada ao final, mas enquanto isso sua alegre brincadeira oferece muitas oportunidades para caracterização quando as crianças se tornam animais na floresta.

_____. *The King´s Drum.* New York: Harcourt Brace Jovanovich, 1970. Esta coleção de contos do Saara – muitos sobre animais – tem alguns momentos engraçados. Particularmente bela é a história do título.

_____. *A Treasury of African Folklore.* New York: Crown Publishers, 1975. A melhor coleção de Courlander sobre contos africanos.

DE PAOLA, Tomie. *The Clown of God.* San Diego: Harcourt Brace Jovanovich, 1978. Esta fábula sensível sobre o melhor presente de todos, o presente de amor sincero, oferece alimento para pensamentos e material para dramatização. Muitos outros livros de De Paola também oferecem material útil.

GRIMM, Jacob e Wilhelm. *The Fisherman and His Wife.* New York: Greenwillow, 1979. Interpretar os personagens desta história oferece muitas oportunidades para expressão facial e vocal. A mulher do pescador não sabe quando parar por pedir mais.

_____. *The Seven Raves.* New York: Harcourt Brace Jovanovich, 1962. Esta fábula oferece possibilidades para movimento e significado quando a princesa procura por seus sete irmãos perdidos que foram transformados em corvos.

HATCH, Mary C. *Thirteen Danish Tales.* New York: Harcourt, 1947. Humor e histórias que pedem para ser dramatizadas. Do jovem que tenta vender manteiga para uma pedra ao melhor detetive de todo o mundo, as crianças ficarão cativadas.

JOHNSON, Edna; SICKELS, Evelyn R.; SAYERS, Frances Clarke. *Antohology of Children´s Literature.* Boston: Houghton Mifflin, 1970. Lendas indígenas, folclores, lendas clássicas e muito mais provê meses e meses de material para a sala de aula. Especialmente boas lendas indígenas contam como as Plêiades foram para o céu, o coiote que dançou com os pássaros pretos e como o rabo do galo tornou-se o que é.

LEAR, Edward. *Book of Nonsense.* New York: Dutton, 1976. Lear foi sem dúvida um escritor para crianças tão bom como Lewis Carrol, além de ser certamente mais engraçado. Alguns de seus poemas de tamanho médio ("Two Old Bachelors", "The Daddy Long-Legs and the Fly", "The Nutcrackers and the Sugartongs", "The Owl and the Pussycat") são peças para performance possíveis.

MANNING-SANDERS, Ruth. *A Book of Ogres and Trolls.* New York: Dutton, 1973. Surge a aventura quando Nils encontra um troll gigante na floresta e Karl não consegue encontrar a sua vaca. Estas histórias são excelentes para dramatização e adequadas como motivação para a escrita criativa.

MARRIOTT, Alice. *Saynday´s People.* University of Nebraska Press, 1973. Uma coleção sobre o simpático herói Kiowa, Saynday.

_____. *Winter Telling Stories.* New York: Wm. Sloane, 1947. Entre as diversas coleções de histórias indígenas de Marriott, esta é provavelmente a mais útil em prover material para contação de histórias.

MINARD, Rosemary. *Womenfolk and Fairy Tales.* Boston: Houghton Miflin Co., 1975. Uma coleção de mulheres em contos de fadas, desde os "Three Chinese Red Riding Hoods" até a mulher que enganou as fadas. Crianças aguardam ansiosamente para interpretar estas histórias.

Sendak, Maurice. *Where the Wild Things Are*. New York: Harper & Row, 1963. Movimento, expressão facial, som, caracterização e muito mais nascem facilmente ao compartilhar este amado livro de ilustrações.

Seus, Dr. *The 500 Hats of Bartholomew Cubbins*. New York: Vanguard, 1938. Movimento, humor e possibilidades para o jogo cênico nascem na medida em que cada chapéu é tirado e recolocado com a rapidez de um piscar de olho.

Stern, James (ed.). *The Complete Grimm´s Fairy Tales*. New York: Pantheon, 1972. Uma ótima coleção recente de uma das melhores fontes de contação de histórias. Qualquer coleção autêntica dos contos de Grimm é válida.

Thurber, James. *Fables of Our Time & Famous Poems*. New York: Harper & Row, 1974. Estas lendas morais engraçadas foram escritas para adultos, mas também servem para crianças.

_____. *Many Moons*. New York: Harcourt, 1943. Todos podem se unir à corte para descobrir como saudar a princesa.

Uchida, Yoshiko. *The Magic Listening Cap*. New York: Harcourt Brace Jovanovich, 1965. Histórias excelentes para dramatizar e explorar bonecos e efeitos de sombra.

Viorst, Judith. *Alexander and the Terrible, Horrible, No Good, Very Bad Day*. New York: Atheneum, 1972. Todos tiveram um e quanto é divertido relatar um dia como esse de teatro.

D. POESIA, ESCRITA E CONTAÇÃO DE HISTÓRIAS

BALDWIN, Frances; WHITEHEAD, Margaret. *That Way & This.* London: Chatto & Windus, 1972. Poemas que incentivam movimento.

BLISHEN, Edward. *Oxford Book of Poetry for Children.* Danbury, Conn: Franklin Watts, Inc., 1963. Uma boa antologia.

CHILDCRAFT. *The How and Why Library:* poems and rhymes. Chicago: Worldbook-Childcraft Intenational, Inc, 1979. Uma grande quantidade de material para promover pensamento, movimento e expressão.

JACKSON, Jacqueline. *Turn Not Pale, Beloved Snail.* Boston: Little, Brown, 1974. Um livro sobre escrever e outras coisas.

KOCH, Kenneth. *Wishes, Lies and Dreams.* New York: Chelsea House Publishers, 1970. Ensinando a escritura de poesias para crianças.

LEWIS, Richard (ed.). *Miracles.* New York: Simon & Schuster, 1966. Poemas escritos por crianças de língua inglesa por todo o mundo.

LUEDERS, Edward; Primus St. John (eds.). *Zero Makes me Hungry.* New York: Scott Foresman, 1976.

McDERMOTT, Beverly Brodsky. *The Crystal Apple.* New York: Viking, 1974. Uma fábula russa sobre uma menina e sua imaginação potente.

OPIE, Iona e Peter. *Oxford Book of Children´s Verse.* Oxford: Oxford University Press, 1973.

SILVERSTEIN, Shel. *A Light in the Attic.* New York: Harper & Row, 1981. Versos zani que as crianças podem compreender e apropriar-se através de improvisação.

STEVENSON, Robert Louis. *A Child's Garden of Verses.* Qualquer edição. Muitos destes poemas são passíveis de serem representados. E a compreensão é, sem dúvida, favorecida pelos alunos ao interpretá-los.

APÊNDICE 4:

Índice de Jogos

Índice Alfabético

A Carrocinha Pegou ★	119
Acrescentar uma Parte	96
Aeroporto ★	130
Apenas Mãos	201
Batatinha Frita ★	60
Batendo ★	150
Blablação: Ensinar	183
Blablação: Intérprete	189
Blablação: Introdução	182
Blablação: Língua Estrangeira	188
Blablação/Português	185
Blablação: Vender	184
Baú Cheio de Chapéus	218
Cachorro e Osso ★	129
Cabo-de-Guerra	83
Caça-Gavião ★	100
Caligrafia Cega	164
Caligrafia Grande	163
Caligrafia Pequena	163
Câmera Lenta/Pegar e Congelar ★	66
Caminhada no Espaço n.1	72
Caminhada no Espaço n.2	73

Caminhada no Espaço n.3: Esqueleto	74
Caminhada no Espaço: Cego	75
Charadas	222
Construindo uma História	227
Construindo uma História: Congelar a Palavra no Meio	229
Construindo uma História: Leitura	229
Contação de Histórias	233
Contato	267
Contato Através do Olhar	247
Conversação em Três Vias	192
Coro Grego	208
Dar e Tomar	172
Dar e Tomar: Leitura	174
Dar e Tomar (Aquecimento) ★	172
Dificuldade Com Objetos Pequenos	94
Dublagem	215
É Mais Pesado Quando Está Cheio	92
Eco	186
Efeitos Sonoros Vocais	208
Encontrar Objetos no Ambiente Imediato	91
Enigma ★	164
Envolvimento em Duplas	89
Envolvimento em Três ou Mais	90
Envolvimento Com o Ambiente Imediato	143
Envolvimento Com o Corpo Todo	203
Envolvimento Com Objetos Grandes	158
Envolvimento Sem as Mãos	159
Escrever em Três Vias	194
Escrita Egípcia ★	103
Espelho	120
Espelho Com Som	185
Eu Vou Para a Lua ★	101
Exercício Para as Costas	202
Exploração de um Ambiente Amplo	137

ÍNDICE DE JOGOS

Extensão da Audição	109
Extensão da Visão	106
Fala Espelhada	175
Fila Única ★	99
Fulano Entra na Roda ★	168
Identificando Objetos	157
Jogo de Bola	85
Jogo de Observação ★	104
Jogo do Desenho de Objetos	195
Jogo do Onde (Cena)	142
Jogo do Onde Com Diagramas	131
Jogo do Quem	149
Jogo dos Seis Nomes ★	165
Leitura Coral	213
Magia Negra ★	102
Maria no Canto ★	167
Marionetes	204
Mesa de Som	212
Modificando a Emoção	153
Moldando o Espaço em Grupo	82
Moldando o Espaço (Individual)	81
Mostrando o Onde Sem Objetos	138
Mostrando o Quem Através de um Objeto	152
Movimento Rítmico	67
Não-Movimento	68
Nó ★	61
No Mesmo Lugar	221
Números Rápidos ★	57
O Que Estou Comendo? Saboreando? Cheirando? Ouvindo? ★	154

O Que Faço Para Viver?	147
O Que Está Além: Atividade	160
Objeto Move os Jogadores	95
Onda do Oceano ★	64
Onde Com Adereços de Cena	133
Onde Com Ajuda	139
Onde Com Ajuda/Obstáculo	141
Onde Com Obstáculos	140
Onde Especializado	141
Onde Sem as Mãos	137
Ouvindo o Ambiente	108
Pai Francisco ★	171
Parte de um Todo, Atividade	114
Parte de um Todo, Objeto	113
Parte de um Todo, Profissão	115
Parte de um Todo, Relacionamento	116
Partes do Corpo – Cena Completa	204
Passa Passa Três Vezes ★	64
Pegador Com Explosão ★	56
Pegador Com Golpe ★	55
Pés e Pernas n. 1	199
Pés e Pernas n. 2	200
Plateia Surda	248
Playground	87
Pregão	248
Pular Corda	84
Quadro de Cena	263
Quanto Você Lembra?	192
Que Horas São?	136
Que Idade Tenho?	146
Queimada	88
Quem É o Espelho?	121
Quem Está Batendo?	151
Quem Iniciou o Movimento? ★	105
Quem Sou Eu?	148

Rádio	207
Relatando um Incidente Acrescentando Colorido	230
Revezamento Com Objeto ★	55
Revezamento do Onde: Construindo um Cenário	135
Ruas e Vielas ★	58
Ruas e Vielas: Variações ★	59
Sacudindo o Barco/Compartilhando o Quadro de Cena	265
Saídas e Entradas	249
Sátiras e Canções	220
Senhora Dona Sancha ★	155
Sentindo o Eu Com o Eu ★	71
Siga o Seguidor	122
Sílabas Cantadas ★	166
Soletrando	225
Som Estendido	190
Substância do Espaço	79
Sussurro de Cena	264
Sussurro de Cena (Aquecimento) ★	264
Tela de Sombra (Montagem)	211
Tela de Televisão	210
Tocar e Ser Tocado/ Ver e Ser Visto	70
Transformação de Objetos	93
Três Mocinhos de Europa ★	144
Três Mudanças ★	104
Trocando os Ondes	134
Vendo um Esporte: Lembrança	107
Vendo Através de Objetos	107
Veneno ★	209
Ver a Palavra	174
Verbalizando o Onde, Parte 1	176
Verbalizando o Onde, Parte 2	177
Vogais e Consoantes	225

Jogos Integrados Com Áreas do Currículo

Muitos dos jogos incluídos aqui são úteis ao ensinar tópicos de outras áreas do currículo. Os seguintes jogos, no entanto, se referem especificamente a assuntos em ciências, estudos sociais e outras áreas. Utilize-os como exemplos de maneiras para adaptar os jogos teatrais a outras áreas de conhecimento.

Ciências e Estudos do Ambiente

Batendo	150
Caminhada no Espaço n.2	73
Caminhada no Espaço Cego	75
Exploração de um Ambiente Amplo	137
Extensão da Audição	109
Extensão da Visão	106
Jogo de Bola	85
Moldando o Espaço (Individual)	81
Substância do Espaço	79
Vendo Através de Objetos	107

Estudos Sociais e História

Cabo-de-Guerra	83
Espelho	120
Jogo do Desenho de Objetos	195
Movimento Rítmico	67
Onde Com Adereços de Cena	133
Parte de um Todo, Profissão	115
Parte de um Todo, Relacionamento	116
Pregão	248
Que Idade Tenho?	146
Que Horas São?	136
Revezamento do Onde: Construindo um Cenário	135
Trocando os Ondes	134

Teatro

Acrescentar uma Parte	96
Apenas Mãos	201
Baú Cheio de Chapéus	218
Contação de Histórias	233
Coro Grego	208
É Mais Pesado Quando Está Cheio	92
Envolvimento Com Objetos Grandes	158
Leitura Coral	213
No Mesmo Lugar	221
O Que Faço para Viver?	147
Tocar e Ser Tocado/Ver e Ser Visto	70
Vendo um Esporte: Lembrança	107

Rádio, TV, Cinema

Efeitos Sonoros Vocais	208
Leitura Coral	213
Mesa de Som	212
No Mesmo Lugar	221
Objeto Move os Jogadores	95
Tela de Sombra (Montagem)	211
Tela de Televisão	210

Literatura e Escrita

Construindo uma História	225
Envolvimento em Duplas	89
Escrever em Três Vias	194
Relatando um Incidente Acrescentando Colorido	230
Tela de Sombra (Montagem)	211
Tela de Televisão	210
Verbalizando o Onde, Parte 1	176

Música

A Carrocinha Pegou ★	119
Caça-Gavião ★	100
Fulano Entra na Roda ★	168
Pai Francisco ★	171
Senhora Dona Sancha ★	155
Sílabas Cantadas ★	166
Veneno ★	209

Artes Plásticas

Espelho Com Som	187
Escrever em Três Vias	194
Jogo do Desenho de Objetos	195
Jogo do Onde Com Diagramas	131
Que Horas São?	136

Esportes

Jogo de Bola	85
Pés e Pernas n.1	199
Playground	87
Pular Corda	84
Queimada	88
Vendo um Esporte: Lembrança	107

APÊNDICE 5:

GLOSSÁRIO

(Os termos em itálico abaixo são específicos, embora não exclusivamente, do vocabulário de jogos teatrais).

ADEREÇOS: Um objeto usado pelo ator em cena durante a peça. Uma mesa que é introduzida no palco apenas em algumas cenas é um adereço. Adereços de mão são objetos pequenos o suficiente para serem carregados – um bule de chá, por exemplo.

ADEREÇOS DE MÃO: Ver Adereços.

APARTE: Uma observação ou menção feita por um ator para a plateia. Existe consenso de que ela não é ouvida pelos outros personagens.

ATIVIDADE DE CENA: Ações ou comportamento normalmente criado pelo ator e usado para clarificar a caracterização ou criar atmosfera.

ATUANDO COM O MÉTODO: Atuar de acordo com a ideia que o ator deve entender, por meio de sua experiência pessoal, a vida e a complexidade psicológica do personagem que está retratando. Na atuação por meio do método, um ator, representando um solitário, deverá se isolar para se preparar para o papel. Este método foi desenvolvido e ensinado por Constantin Stanislávski e perpetuado pelo Teatro de Arte de Moscou e em Nova York, pelo Actor's Studio.

BUNRAKU: Teatro de bonecos japonês, baseado em peças de Kabuki.

CAMINHADA NO ESPAÇO: Um tipo de exercício usado para ajudar os jogadores a perceber totalmente o seu ambiente.

CENÁRIO: O cenário e mobília usados durante a peça. Uma peça de cenário é um item individual, como por exemplo, um sofá.

CLÍMAX: O ponto de maior interesse, excitação e tensão em uma peça. Muitas vezes, o ponto de transformação em uma ação.

COMÉDIA: Geralmente usado para significar uma peça engraçada. No entanto, em termos clássicos, uma comédia é qualquer peça com um final feliz e, portanto, pode referir-se a qualquer peça menos a tragédias.

COMMEDIA DELL'ARTE: Inicialmente desenvolvida durante o século dezesseis na Itália, é uma forma de teatro improvisacional na qual os atores usam máscaras.

CONFLITO: A luta entre ideias opostas, interesses ou forças em uma peça. A existência de conflito, seja externo ou interno – no interior do personagem – é central para o teatro.

CONVENÇÃO: Qualquer costume teatral familiar que é aceito sem questionamento pela plateia. Ver Aparte como um exemplo.

COXIAS: A área que fica atrás do palco onde estão os camarins e são guardados os adereços e cenário.

DIÁLOGO: As palavras faladas pelos atores durante a peça. Tipicamente usado para significar conversação entre personagens, mas pode significar qualquer fala em uma peça.

DISTRIBUIÇÃO DE PAPÉIS: Seleção de quais atores irão interpretar quais papéis.

ENREDO: Aquilo que acontece em uma peça; a sequência de acontecimentos.

ESPELHO: Resposta não verbal para a ação de outro jogador.

ESQUERDA ALTA, DIREITA ALTA, CENTRO ALTO: Direções relativas ao ponto em que o ator se encontra ao olhar para a plateia. Esquerda alta, portanto, fica à esquerda do ator e à direita da plateia.

GLOSSÁRIO   *317*

Farsa: Uma comédia exagerada, baseada em situações humorísticas e piadas físicas.

Foco: Um problema no centro do jogo o qual os jogadores devem solucionar. Um ponto de concentração para os jogadores.

Linhas de Visão: As linhas retas entre os atores no palco e todos os membros na plateia. Caso os membros na plateia precisem mudar de lugar para ver a ação no palco, dizemos que o teatro tem linhas de visão pobres.

Marcação: O desenho que o ator segue ao moverse pelo palco. Usualmente determinado pelo diretor; ao ser criado pelo ator, denominamos "marcação não direcionada".

Marionete: Um boneco que se movimenta ao serem movimentadas as cordas ou madeiras atadas aos seus membros e cabeça. O termo vem dos bonecos franceses chamados "little Marys" (pequenas Marias).

Melodrama: Um tipo de peça no qual o enredo é cheio de suspense e envolve um conflito entre bons e maus personagens. O termo é frequentemente usado para criticar enredos simplistas, personagens unidimensionais e atuação amadorística.

Mímica: Pantomima estilizada; mais exagerada do que a verdadeira pantomima. Hoje é, muitas vezes, representada com roupas negras e maquiagem branca.

O Que: Atividade de cena. Não deve ser confundido com enredo.

Objeto no Espaço: Um objeto feito de substância do espaço; uma projeção dos jogadores no mundo físico.

Onde: Ambiente, seja no palco ou no mundo externo.

Pantomima: Uma cena ou peça sem palavras. Os atores só usam ação e gestos para expressar o seu significado.

Papel: Uma parte escrita pelo dramaturgo. A base da caracterização do ator.

Personagem: Uma das pessoas que existe em uma peça; uma parte interpretada por um ator.

Proscênio (Boca de Cena/Fundo do Palco): Proscênio é a parte do palco mais próxima à plateia; Fundo do Palco é a parte mais distante. Os termos provêm dos palcos do século XIX e antes dele. Nesta época, o fundo do palco era muito mais alto do que a boca de cena, oferecendo assim melhor visão.

PULSAÇÃO: A menor (e mais natural) unidade de uma cena. Uma seção da peça na qual um personagem lidera ou domina ou na qual uma ideia é expressa.

QUADRO DE CENA: A sucessão de quadros criados pelo diretor por meio da marcação de cena.

QUEM: Personagem e relacionamentos mostrados por meio do comportamento.

TEATRO GREGO: Geralmente usado para significar o teatro desenvolvido na Grécia antiga durante o quinto século antes de Cristo. Os dramaturgos mais famosos são Ésquilo, Sófocles, Eurípides e Aristófanes.

TEATRO KABUKI: Teatro nacional do Japão (junto com o Teatro Nô, que o precede) que utiliza maquiagem e cenário estilizados e figurinos elaborados.

TEATRO NÔ: Teatro clássico japonês que permaneceu essencialmente sem mudanças desde a Idade Média. O Teatro Nô é apresentado sem cenário (exceto de uma árvore) e é acompanhado de música tradicional.

TEATRO RENASCENTISTA: O teatro que foi desenvolvido na Inglaterra durante os reinados da rainha Elizabeth I e do rei Jaime I. Seus líderes foram Marlowe, Shakespeare, Jonson, Beaumont e Fletcher.

TEATRO DE VANGUARDA: Teatro experimental que busca atingir novos horizontes. Este tipo de teatro pode abandonar muitos dos elementos teatrais tradicionais.

TRAGÉDIA: Uma peça envolvendo o sofrimento e, frequentemente, a morte para o personagem principal, geralmente causado pela "queda trágica" em sua natureza. No teatro clássico grego, o sofrimento de um personagem visava ensinar e purificar a plateia.

Bibliografia Brasileira sobre Jogos Teatrais

Os jogos teatrais vêm sendo objeto de várias publicações e pesquisas brasileiras, realizadas principalmente em nível de pós-graduação em Artes na Escola de Comunicações e Artes da Universidade de São Paulo. Os *Parâmetros Curriculares Nacionais*, na área de Artes e mais especificamente do Teatro, trazem indicadores para a sua utilização em sala de aula.

PUBLICAÇÕES

ANCONA, Lelê. *Contar Histórias com o Jogo Teatral*. São Paulo: Arte e Ciência, 2005.

BOAL, Augusto. *Jogos para Atores e Não Atores*. Rio de Janeiro: Civilização Brasileira, 1998.

CHACRA, Sandra. *A Natureza e o Sentido da Improvisação Teatral*. São Paulo: Perspectiva, 1983.

JAPIASSU, Ricardo. *Metodologia do Ensino do Teatro*. Campinas/ SP: Papirus, 2001.

KOUDELA, Ingrid Dormien. *Jogos Teatrais*. São Paulo: Perspectiva, 1985.

____. *Brecht*: um jogo de aprendizagem. São Paulo: Edusp/ Perspectiva, 1991.

____. *Texto e Jogo*. São Paulo: Fapesp/ Perspectiva, 1996.

____. *Brecht na Pós-modernidade*. São Paulo: Perspectiva, 2001.

MARTINS, Marcos Bulhões. *Encenação em Jogo*. São Paulo: Hucitec, 2004.

Parâmetros Curriculares Nacionais, Brasilia: Mec, 1998.

PUPO, Maria Lúcia. *Entre o Mediterrâneo e o Atlântico*: uma aventura teatral. São Paulo: Perspectiva, 2005.

SANTANA, Arão Paranaguá. *Teatro e Formação de Professores*. São Luís: Edufma, 2000.

SPOLIN, Viola. *Improvisação para o Teatro*. Tradução de Eduardo Amos e Ingrid Dormien Koudela. São Paulo: Perspectiva, 1979.

_____. *Jogos Teatrais no Livro do Diretor*. Tradução de Eduardo Amos e Ingrid Dormien Koudela. São Paulo: Perspectiva, 1999.

_____. *Fichário de Jogos Teatrais*. Tradução e Notas de Ingrid Dormien Koudela. São Paulo: Perspectiva, 2001.

PESQUISAS: TESES DE MESTRADO E DOUTORADO

ALVES, Amara C. *A Brincadeira Prometida...O Jogo Teatral e os Folguedos Populares*. Dissertação de Mestrado, Escola de Comunicações e Artes, Universidade de São Paulo, 1992.

COELHO, Ana Flora F. de Camargo. *A Introdução do Texto Literário ou Dramático no Jogo Teatral com Crianças*. Dissertação de Mestrado, Escola de Comunicações e Artes, Universidade de São Paulo, 1989.

FARIA, Alessandra Ancona. *Contar Histórias com o Jogo Teatral*. Dissertação de Mestrado, Escola de Comunicações e Artes, Universidade de São Paulo, 2002.

GAMA, Joaquim César M. *Produto Teatral:* a velha-nova história. Dissertação de Mestrado, Escola de Comunicações e Artes, Universidade de São Paulo, 2000.

JAPIASSU, Ricardo Ottoni V. *Ensino do Teatro nas Séries Iniciais da Educação Básica. A Formação de Conceitos Sociais no Jogo Teatral*. Dissertação de Mestrado, Escola de Comunicações e Artes, Universidade de São Paulo, 1999.

OLIVEIRA, Ulisses Ferraz. *Veredas do Estranhamento. Pedagogia do Teatro e Produção de Texto.* Tese de Doutorado, Faculdade de Educação, Universidade de São Paulo, 2001.

_____. *Cenas de Conceituação:* a aventura do movimento no ato de aprender. Dissertação de Mestrado, Faculdade de Educação, Universidade de São Paulo, 1996.

PAIS, Marco Antonio Vieira. *Psicogênese da Atuação:* o aprendizado de teatro através dos jogos teatrais. Dissertação de Mestrado, Escola de Comunicações e Artes, Universidade de São Paulo, 2000.

PIPPI, Maria Beatriz. *A Reconquista de Formas de Expressão Sensório-corporais.* Dissertação de Mestrado, Escola de Comunicações e Artes, Universidade de São Paulo, 1998.

RODRIGUES, Mauro Roberto. *Poética da Pequena Pedagogia do Teatro:* protocolos e mediações em experimentos de aprendizagem de teatro. Tese de Doutorado, Escola de Comunicações e Artes, Universidade de São Paulo, 2004.

SANTOS, Rosimeire Gonçalves. *Teatralização do Espaço Escolar:* práticas teatrais com jogos no Ensino Médio. Dissertação de Mestrado, Escola de Comunicações e Artes, Universidade de São Paulo, 2002.

SANTOS, Vera Lucia Bertoni. *A Estética do Faz-de-conta:* práticas teatrais na educação infantil. Dissertação de Mestrado, Universidade Federal do Rio Grande do Sul, 2000.

SOARES, Carmela Corrêa. *Pedagogia do Jogo Teatral:* uma poética do efêmero. *O ensino do teatro na escola pública.* Dissertação de Mestrado, Centro de Letras e Artes, Universidade do Rio de Janeiro, 2003.

VIGARÓ, Suzana. *As Regras do Jogo:* a ação sociocultural em teatro e o ideal democrático. Dissertação de Mestrado, Escola de Comunicação e Artes, Universidade de São Paulo, 2005.

Viola Spolin[1] iniciou seu trabalho com crianças em 1924 como aluna de Neva Boyd e depois como supervisora do Recreacional Project em Chicago.

Em 1946, Spolin fundou e dirigiu a Young Actors Company[2]. Nesta, crianças a partir de seis anos de idade eram treinadas para participar de produções de teatro. Em 1955, voltou a Chicago para realizar oficinas na primeira companhia de teatro improvisacional nos Estados Unidos. O trabalho com seu filho Paul Sills na formação do grupo de teatro Second City[3] ofereceu fundamentos e ferramentas de trabalho para companhias de teatro improvicional desde então.

Em 1963, publicou *Improvisation for the Theater*, que se tornou seu ensinamento acessível, pela primeira vez, não apenas para grupos de teatro improvisacional, mas também para o professor de sala de aula. Vinte e três anos depois, esse livro permanece como um *bestseller* para o teatro e o ensino. Mais de cem mil cópias foram editadas em inglês e o livro foi traduzido para o alemão, holandês e português.

Após a publicação de *Improvisation for the Theater*, Spolin foi cofundadora do Game Theater, em Chicago, e foi convidada a apresentar os Jogos Teatrais em um encontro do National Council for English Teachers (Conselho Nacional para Professores de Inglês), ensinando também na Brandeis University. Em 1975 fundou o Spolin Theater Games Center

1. Viola Spolin nasceu em Chicago, em 7 de novembro de 1906, numa família de imigrantes judeus russos. O contato com o trabalho de Neva Boyd exerceu uma influência decisiva para a concepção do sistema de Jogos Teatrais. Neva Boyd trabalhou com o treinamento de educadores e assistentes sociais com o objetivo de integrar socialmente os imigrantes que chegavam às grandes cidades americanas. Em 1911, ela organizou o Chicago Training School for Playground Workers. Em 1921, ela fundou o Recreational Training School na Chicago´s Hull House. Em 1927, Boyd transferiu-se para a Northwestern University, em Evanston, Illinois.

Viola Spolin casou-se com o farmacêutico meio irlandês meio judeu Wilmer Silverberg (que após a eclosão da Segunda Guerra mudaria seu sobrenome para Sills), com quem teve dois filhos, Paul e William. Em 1938 Viola Spolin assume a supervisão de teatro no ramo de Chicago do Works Progress Administration´s Recreational Project (WPA) que, integrado à política do *New Deal*, do presidente Roosevelt buscava combater a recessão econômica e seus efeitos por meio de aulas de arte e artesanato para trabalhadores. Foi neste trabalho que Spolin percebeu a necessidade de um sistema de treinamento teatral que fosse de fácil entendimento e que pudesse superar as barreiras culturais e étnicas existentes entre os atendidos pelo projeto. Baseando-se no treinamento com Neva Boyd, ela desenvolveu novos jogos. Uma vez que trabalhava com imigrantes que tinham pouco domínio sobre a língua inglesa, sua abordagem tem uma característica não verbal. Aí iniciou-se o desenvolvimento do método que viria a ser chamado de *Theater Games*.

Em seu segundo casamento, uniu-se a Edward Spolin, cenógrafo no WPA. Em 1939, no WPA, Viola Spolin utilizou pela primeira vez as sugestões da plateia. Na Chicago Hull House, crianças de menos de quatorze anos improvisavam a partir de circunstâncias dramáticas sugeridas pela plateia, inaugurando um procedimento que se tornaria a marca do teatro improvisacional norte-americano. Ali, ela começou a desenvolver Jogos Teatrais para solucionar problemas que apareciam no teatro realizado pelas crianças.

2. Em 1946, Spolin mudou-se para a Califórnia, onde fundou a Young Actors Company em Hollywood, que dirigiria até 1955. Nesta companhia, ela utilizou os Jogos Teatrais para produzir peças com crianças. atuando. Também nesse período, Spolin desenvolveu o sistema de Jogos Teatrais que resultaria na publicação de *Improvisação para o Teatro* (Northwestern University Press, 1963), em Hollywood.

3. Em 1955, Sills uniu-se a David Shepherd para fundar o primeiro grupo dedicado exclusivamente ao teatro improvisacional. O Compass Players seria um dos grupos mais importantes de toda a história do teatro norte-americano, dando origem a uma série de grupos de teatro improvisacional, alguns diretamente ligados a Viola Spolin e a seu filho Paul Sills. Atores como Mike Nichols, Steve Martin, Bárbara Harris, Robin Willians e outros são, de acordo com Janet Coleman, descendentes do Compass Players. Viola Spolin voltaria a trabalhar com Paul Sills no Second City Company.

4. Em 1985 publica *Theater Games for Rehearsal* (*Jogos Teatrais no Livro do Diretor*, Perspectiva, 2004). Em 1986 publica *Theater Games for the Classroom* (Jogos Teatrais na Sala de Aula). O sistema de Jogos Teatrais é estendido a um número cada vez maior de áreas de conhecimento e ação social. Os Jogos Teatrais, agora chamados simplesmente de *Spolin Games*, constituem-se como uma abordagem alternativa que vem trazendo contribuições para a educação formal e informal. Além de sua aplicação com estudantes e profissionais de teatro, ensino fundamental e médio, os Jogos Teatrais são utilizados em programas para superdotados, trabalhos em religião, saúde mental e centros de reabilitação de crianças e jovens delinquentes.

(Centro Spolin de Jogos Teatrais), em Los Angeles[4]. A Secondary School Theater Association (Associação de Escolas Secundárias) conferiu a Viola Spolin seu Founders Award (Prêmio de Fundação) em 1976. Em 1978, ela recebeu o grau honorário de Doutor em Artes pela Eastern Michigan University. Em 1983, a Children's Theater Association (Associação de Teatro Infantil) outorgou-lhe o prêmio Monte Meacham pela sua obra. Em 1985 ela recebeu honrarias do presidente Ronald Reagan, do governador da Califórnia e do conselho da cidade de Los Angeles pelo seu trabalho.

TEATRO NA PERSPECTIVA

O Sentido e a Máscara
Gerd A. Bornheim (D008)

A Tragédia Grega
Albin Lesky (D032)

Maiakóvski e o Teatro de Vanguarda
Angelo M. Ripellino (D042)

O Teatro e sua Realidade
Bernard Dort (D127)

Semiologia do Teatro
J. Guinsburg, J. T. Coelho Netto e
Reni C. Cardoso (orgs.) (D138)

Teatro Moderno
Anatol Rosenfeld (D153)

O Teatro Ontem e Hoje
Célia Berrettini (D166)

Oficina: Do Teatro ao Te-Ato
Armando Sérgio da Silva (D175)

O Mito e o Herói no Moderno Teatro Brasileiro
Anatol Rosenfeld (D179)

Natureza e Sentido da Improvisação Teatral
Sandra Chacra (D183)

Jogos Teatrais
Ingrid D. Koudela (D189)

*Stanislávski e o Teatro de
Arte de Moscou*
J. Guinsburg (D192)

O Teatro Épico
Anatol Rosenfeld (D193)

Exercício Findo
Décio de Almeida Prado (D199)

O Teatro Brasileiro Moderno
Décio de Almeida Prado (D211)

Qorpo-Santo: Surrealismo ou Absurdo?
Eudinyr Fraga (D212)

Performance como Linguagem
Renato Cohen (D219)

Grupo Macunaíma: Carnavalização e Mito
David George (D230)

Bunraku: Um Teatro de Bonecos
Sakae M. Giroux e Tae Suzuki (D241)

No Reino da Desigualdade
Maria Lúcia de Souza B. Pupo (D244)

A Arte do Ator
Richard Boleslavski (D246)

Um Vôo Brechtiano
Ingrid D. Koudela (D248)

Prismas do Teatro
Anatol Rosenfeld (D256)

Teatro de Anchieta a Alencar
Décio de Almeida Prado (D261)

A Cena em Sombras
Leda Maria Martins (D267)

Texto e Jogo
Ingrid D. Koudela (D271)

O Drama Romântico Brasileiro
Décio de Almeida Prado (D273)

Para Trás e Para Frente
David Ball (D278)

Brecht na Pós-Modernidade
Ingrid D. Koudela (D281)

O Teatro É Necessário?
Denis Guénoun (D298)

O Teatro do Corpo Manifesto: Teatro Físico
Lúcia Romano (D301)

O Melodrama
Jean-Marie Thomasseau (D303)

Teatro com Meninos e Meninas de Rua
Marcia Pompeo Nogueira (D312)

O Pós-Dramático: Um conceito Operativo?
J. Guinsburg e Sílvia Fernandes
(orgs.) (D314)

Contar Histórias com o Jogo Teatral
Alessandra Ancona de Faria (D323)

Teatro no Brasil
Ruggero Jacobbi (D327)

Teatro Brasileiro: Ideias de uma História
J. Guinsburg e Rosangela Patriota
(D329)

Dramaturgia: A Construção da Personagem
Renata Pallottini (D330)

Caminhante, Não Há Caminhos. Só Rastros
Ana Cristina Colla (D331)

Ensaios de Atuação
Renato Ferracinio (D332)

A Vertical do Papel
Jurij Alschitz (D333)

*Máscara e Personagem: O Judeu no Teatro
Brasileiro*
Maria Augusta de Toledo Bergerman
(D334)

Teatro em Crise
Anatol Rosenfeld (D336)

Estética e Teatro Alemão
Anatol Rosenfel (D340)

João Caetano
Décio de Almeida Prado (E011)

Mestres do Teatro I
John Gassner (E036)

Mestres do Teatro II
John Gassner (E048)

Artaud e o Teatro
Alain Virmaux (E058)

Improvisação para o Teatro
Viola Spolin (E062)

Jogo, Teatro & Pensamento
Richard Courtney (E076)

Teatro: Leste & Oeste
Leonard C. Pronko (E080)

Uma Atriz: Cacilda Becker
Nanci Fernandes e Maria T. Vargas
(orgs.) (E086)

TBC: Crônica de um Sonho
Alberto Guzik (E090)

Os Processos Criativos de Robert Wilson
Luiz Roberto Galizia (E091)

Nelson Rodrigues: Dramaturgia e Encenações
Sábato Magaldi (E098)

José de Alencar e o Teatro
João Roberto Faria (E100)

Sobre o Trabalho do Ator
M. Meiches e S. Fernandes (E103)

Arthur de Azevedo: A Palavra e o Riso
Antonio Martins (E107)

O Texto no Teatro
Sábato Magaldi (E111)

Teatro da Militância
Silvana Garcia (E113)

Brecht: Um Jogo de Aprendizagem
Ingrid D. Koudela (E117)

O Ator no Século XX
Odette Aslan (E119)

Zeami: Cena e Pensamento Nô
Sakae M. Giroux (E122)

Um Teatro da Mulher
Elza Cunha de Vincenzo (E127)

Concerto Barroco às Óperas do Judeu
Francisco Maciel Silveira (E131)

*Os Teatros Bunraku e Kabuki: Uma Visada
Barroca*
Darci Kusano (E133)

O Teatro Realista no Brasil: 1855-1865
João Roberto Faria (E136)

Antunes Filho e a Dimensão Utópica
Sebastião Milaré (E140)

O Truque e a Alma
Angelo Maria Ripellino (E145)

A Procura da Lucidez em Artaud
Vera Lúcia Felício (E148)

Memória e Invenção: Gerald Thomas em Cena
Sílvia Fernandes (E149)

O Inspetor Geral de Gógol/Meyerhold
Arlete Cavaliere (E151)

O Teatro de Heiner Müller
Ruth C. de O. Röhl (E152)

Falando de Shakespeare
Barbara Heliodora (E155)

Moderna Dramaturgia Brasileira
Sábato Magaldi (E159)
Work in Progress na Cena Contemporânea
Renato Cohen (E162)
Stanislávski, Meierhold e Cia
J. Guinsburg (E170)
Apresentação do Teatro Brasileiro Moderno
Décio de Almeida Prado (E172)
Da Cena em Cena
J. Guinsburg (E175)
O Ator Compositor
Matteo Bonfitto (E177)
Ruggero Jacobbi
Berenice Raulino (E182)
Papel do Corpo no Corpo do Ator
Sônia Machado Azevedo (E184)
O Teatro em Progresso
Décio de Almeida Prado (E185)
Édipo em Tebas
Bernard Knox (E186)
Depois do Espetáculo
Sábato Magaldi (E192)
Em Busca da Brasilidade
Claudia Braga (E194)
A Análise dos Espetáculos
Patrice Pavis (E196)
As Máscaras Mutáveis do
Buda Dourado
Mark Olsen (E207)
Crítica da Razão Teatral
Alessandra Vannucci (E211)
Caos e Dramaturgia
Rubens Rewald (E213)
Para Ler o Teatro
Anne Ubersfeld (E217)
Entre o Mediterrâneo e o Atlântico
Maria Lúcia de Souza B. Pupo (E220)
Yukio Mishima: O Homem de Teatro e de Cinema
Darci Kusano (E225)
O Teatro da Natureza
Marta Metzler (E226)
Margem e Centro
Ana Lúcia V. de Andrade (E227)
Ibsen e o Novo Sujeito da Modernidade
Tereza Menezes (E229)
Teatro Sempre
Sábato Magaldi (E232)
O Ator como Xamã
Gilberto Icle (E233)
A Terra de Cinzas e Diamantes
Eugenio Barba (E235)
A Ostra e a Pérola
Adriana Dantas de Mariz (E237)

A Crítica de um Teatro Crítico
Rosangela Patriota (E240)
O Teatro no Cruzamento de Culturas
Patrice Pavis (E247)
Eisenstein Ultrateatral: Movimento Expressivo
e Montagem de Atrações na Teoria do
Espetáculo de Serguei Eisenstein
Vanessa Teixeira de Oliveira (E249)
Teatro em Foco
Sábato Magaldi (E252)
A Arte do Ator entre os
Séculos XVI e XVIII
Ana Portich (E254)
O Teatro no Século XVIII
Renata S. Junqueira e Maria Gloria C.
Mazzi (orgs.) (E256)
A Gargalhada de Ulisses
Cleise Furtado Mendes (E258)
Dramaturgia da Memória no Teatro-Dança
Lícia Maria Morais Sánchez (E259)
A Cena em Ensaios
Béatrice Picon-Vallin (E260)
Teatro da Morte
Tadeusz Kantor (E262)
Escritura Política no Texto Teatral
Hans-Thies Lehmann (E263)
Na Cena do Dr. Dapertutto
Maria Thais (E267)
A Cinética do Invisível
Matteo Bonfitto (E268)
Luigi Pirandello:
Um Teatro para Marta Abba
Martha Ribeiro (E275)
Teatralidades Contemporâneas
Sílvia Fernandes (E277)
Conversas sobre a Formação do Ator
Jacques Lassalle e Jean-Loup Rivière
(E278)
A Encenação Contemporânea
Patrice Pavis (E279)
As Redes dos Oprimidos
Tristan Castro-Pozo (E283)
O Espaço da Tragédia
Gilson Motta (E290)
A Cena Contaminada
José Tonezzi (E291)
A Gênese da Vertigem
Antonio Araújo (E294)
A Fragmentação da Personagem: No Texto Teatral
Maria Lúcia Levy Candeias (E297)
Alquimistas do Palco: Os Laboratórios
Teatrais na Europa
Mirella Schino (E299)

Palavras Praticadas:O Percurso Artístico
de Jerzy Grotowski, 1959-1974
Tatiana Motta Lima (E300)
Persona Performática: Alteridade e Experiência
na Obra de Renato Cohen
Ana Goldenstein Carvalhaes (E301)
Como Parar de Atuar
Harold Guskin (E303)
Metalinguagem e Teatro: A Obra de Jorge Andrade
Catarina Sant Anna (E304)
Enasios de um Percusro
Esther Priszkulnik (E306)
Função Estética da Luz
Roberto Gill Camargo (E307)
Poética de "Sem Lugar"
Gisela Dória (E311)
Entre o Ator e o Performer
Matteo Bonfitto (E316)
Ritmo e Dinâmica no Espetáculo Teatral)
Jacyan Castilho (E320)
A Voz Articulada Pelo Coração
Meran Vargens (E321)
Beckett e a Implosão da Cena
Luiz Marfuz (E322)
Teorias da Recepção
Claudio Cajaiba (E323)
A Dança e Agit-Prop
Eugenia Casini Ropa (E329)
O Soldado Nu: Raízes da Dança Butô
Éden Peretta (E332)
Teatro Hip-Hop
Roberta Estrela D'Alva (E333)
Alegoria em Jogo: A Encenação Como Prática
Pedagógica
Joaquim C.M. Gama (E335)
Jorge Andrade: Um Dramaturgo no Espaço-Tempo
Carlos Antônio Rahal (E336)
Campo Feito de Sonhos: Os Teatros do Sesi
Sônia Machado de Azevedo (E339)
Os Miseráveis Entram em Cena: Brasil,
Marina de Oliveira (E341)
Teatro: A Redescoberta do Estilo e Outros
Escritos
Michel Saint-Denis (E343)
Isto Não É um Ator
Melissa Ferreira (E344)
Autoescrituras Performativas: Do Diário à Cena
Janaina Fontes Leite (E351)
Do Grotesco e do Sublime
Victor Hugo (EL05)
O Cenário no Avesso
Sábato Magaldi (EL10)
A Linguagem de Beckett
Célia Berrettini (EL23)

Idéia do Teatro
José Ortega y Gasset (EL25)
O Romance Experimental e o Naturalismo no Teatro
Emile Zola (EL35)
Duas Farsas: O Embrião do Teatro de Molière
Célia Berrettini (EL36)
Giorgio Strehler: A Cena Viva
Myriam Tanant (EL65)
Marta, A Árvore e o Relógio
Jorge Andrade (TO01)
O Dibuk
Sch. An-Ski (TO05)
Leone de'Sommi: Um Judeu no Teatro da Renascença Italiana
J. Guinsburg (org.) (TO08)
Urgência e Ruptura
Consuelo de Castro (TO10)
Pirandello do Teatro no Teatro
J. Guinsburg (org.) (TO11)
Canetti: O Teatro Terrível
Elias Canetti (TO14)
Idéias Teatrais: O Século XIX no Brasil
João Roberto Faria (TO15)
Heiner Müller: O Espanto no Teatro
Ingrid D. Koudela (org.) (TO16)
Büchner: Na Pena e na Cena
J. Guinsburg e Ingrid Dormien Koudela (orgs.) (TO17)
Teatro Completo
Renata Pallottini (TO18)
Barbara Heliodora: Escritos sobre Teatro
Claudia Braga (org.) (TO20)
Machado de Assis: Do Teatro
João Roberto Faria (org.) (TO23)
Luís Alberto de Abreu: Um Teatro de Pesquisa
Adélia Nicolete (org.) (TO25)
Teatro Espanhol do Século de Ouro
J. Guinsburg e N. Cunha (orgs.) (TO26)
Tatiana Belinky: Uma Janela para o Mundo
Maria Lúcia de S. B. Pupo (org.) (T28)
Peter Handke: Peças Faladas
Samir Signeu (org.) (TO30)
Dramaturgia Elizabetana
Barbara Heliodora (org.) (TO33)
Thomas Bernhard, o Fazedor de Teatro
Samir Signeu (To36)
Um Encenador de si Mesmo: Gerald Thomas
J. Guinsburg e Sílvia Fernandes (SO21)

Três Tragédias Gregas
Guilherme de Almeida e Trajano Vieira (SO22)
Édipo Rei de Sófocles
Trajano Vieira (SO31)
As Bacantes de Eurípides
Trajano Vieira (SO36)
Édipo em Colono de Sófocles
Trajano Vieira (SO41)
Agamêmnon de Ésquilo
Trajano Vieira (SO46)
Antígone de Sófocles
Trajano Vieira (SO49)
Lisístrata e Tesmoforiantes
Trajano Vieira (SO52)
Os Persas, de Ésquilo
Trajano Vieira (S55)
Teatro e Sociedade: Shakespeare
Guy Boquet (KO15)
O Cotidiano de uma Lenda
Cristiane L. Takeda (PERS)
Eis Antonin Artaud
Florence de Mèredieu (PERS)
Eleonora Duse: Vida e Obra
Giovanni Pontiero (PERS)
Linguagem e Vida
Antonin Artaud (PERS)
Ninguém se Livra de seus Fantasmas
Nydia Licia (PERS)
Sábato Magaldi e as Heresias do Teatro
Maria de Fátima da Silva Assunção (PERS)
Meierhold
Béatrice Picon-Valin (PERS)
Ziembinski, Aquele Bárbaro Sotaque Polonês
Aleksandra Pluta (PERS)
Nissim Castiel: Do Teatro da Vida Para o Teatro da Escola
Debora Hummel e Luciano Castiel (orgs.) (MPO1)
O Grande Diário do Pequeno Ator
Debora Hummel e Silvia de Paula (orgs.) (MPO2)
Um Olhar Através de... Máscaras
Renata Kamla (MPO3)
Performer Nitente
Adriano Cypriano (MPO4)
O Gesto Vocal
Mônica Andréa Grando (MPO5)
Stanislávski em Processo: Um Mês no Campo – Turguêniev
Simone Shuba (MPO6)

A Incorporação Vocal do Texto
Marcela Grandolpho (MPO7)
O Ator no Olho do Furacão
Eduardo de Paula (MPO7)
O Livro dos Viewpoints
Anne Bogart e Tina Landau (PCO1)
Treinamento Para Sempre
Jurij Alschitz (PCO2)
Br-3
Teatro da Vertigem (LSC)
Dicionário de Teatro
Patrice Pavis (LSC)
Dicionário do Teatro Brasileiro: Temas, Formas e Conceitos
J. Guinsburg, João Roberto Faria e Mariangela Alves de Lima (LSC)
História Mundial do Teatro
Margot Berthold (LSC)
História do Teatro Brasileiro, v. 1: Das Origens ao Teatro Profissional da Primeira Metade do Século XX
João Roberto Faria (dir.) (LSC)
História do Teatro Brasileiro, v. 2: Do Modernismo às Tendências Contemporâneas
João Roberto Faria (dir.) (LSC)
O Jogo Teatral no Livro do Diretor
Viola Spolin (LSC)
Jogos Teatrais: O Fichário de Viola Spolin
Viola Spolin (LSC)
Jogos Teatrais na Sala de Aula
Viola Spolin (LSC)
Queimar a Casa: Origens de um Diretor
Eugenio Barba (LSC)
Rastros: Treinamento e História de Uma Atriz do Odin Teatret
Roberta Carreri (LSC)
Teatro Laboratório de Jerzy Grotowsky
Ludwik Flaszen e Carla Pollastrelli (cur.) (LSC)
Últimos: Comédia Musical em Dois Atos
Fernando Marques (LSC)
Uma Empresa e seus Segredos: Companhia Maria Della Costa
Tania Brandão (LSC)
Zé
Fernando Marques (LSC)
Rumo a um Novo Teatro &Cena
Edward Gordon Craig (LSC)